Jakob Augstein

SABOTAGE

Warum wir uns zwischen
Demokratie und Kapitalismus
entscheiden müssen

Carl Hanser Verlag

2 3 4 5   17 16 15 14 13

ISBN 978-3-446-24348-4
Alle Rechte vorbehalten
© Carl Hanser Verlag München 2013
Satz: Satz für Satz. Barbara Reischmann, Leutkirch
Druck und Bindung: CPI – Ebner & Spiegel, Ulm
Printed in Germany

MIX
Papier aus verantwortungs-
vollen Quellen
FSC® C006701

INHALT

01 Prolog 7
02 Einleitung 9

TEIL 1 REGIME
03 Gerechtigkeit 21
04 Ungleichheit 40
05 Gesetz 64

06 ERSTES ZWISCHENSPIEL
Ein Gespräch mit Oskar Negt 99

TEIL 2 REFLEX
07 Zynismus 109
08 Diskurs 134
09 Hoffnung 157

10 ZWEITES ZWISCHENSPIEL
Ein Gespräch mit Wolfgang Kraushaar 184

TEIL 3 REAKTION
11 Empörung 205
12 Aktion 231
13 Sabotage 258

14 Ende 283

ANHANG
Bibliographie 295
Nachweise 298
Personenregister 300

01 **PROLOG**

Die Herstellung eines Farbbeutels ist keine einfache Sache. Es gibt kleine Luftballons, die man unter den Wasserhahn klemmen kann. Prall gefüllt lassen sie sich gut werfen. So eine Wasserbombe ist glatt und kühl und liegt gut in der Hand. Sie wiegt vielleicht 150 Gramm und fliegt bei gesunder Schultermuskulatur etwa 30 Meter weit. Aber wie bekommt man die Farbe da hinein?

Das ist ein Problem. Es geht ja darum, den Ballon derart prall mit Farbe zu befüllen, dass er beim Zusammentreffen mit seinem Ziel auch tatsächlich zerplatzt. Soll man die Farbe direkt in den Ballon pressen, mit einer Spritze oder einer Pumpe? Oder ist es sogar besser, den Ballon zuerst aufzublasen und dann den Versuch zu unternehmen, in den bereits unter Druck stehenden Hohlraum die Farbe einzubringen?

Man könnte auch ganz Abstand von der Idee des Farbbeutels nehmen und für die Farbe einen anderen Träger suchen. Eier vielleicht. Erst würde man sie ausblasen, wie man es vor dem Osterfest tut, um ihnen dann das Ausgeblasene mittels einer feinen, ins Innere eingeführten Kanüle durch Farbe zu ersetzen. Keine schlechte Idee, wäre da nicht die sprichwörtliche Empfindlichkeit von Eiern, die dem sorglosen Transport enge Grenzen setzt. Stabiler sind Glühbirnen. Ein verblüffender Einfall. Es ist ein bisschen aufwendig, aber es funktioniert: Am Gewinde lässt sich mit entsprechendem Werkzeug leicht ein kleines Loch in den Glaskörper bohren, durch das sich dann ganz einfach die Farbe spritzen lässt. Glühbirnen haben allerdings zwei entscheidende Nachteile: Sie splittern, und es wird sie bald nicht mehr geben. Die scharfkantigen Scherben zerborstener Birnen stellen eine nicht zu unterschätzende Gefahrenquelle dar. Hunde und Radfahrer könnten in Mitleidenschaft gezogen werden. Abgesehen davon werden die gläsernen Birnen über kurz oder lang aus unserem Alltag verschwinden, da ihr Verkauf in den Grenzen der Europäischen Union aus umweltpolitischen Gründen nur noch unter Beachtung strenger werdender Vorschriften möglich ist. Und Energiesparlampen eignen sich für das Befüllen mit Farbe gar nicht.

Nein, es führt am bewährten Prinzip des Farbbeutels kein Weg vorbei. Und wenn man eine Weile experimentiert hat, starke Verschmutzung von Bad oder Küche eingeschlossen, gelangt man irgendwann zum Kern der Lösung: Das Geheimnis liegt im Mischungsverhältnis! Man muss einfach die Farbe in sehr konzentrierter Form in den Ballon bringen, träufeln oder spritzen, wie man mag. Dann den Ballon am Wasserhahn befüllen, verknoten, gut schütteln – fertig.

Jetzt sind Sie bereit für die politische Auseinandersetzung.

02 **EINLEITUNG**

»Von der Gestalt der künftigen Tragödie wissen wir nichts«, hat Botho Strauß geschrieben. Das gilt nicht mehr. Inzwischen können wir uns die Gestalt unserer Tragödie ausmalen: Wir haben es erlebt, im August 2011, als die Unruhen im Londoner Stadtteil Tottenham begannen und dann auf die Bezirke Enfield und Brixton übergriffen, auf Hackney, Croydon und Lewisham. Wir müssen nur bei Youtube nachsehen. Die Bilder der *London riots* sind der Vorfilm unserer Zukunft: Der malaiische Student Asyraf Haziq Rosli sitzt blutend am Boden, ein paar Jugendliche beugen sich über ihn, helfen ihm auf, öffnen langsam den Rucksack des Verletzten und räumen ihn aus. Sie lassen den jungen Mann, der sich nicht wehren kann, einfach da stehen. Das ist der menschliche Nullpunkt.

Der britische Premier Cameron brauchte ein paar Tage, um die richtigen Worte zu finden. Dann sagte er: »Die sozialen Probleme, die sich seit Jahrzehnten entwickelt haben, sind vor unseren Augen explodiert«, und er sprach von der »kaputten Gesellschaft«. Das war ein Fortschritt. Gesellschaft – dieses Wort kommt einem britischen Konservativen nicht leicht von den Lippen. Für Margaret Thatcher war das der springende Punkt: »Während die Sozialisten von der Gesellschaft ausgehen und wie man sich in sie einfügt, nehmen wir den Menschen als Ausgangspunkt«, hatte die eiserne Premierministerin gesagt. Aber wenn die Gesellschaft kaputt ist, geht auch der Mensch kaputt. Das wollten die Ideologen des Neoliberalismus lange Zeit nicht wahrhaben. Die Neoliberalen haben die Idee des Liberalismus pervertiert. Aber wer den gesellschaftszersetzenden Terror entgrenzter Märkte mit Adam Smith begründen will, hat den Moralphilosophen nicht richtig gelesen. Liberalismus handelt von Freiheit, nicht von Verantwortungslosigkeit. Der Markt selbst hat keine moralische Qualität, und ohne Moral werden wir zu Tieren.

Jetzt fällt das plötzlich allen auf. Hätte sich einer vor Jahren auf den Marktplatz gestellt und gerufen: So geht es nicht weiter mit dem Kapitalismus, dann wären die Leute kopfschüttelnd weitergegangen oder der Staatsschutz wäre gekommen, je nachdem, wie laut das Rufen erklungen wäre. Und heute, wer würde heute einem solchen Redner widersprechen?

Das ist ein Problem. Es widerspricht niemand mehr. Aber es ändert sich nichts.

Heute schreibt die Links-Politikerin Sahra Wagenknecht ihre vielleicht klügsten Texte gegen das System in der »Frankfurter Allgemeinen Zeitung«, die man früher konservativ nannte oder bürgerlich. Aber diese Worte haben ihre Bedeutung verloren, wenn der Feuilleton-Herausgeber Frank Schirrmacher wortmächtig beklagt, mit welch »gespenstischer Abgebrühtheit« die Kanzlerin der CDU das moralische Vakuum bürgerlicher Politik verwaltet, und wenn er von sich aus feststellt: »Ein Jahrzehnt enthemmter Finanzmarktökonomie entpuppt sich als das erfolgreichste Resozialisierungsprogramm linker Gesellschaftskritik.«

Überhaupt, mit dem Wort Kapitalismus kann wieder gearbeitet werden, auch außerhalb der linken Nische. Plötzlich erinnern sich alle, dass schon Marx gelehrt hat, die Geschichte des Kapitalismus sei die Geschichte seiner Krisen. Man holt die blauen Bände aus dem Schrank, die man damals bei Besuchen in Ostberlin für das behördlicherseits aufgenötigte DDR-Geld gekauft hat, und schlägt noch mal nach: »Die widerspruchsvolle Bewegung der kapitalistischen Gesellschaft macht sich dem praktischen Bourgeois am schlagendsten fühlbar in den Wechselfällen des periodischen Zyklus, den die moderne Industrie durchläuft, und deren Gipfelpunkt – die allgemeine Krise.« Steht so im »Kapital«. Daran muss man sich erst mal wieder gewöhnen. Das soziale Selbstverständnis des Westens ist durch die Finanzkrise, die in ihrer Ausprägung als Eurokrise noch nicht beendet ist, so schwer angeschlagen, wie sein technologisches es nach der Explosion im Kernkraftwerk Fukushima war: Wir erleben den Super-GAU des Systems, die lange vorausgesagte, aber vielleicht nicht ernsthaft erwartete Katastrophe, den moralischen Meltdown. Katastrophen werden übrigens meistens vorausgesagt – und überkommen uns dann doch unerwartet.

Die Symptome sind unübersehbar: Bei den *London riots* gingen nur Scheiben zu Bruch. Die Finanzkriminellen an den Märkten zertrümmerten die Maßstäbe von Recht und Unrecht. Im Sommer 2012 mussten sich Topmanager von HSBC, der größten europäischen Bank, einem Ausschuss des US-Senats stellen, weil ihr Haus offenbar jahrelang mexikanisches Drogengeld gewaschen hatte. Die Bank legte vorsorglich 700 Millionen Dollar für Strafzahlungen zurück. Zur selben Zeit meldete sie einen Gewinn in Höhe von 12,7 Milliarden Dollar.

Vor der Reise nach Washington ließ Stuart Gulliver, Chef der Bank, verlautbaren: »Wir werden uns entschuldigen, unsere Fehler einräumen, zu unseren Handlungen stehen und uns unmissverständlich dazu verpflichten, geradezurücken, was schiefgelaufen ist.« Die PR-Strategen der Bank folgten hier der Strategie, die CIA-Analyst Jack Ryan seinem Präsidenten im Tom-Clancy-Thriller »Das Kartell« empfohlen hatte: »Es ist sinnlos, eine Bombe zu entschärfen, die bereits explodiert ist.« Das ist die professionelle Technik zeitgenössischen Krisenmanagements: Leugnen, bis der Arzt kommt, war gestern. Es ist viel klüger, einzuräumen, was offensichtlich ist, um Entschuldigung zu bitten, Besserung zu geloben – und manch einer macht dann einfach weiter wie vorher.

Das ist eine wasserdichte Strategie. Es gibt dagegen kein Mittel. Außer dem Beziehungsabbruch. Aber kann man die Beziehung zu Europas größter Bank abbrechen? Natürlich kann man das. Davon, unter anderem, handelt dieses Buch.

Ein Bankier wie Gulliver entschuldigt sich tatsächlich selbst. Er entledigt sich jeder Schuld. Das kostet ihn nichts – oder eben nur 700 Millionen Dollar. Er legt mit dem Bekenntnis seiner Fehler auch die Fehler ab. Und weg sind sie. Die Verantwortung dafür muss er im Gegenzug nicht tragen. Schuld und Verantwortung sind nur zwei Begriffe von vielen, die nicht mehr meinen, was sie bedeuten. Wer einmal diesen Schritt getan hat, wer sich der Bedeutung der Begriffe entledigt hat, der hat sich von der Last befreit, verantwortungsvoll mit ihnen umzugehen. Die Lügen fallen dann leichter. Weil sie als Lügen gar nicht mehr wahrgenommen werden.

Wir erleben das in der Finanzkrise, die selbst nur ein Symptom ist. Geld ist eine Frage des Vertrauens. Aber es geht um viel mehr als um die Wiederherstellung des Vertrauens der Märkte in sich selbst. Da mag es sein, dass diese Krise der Märkte in all ihrer Perversion und ohne es zu wollen die Wahrheit des Systems widerspiegelt. In Wahrheit geht es um eine Krise des Vertrauens in das System und seine Begriffe: Gerechtigkeit, Recht, Verantwortung, Gesetz, Pflicht, Gleichheit, Vernunft, Fortschritt, Öffentlichkeit, Parlament, Regierung, Wahlen, Demokratie. Wir erleben die Aushöhlung und dann den Verlust dieser Begriffe. Aber wir können auf sie nicht verzichten. Es gibt Schlauköpfe, die meinen, man brauche gar keinen Wertevorrat mehr. Wir werden ein paar kennenlernen. Für sie gilt Peter Sloterdijks berühmte Zynismus-Definition: »Zynismus, als aufgeklärtes falsches Bewusstsein, ist eine hartgesotten-zwielichtige Klugheit geworden, die den Mut von sich abgespalten hat, alle Positivitäten a priori für Betrug hält und darauf aus ist, sich nur irgendwie durchzubringen.« Das sind also die Zeitgenossen, die meinen, es genüge völlig, sich »irgendwie durchzubringen«. Die Apathie für Besonnenheit halten und Angst für Vernunft und Faulheit für Weitblick. Man kann es sich ja auch in der Kapitulation gut einrichten. Das Problem ist nur: Für eine Demokratie, die den Namen verdient, reicht das auf Dauer nicht aus. Im zynischen Exil gibt es keine Demokraten.

Der englische Politologe Colin Crouch hat für unsere Gegenwart den sehr wirksamen Begriff der Postdemokratie geprägt: »Der Begriff bezeichnet ein Gemeinwesen, in dem zwar nach wie vor Wahlen abgehalten werden, Wahlen, die sogar dazu führen, dass Regierungen ihren Abschied nehmen müssen, in dem allerdings konkurrierende Teams professioneller PR-Experten die öffentliche Debatte während der Wahlkämpfe so stark kontrollieren, dass sie zu einem reinen Spektakel verkommt, bei dem man nur über eine Reihe von Problemen diskutiert, die die Experten zuvor ausgewählt haben. Die Mehrheit der Bürger spielt dabei eine passive, schweigende, ja sogar apathische Rolle, sie reagieren nur auf die Signale, die man ihnen gibt. Im Schatten dieser politischen Inszenierung wird die reale Politik hinter verschlossenen Türen gemacht: von gewählten Regierungen und Eliten, die vor allem die Interessen der Wirtschaft vertreten.« In der Eurokrise wurde diese These verifiziert.

Und was kommt nach der Postdemokratie? Die Stille? Oder ein neuer Sturm? Was bleibt von uns übrig, wenn die Citoyens zu Verwaltungsbürgern werden, die ihrem Zynismus noch freieren Lauf lassen als die Politiker? Wir beobachten das bereits auf allen Seiten. Dem rechten Machtzynismus steht schon heute ein linker Verzweiflungszynismus gegenüber. Eine wütende Resignation der zusammengepressten Lippen, die dem System bereits so tief misstraut, dass ihr selbst die angedrohten, angekündigten oder vollzogenen Rücktritte der politischen Kaste gleichgültig geworden sind. Weil sie nichts bedeuten.

Wenn wir aber unsere Begriffe verlieren, dann verlieren wir die Möglichkeit, die Wirklichkeit zu verstehen. Der Finanzphysiker Emanuel Derman hat geschrieben: »Für Modelle der physikalischen Welt sind wieder gute Zeiten angebrochen. ... Was jedoch Modelle für die soziale Welt angeht, sind die Zeiten schlecht.« Und zwar, weil die Modelle nicht mehr für Vorhersagen taugen. Wir haben eine Vorstellung davon, was ein Kanzler ist und ein Minister, und ein Präsident, und ein Bankier. Und wir haben solche Vorstellungen auch von einem Parlament, einer öffentlich-rechtlichen Fernsehanstalt, einem Gericht. Und wir erwarten von diesen Personen und Institutionen ein bestimmtes Verhalten. Was tun wir, wenn die Personen und Institutionen diese Erwartungen enttäuschen?

Weiter unten werden wir sehen, wie die Bundeskanzlerin sich vom Bundesverfassungsgericht den Vorwurf gefallen lassen musste, in der Eurokrise systematisch die Rechte des Bundestags verletzt zu haben. Das sind keine Kleinigkeiten. Wie sollen wir uns über Demokratie unterhalten, wenn wir immer dazu sagen müssen, dass wir darunter nicht dasselbe verstehen wie die Bundeskanzlerin?

Im Film rechtfertigt sich Ryans Gegenspieler, der CIA-Mann Ritter, mit den Worten, man dürfe die Dinge nicht nur in Schwarz und Weiß sehen: »Grau! Die Welt ist grau, Jack.« Je weiter die Entfremdung voranschreitet, desto mehr muss sich derjenige als weltfremd schelten lassen, der sein Heil in Begriffen sucht, die ihrer Bedeutung entkleidet wurden. Das ist ein gefährlicher Prozess.

Dieses Buch erzählt von jener Entfremdung. Es ist ein Streifzug, eine Expedition durch die Gegenwart eines Systems, das seine eigenen Versprechen bricht. Und am Ende stößt man auf ein einziges Wort. Ein altmodisches Wort, in dem aber die einzige Hoffnung liegt, verschüttet, schwer auszumachen, noch undeutlich: Radikalität.

Die Suche führt uns von außen nach innen und wieder zurück: Was ist? Was empfinden wir? Und was sollen wir? Welches Regime erleben wir? Welchen Reflex löst es bei uns aus? Welche Reaktion sollten wir von uns verlangen? Es geht darum, Begriffe zurückzuerobern: Gerechtigkeit, Gesetz, Gleichheit, Demokratie, Freiheit: Ein trübsinniger Kapitalismus hat uns diese Begriffe geraubt. Wir haben unsere Verantwortung delegiert – und dann ist sie im Dickicht furchtsamer Politiker, gieriger Banker und verständnisvoller Journalisten einfach verschwunden. Darum ist es zu wenig, bei der Wahl die Stimme abzugeben und danach zu schweigen.

Wir werden also um die Frage nach den Handlungen nicht herumkommen. Das richtige Bewusstsein allein schafft noch nicht das richtige Sein. Der Schriftsteller Ingo Schulze hat darüber nachgedacht und kommt zu dem Schluss: »Wir müssen über die Geste und die symbolische Handlung hinaus unseren Willen gewaltlos kundtun, und dies – wenn nötig – auch gegen den Widerstand der demokratisch gewählten Vertreter.«

Da spürt man schon das Beben, das den Autor erfasst hat bei dem Gedanken, sich ernsthaft aufzumachen – »über die Geste und die symbolische Handlung hinaus«. Schulze weiß ja auch, dass sich an Gesten und nur symbolischen Handlungen niemand mehr stört. Und an Worten ohnehin nicht. Sahra Wagenknecht hat einmal ein neues Buch auf Sylt vorgestellt, nicht eben ein sozialrevolutionäres Zentrum der Republik. Man muss sich das so vorstellen, dass die Frau, die sich mal als

Kommunistin ausgab, ihr Werk mit den Worten signierte: »Für eine bessere Welt.« Womöglich bestiegen die Leute dann befriedigt ihre Porsche Cayennes und fuhren zum Pflaumenkuchenessen ins Gogärtchen nach Kampen. Auf Sylt, dieser Gedanke drängt sich auf, liegen Signieren und Resignieren ganz nah beieinander.

Auch die gutmeinende Geste bleibt ein leeres Zeichen. Was liegt denn jenseits der Gesten und symbolischen Handlungen? Der Körper. Wir werden dazu kommen, dass der Körper in die Politik zurückkehren muss. Auf die eine oder andere Weise. Bedeutet das Gewalt? Ingo Schulze spricht von der Gewaltlosigkeit. Er hat im Osten einen gewaltlosen Umsturz der Verhältnisse erlebt. Allerdings hatte er es mit Verhältnissen zu tun, die schon brüchig waren und nicht so schwer zu stürzen. Das ist heute nicht so. Gleichwohl: Die Revolution würde in Deutschland bekanntlich nur nach vorheriger Lösung einer Bahnsteigkarte erfolgen. Nur, was geschieht, wenn es mit Schulzes Willensbekundung nicht mehr getan ist?

Das Tabu der Gewalt ist eines der wenigen, das hält. Da sind sich alle einig. Wer würde öffentlich zur Gewalt aufrufen? Er würde sich strafbar machen, nach Gesetz und nach öffentlicher Meinung. Paragraph 111 des Strafgesetzbuches stellt fest, wie auf die »Öffentliche Aufforderung zu Straftaten« zu reagieren ist: »Wer öffentlich, in einer Versammlung oder durch Verbreiten von Schriften zu einer rechtswidrigen Tat auffordert, wird wie ein Anstifter bestraft.« Und der Anstifter wird, wie es in der einschlägigen Vorschrift heißt, »gleich einem Täter bestraft«. Das sollte man sich merken: Es kommt das ernstgemeinte und das ernstgenommene Wort der Tat gleich.

Aber wer die Gewalt verdammt, sollte sich auch darüber klar werden, was er damit aufgibt, wo eigentlich die Gewalt beginnt, wer sie ausübt und wer ihr Opfer wird.

Oskar Negt hat gesagt, es sei ein Irrtum zu glauben, die Theorien müssten in die Praxis umgesetzt werden. Aber er erinnert an das Wort von Adorno, nach dem wir nicht wissen, was die Dinge sind, wenn wir nicht wissen, was über sie hinausgeht.

Es ist an der Zeit, wieder das Wünschen zu lernen. Und das Handeln.

TEIL 1 **REGIME**

03 GERECHTIGKEIT

Als die Staaten die Banken retten mussten und die Finanzkrise ihren Scheitelpunkt erreichte, der gleichzeitig der moralische Tiefpunkt des Kapitalismus war, da gelangte ein Thema an die Oberfläche, von dem lange nicht mehr geredet worden war: Gerechtigkeit. Aristoteles nennt die Gerechtigkeit die vollkommene Tugend, die Tugend, die alle anderen umfasse. Es gälten »weder Abendstern noch Morgenstern für so bewunderungswürdig wie sie«. John Rawls sagt, Gerechtigkeit sei die höchste Tugend jedes sozialen Systems, so wie die Wahrheit die höchste Tugend jedes gedanklichen Systems sei. Seit man einen Begriff dafür hat, ist das Thema gefährlich. Es dringt in die Spalten des Systems und hat die Kraft, es von innen heraus zu sprengen. Jede Zeit hat ihre eigenen Methoden, den Wunsch nach Gerechtigkeit im Zaum zu halten.

Die »Bild«-Zeitung zum Beispiel, das Zentralorgan für Alltagsphilosophie und Systemstützung, brauchte einmal ganze vier Absätze und 188 Worte, um festzustellen, dass mit dem Wort von der Gerechtigkeit heute nicht mehr viel anzufangen sei. Im Herbst 2009, als bei den Menschen eine unwillkürliche Empörung um sich griff, hielt das Blatt es für angeraten, sich einmal grundsätzlich mit der Gerechtigkeit zu befassen und dem Begriff den Stachel zu ziehen. »Bild« erkannte die entscheidende Bedeutung des Themas: »Gerechtigkeit – eine der letzten ungeklärten Fragen der Menschheit. Die wenig haben, empfinden große Summen an sich als ungerecht. Die viel haben, verstehen die Aufregung nicht. Diese Gerechtigkeitsfrage wirkt täglich wie ein schleichendes Gift in unsere Gesellschaft hinein.« Es stellte die entscheidenden Fragen: »Eine Mio. Euro Jahresgehalt für einen Top-Job in der Wirtschaft. Kann das gerecht sein? 90 Mio. Euro für einen Balltreter namens Ronaldo – angemessen? 15 Mio. Euro Abfindung für den über sechs Monate im Ergebnis erfolglosen Kaufhaus-Sanierer Eick: gerecht?« Und dann wurde mit aller Entschiedenheit das ganze Thema einfach abgeräumt: »Gerechtigkeit ist wahrscheinlich nur ein schöner Gedanke. Leider.«

Ganz so leicht wird man das Wort glücklicherweise nicht los. Für Aristoteles ist die Gerechtigkeit keine Sache der Götter und auch keine der Natur. Sie ist Sache der Menschen. Nur wir können sie erzeugen. Aber wenn es uns gelingt, ist das wunderbarer als das Antlitz der Sterne. Nicht Schicksal, Naturgewalt oder göttliche Fügung ist die Gerechtigkeit, und auch nicht unabänderliches Ergebnis anonymer Marktmechanismen, sondern Menschenwerk.

Der Mensch misst den Menschen an seiner Fähigkeit zur Gerechtigkeit. Das Maß ist ein wichtiger Begriff. Maßvoll handeln. Jede Tugend strebt nach Mitte und Maß. Gerechtigkeit ist die höchste Tugend, weil sie das Maßvolle geradezu verkörpert. Das gilt für beide Gerechtigkeiten des Aristoteles, die austeilende und die ausgleichende, *iustitia distributiva* und *iustitia commutativa*. Maß für Maß, Wert und Gegenwert, im Handel wie bei den Handlungen. Auf dem Markt und vor Gericht soll einer zahlen, was ihm gebührt, und bekommen, was er verdient. Es geht um den gelungenen Tausch. Solange der Mensch sein eigenes Äquivalent ist, findet er das Maß der Gerechtigkeit in sich selbst. Aber der Tausch greift über den Menschen hinaus. Selbst Gott musste es sich schon gefallen lassen, dass das rechte Maß an ihn gelegt wird. Auch von ihm wird erwartet, dass er fair handelt. »Warum bleiben die Gottlosen am Leben, werden alt und nehmen zu an Kraft?«, fragt Hiob.

Offenbar lässt sich das Gefühl für Gerechtigkeit nicht leicht im Zaum halten, wenn es einmal in der Welt ist. Da muss man viel schimpfen, wie Gott es mit Hiob gemacht hat. Oder man muss sich viel Mühe beim Überreden geben, wie der Neoliberalismus es bei der Umwertung aller Werte getan hat.

Noch einmal zu Hiob: Er ist Gott ausgeliefert, aber er ist ihm moralisch ebenbürtig. Zeigt Hiob nicht, dass der Mensch besser sein und sich besser verhalten kann als Gott? Darüber hat Ernst Bloch geschrieben. Hiob ringt mit Gott und mit seiner Enttäuschung über die Welt, wie sie ist. Er setzt dagegen die Ahnung einer besseren Welt. Und er beschwert sich. Es gibt eine Idee von Gerechtigkeit. Und wenn die Wirklichkeit und die Idee allzu weit auseinandergehen, dann setzt das Murren ein. Das ist das schöne Luther-Wort. Aus dem Murren wird die Klage. Aus der Klage wird die Anklage. Und aus der Anklage entsteht der Aufstand. Hiob rebelliert. Aber Gott mauert. Er entzieht sich. Hiobs Klage ist konkret. Gott weicht aus: »Wo warst du, als ich die Erde gründete? Sage mir's, wenn du so klug bist.« Und dann stellt Gott dem armen Hiob lauter Quizfragen aus dem Reich der Natur, die der natürlich nicht beantworten kann. Aber um die Natur ging es Hiob auch gar nicht. Gott entzieht sich der Frage nach Gerechtigkeit und antwortet, wie Bloch schreibt, »auf moralische Fragen mit physikalischen«. Im großen kosmologischen Sinnzusammenhang, im Meer der universellen Notwendigkeiten löst sich das Wort von der Gerechtigkeit einfach auf.

Gott redet mit Hiob so, wie ein Finanzspekulant mit einem Occupy-Aktivisten reden würde: »Wo warst du, als wir das globale Wachstum finanzierten und die Welt mit Geld versorgt haben?«

Gott und die Finanzindustrie sagen: »There is no alternative.«

Die an- und abschwellende Flut der globalen Kapitalströme folgt der unabänderlichen Natur des Geldes, so wie die Wasser der paradiesischen Flüsse dem Wort des Herrn folgen.

Gott fragt Hiob: »Bist du zu den Quellen des Meeres gekommen und auf dem Grund der Tiefe gewandelt? Haben sich dir des Todes Tore je aufgetan, oder hast du gesehen die Tore der Finsternis? Hast du erkannt, wie breit die Erde ist? Sage an, weißt du das alles?« Was soll Hiob da antworten? Er weiß von den Toren der Finsternis ebenso wenig, wie wir heute von Himalaya Options, Variance Swaps oder Constant Proportion Portfolio Insurances wissen – oder wie die Instrumente sonst noch heißen, mit denen unsere Gesellschaft auf ihren verderblichen Kurs gesteuert wurde. Wenn »die Märkte« sprechen könnten, würden sie von uns verlangen zu schweigen.

Gerechtigkeit ist ein schwieriger Begriff. Wir verstehen darunter nicht alle das Gleiche. Wir haben auch nicht die gleichen Bilder dafür. Der Frankfurter Gerechtigkeitsbrunnen würde nicht überall auf der Welt ohne weiteres verstanden. Die Wahrscheinlichkeit ist groß, dass die große Frau mit Waage und Schwert für ein Symbol des westlichen Imperialismus gehalten würde. Und was hätte Aristoteles mit dem Wort von der »sozialen Gerechtigkeit« anfangen sollen, das die katholische Kirche Mitte des neunzehnten Jahrhunderts erfunden hat? Aber irgendeine überwölbende Idee der Gerechtigkeit ist den Menschen eingeschrieben. Doch nein, das ist falsch. Richtiger muss es lauten: Es ist den Menschen eine Idee der Ungerechtigkeit eingeschrieben. Es geht bei der Tugend der Gerechtigkeit weniger darum, einen gerechten Zustand herzustellen, als einen ungerechten abzustellen. Die Abwesenheit von Ungerechtigkeit ist schon die Gerechtigkeit.

Wir müssen gar nicht erklären können, was die Gerechtigkeit ist. Es genügt völlig, wenn wir die Ungerechtigkeit erkennen können. Und das können wir. Die meisten Leute dürften erhebliche Schwierigkeiten haben zu bestimmen, was gerecht ist. Aber sie wissen ziemlich genau, was ungerecht ist. Das ist ein Kennzeichen der Gerechtigkeit: Wir wissen nicht, was sie ist. Aber wir wissen, wann sie verletzt wird.

Als die Staaten mit sehr viel Geld die Banken vor dem Kollaps retteten, war das so ein Moment. Zur Erinnerung: Die Bundesregierung stellte damals Garantien in Höhe von 400 Milliarden Euro aus. Wir haben uns im Verlauf der Krise an den Umgang mit solchen Summen gewöhnt und nehmen sie nicht mehr ernst. Diese Summe aber war mehr als ein Viertel der öffentlichen Gesamtausgaben von 2011.

Die Phrase »Too big to fail« fand Eingang in die Umgangssprache. Und eine ganze Generation lernte mit Staunen, dass Recht und Gerechtigkeit und Moral und Regeln nicht für alle gelten. Denn Not kennt kein Gebot – außer eben das höchste. Der Soziologe Heinz Bude schrieb damals: »Das Empfinden von Ungerechtigkeit ist eines der stärksten kollektiven Gefühle, das man nicht ohne Folgen entfacht.« Darüber wird man nachdenken müssen: Wie leicht wird das Feuer dieses Gefühls entfacht, und welche Folgen hat das dann?

Im Frühjahr 2013 wurde der »Vierte Armuts- und Reichtumsbericht der Bundesregierung« veröffentlicht. Das war ein Anlass, solch ein Feuer zu entfachen. Es hat sich für diese Papiere das Wort vom Armutsbericht durchgesetzt. Das macht auch Sinn. Weil es ja darum geht, die Armut zu bekämpfen. Dennoch greift das Wort zu kurz: Denn der Armutsbericht diente von Anfang an ausdrücklich dem Zweck, auch einen Überblick über den Reichtum im Land zu gewinnen. Es geht um Verteilung. Es geht um Gerechtigkeit.

Dass dies erst der vierte Bericht seiner Art war, zeigte, dass man sich noch gar nicht so lange mit der Armut in Deutschland befasst. Die Regierung Helmut Kohls hatte sich auf einem internationalen Gipfel im Jahr 1995 zur besseren Armutsberichterstattung verpflichtet. Aber man beschließt so viel auf solchen Gipfeln, und dann ist man wieder daheim und andere Themen drängen in den Vordergrund, und das, was beschlossen wurde, gerät in Vergessenheit. Kurz: Von der Armut im Land wollte die Regierung Kohl eigentlich gar nicht so viel wissen. Im Frühling 1999 schimpften die Fraktionen von SPD und Grünen, die mittlerweile über die Mehrheit im Parlament verfügten, über die alte Regierung, die ihrer Verpflichtung nicht nachgekommen sei: »Sie hat die Existenz von Armut in der Bundesrepublik Deutschland geleugnet und demzufolge keinen Sinn in einem nationalen Armutsbericht gesehen.« Tatsächlich grummelten die Unionsleute, es gebe »in der Bundesrepublik Deutschland bereits ein ausgeprägtes System der Lebenslagenforschung« und man solle sich doch lieber »auf das fokussieren, wo politischer Handlungsbedarf« bestehe.

Dabei hätte man auf diesem Feld schon Ende der neunziger Jahre Handlungsbedarf durchaus erkennen können – wenn man wollte. Man muss sich daran erinnern, was das für eine Zeit war. Damals traten die Worte Armut und Reichtum wieder in das Bewusstsein der Leute.

Die Arbeitslosigkeit war seit Beginn des Jahrzehnts kontinuierlich angestiegen und hatte 1997 die bis dahin höchste Quote von 12,7 Prozent erreicht. Beinahe 4,4 Millionen Menschen waren in Deutschland arbeitslos. In diesem Jahr hatten es auch die Kirchen für notwendig gehalten, die Stimme zu einem gemeinsamen »Sozialwort« zu erheben. »Tiefe Risse gehen durch unser Land«, hieß es da, »vor allem der von der Massenarbeitslosigkeit hervorgerufene Riss, aber auch der wachsende Riss zwischen Wohlstand und Armut. ... Manche würden der regulativen Idee der Gerechtigkeit gern den Abschied geben. Sie glauben fälschlich, ein Ausgleich der Interessen stelle sich in der freien Marktwirtschaft von selbst ein.«

Dieses Sozialwort der Evangelischen Kirche in Deutschland

und der Deutschen Bischofskonferenz las sich bereits wie das sozialpolitische Regierungsprogramm einer kommenden linksliberalen Regierung. Es war ein kluges, weitsichtiges Papier. Die beiden Kirchen erhoben hier eine frühe Klage gegen die Verwerfungen der Globalisierung und forderten eine »strukturelle und moralische Erneuerung« der sozialen Marktwirtschaft.

Es gehörte zur Begeisterung des rot-grünen Projekts, sich dieser Aufgabe annehmen zu wollen. Weil es Sache der Politik ist, die Interessen der Menschen auszugleichen, nicht Sache der Märkte. So war die Stimmung. Es herrschte ein ausgeprägter Möglichkeitssinn. Die Selbstentmachtung der Politik lag noch in weiter Ferne. Es ging um nicht weniger als eine »gerechtere Verteilung von Wohlstand und Arbeit«, wie es im Antrag der rot-grünen Fraktionen aus dem Jahr 1999 heißt, mit dem der Armuts- und Reichtumsbericht ins Leben gerufen wurde. Arbeit war das Schlüsselwort. Das entsprach dem Selbstverständnis der SPD und der Gewerkschaften, die ihre Aufgabe darin sahen, den Menschen Arbeit zu verschaffen. Es war der Modernismus der Vergangenheit, der einen Fortschritt in der Erkenntnis sah, dass Arbeitslosigkeit kein selbstverschuldetes Übel ist, sondern ein gesellschaftliches Problem. Insoweit über das System gestritten wurde, galt das nur der Sorge um die Arbeit, es galt nicht der Sorge um das Wesen des Systems selbst. So weit war der Kapitalismus noch nicht. Die Kritik bewegte sich immer noch in den Grenzen des einstmals funktionierenden Nachkriegssystems. Erst die Finanzkrise vermochte das zu ändern.

Die rot-grünen Abgeordneten waren so begeistert von sich selbst, dass sie sich zu einer einigermaßen kuriosen These verstiegen: »Armut und Reichtum in der Bundesrepublik Deutschland werden durch wirtschaftliche, gesellschaftliche und politische Prozesse verursacht, die die abgewählte Bundesregierung eingeleitet hat.« Das war nun zu viel Ehre für Helmut Kohl! Selbst auf diesen starken Schultern kann nicht die ganze Last der Verantwortung für die Verteilung von Armut und Reichtum der Deutschen abgelegt werden. Da gehört schon ein bisschen mehr dazu.

Es war das Verdienst schon des kirchlichen Sozialworts gewesen, nicht nur auf die Armut zu verweisen, sondern auch auf den Reichtum: »Nicht nur Armut, auch Reichtum muß ein Thema der politischen Debatte sein. Umverteilung ist gegenwärtig häufig Umverteilung des Mangels, weil der Überfluß auf der anderen Seite geschont wird. Ohnehin tendiert die wirtschaftliche Entwicklung dazu, den Anteil der Kapitaleinkommen gegenüber dem Anteil der Lohneinkommen zu vergrößern. Umso wichtiger wird das von den Kirchen seit langem vertretene Postulat einer breiteren Vermögensstreuung.« Das war im eigentlichen Sinne des Wortes revolutionär. Weil eine Umverteilung der Umverteilung gefordert wurde. Dass man nicht nur zusieht, wie die Armen sich um die Brocken streiten. Sondern von den Tischen der Reichen nimmt. Die Kirchen hielten das damals noch für möglich. Und die Politik auch. Voraussetzung dafür, dass die Politik dieser Aufgabe nachgehen konnte, war aber der Überblick über die Lage. Und daran haperte es in Deutschland. »Reichtum ist ein scheues Wild«, schrieben die Abgeordneten in ihrem Antrag. Der Reichtum und vor allem seine Ursachen seien »unbekannte Größen«. Und wieder zitierte die Politik die Kirchen: »So beklagen die beiden Kirchen in ihrem Sozialwort zu Recht: ›Verläßliche Daten über die Vermögensverteilung und -entwicklung in Deutschland liegen in ausreichendem Umfang nicht vor. Sie sollen durch einen regierungsoffiziellen Bericht an den Deutschen Bundestag regelmäßig geliefert werden. Die Bundesregierung hat dafür Sorge zu tragen, daß ein solcher Bericht nicht zu einem Zahlengrab wird.‹« Politik sollte betrieben werden, keine Statistik. Oder Statistik nur im Dienst der Politik.

Der Auftrag wurde erfüllt, wenn auch nur zum Teil: Seit dem Frühjahr 2001 dokumentieren die Berichte alle drei bis fünf Jahre den Zerfall der Gesellschaft. Sie führen Buch über die Entwicklung. Die Zunahme der Armut wurde minutiös festgehalten. Die Zunahme des Reichtums dagegen nicht, wie wir weiter unten sehen werden. Armut lässt sich allerdings auch nicht so gut verstecken. Reichtum dagegen schon. Die Statistiker haben ihre Arbeit so gut gemacht, wie sie konnten. Die Politiker nicht. Es fehlte der Wille. Und durch Zahlen lässt er sich nicht ersetzen.

Kein Zahlengrab – die Autoren der ersten Studie nahmen das ernst und fällten eine richtige und mutige Entscheidung: Sie definierten Armut nicht als statistischen Wert, sondern als politischen Zustand. Im ersten Bericht heißt es: »Der Bericht orientiert sich an der Definition des Rates der Europäischen Gemeinschaft von 1984, nach der Personen, Familien und Gruppen als arm gelten, ›die über so geringe (materielle, kulturelle und soziale) Mittel verfügen, dass sie von der Lebensweise ausgeschlossen sind, die in dem Mitgliedstaat, in dem sie leben, als Minimum annehmbar ist‹.«

Was ist »annehmbar«? Dieses Wort steht stellvertretend für den Streit um die gute Gesellschaft. Wo ist die Grenze? Was muten wir unseren Schwächsten zu? Wie gehen wir miteinander um? Was halten wir von uns? Wofür stehen wir?

Aber wer die Antwort nicht wissen will, der leugnet erst einmal die Frage. Alle, denen das Gerede von Armut und Reichtum nicht passt, zerlegen zunächst die Begriffe. Das ist ein eingeübtes Verfahren. »Armut ist eine Frage der Definition – wissenschaftlich gesehen« titelte die »Frankfurter Allgemeine

Zeitung« im April 2001, als der erste Armutsbericht vorgelegt wurde: »Wer ist eigentlich arm? Der, der seinen Kindern keine neue Kleidung kaufen kann, der nur eine Tasse Reis am Tag zu essen hat, oder der, der zwar vermögend ist, aber unheilbar krank?« So kann man sich ein Thema vom Leib halten: Man erklärt es erst zur Definitionsfrage und erklärt es damit einfach weg. Dass mit der Formulierung des Europäischen Rates eine kluge übergeordnete Definition vorliegt – vergessen. Auch dass die Europäische Union noch über eine konkretere Definition verfügt – verweht. Danach gelten Menschen als armutsgefährdet, wenn sie mit weniger als 60 Prozent des mittleren Einkommens der Gesamtbevölkerung auskommen müssen. Im Jahr 2012 stand ein Einpersonenhaushalt in Deutschland dann an der Armutsgrenze, wenn er über ein Monatseinkommen von weniger als 952 Euro im Monat verfügt, im Jahr zuvor waren es noch 848 Euro gewesen und im Jahr davor 826 Euro. Denn natürlich hebt sich bei wachsendem mittleren Einkommen auch die Armutsgrenze.

Im Entwurf zum Armutsbericht, der im Herbst 2012 an die Öffentlichkeit geraten war, hatten sich diese Zeilen gefunden: »Während die Lohnentwicklung im oberen Bereich positiv steigend war, sind die unteren Löhne in den vergangenen zehn Jahren preisbereinigt gesunken. Die Einkommensspreizung hat damit zugenommen.« Diese verletze »das Gerechtigkeitsempfinden der Bevölkerung« und könne »den gesellschaftlichen Zusammenhalt gefährden«. Der Bericht wird vom Arbeits- und Sozialministerium vorgelegt. Vor seiner offiziellen Veröffentlichung des Berichts haben die anderen betroffenen Ministerien Gelegenheit, sich zu äußern. Philipp Rösler, Wirtschaftsminister und FDP-Chef, machte davon Gebrauch. Der Entwurf sei »nicht ressortabgestimmt« und entspreche »nicht der Meinung der Bundesregierung«, ließ Rösler in einem internen Vermerk festhalten – das »Handelsblatt« sorgte dann dafür, dass der Vermerk nicht intern blieb.

Vor allem störten sich Röslers Leute daran, dass im Entwurf des Armutsberichts ein für eine bürgerliche Regierung geradezu revolutionärer Gedanke auftauchte: »Die Bundesregierung prüft, ob und wie über die Progression in der Einkommensteuer hinaus privater Reichtum für die nachhaltige Finanzierung öffentlicher Aufgaben herangezogen werden kann.« Steuererhöhung für öffentliche Aufgaben? Im Wirtschaftsministerium muss man bei diesen Worten nach Luft geschnappt haben: Sie stehen in glattem Widerspruch zur seit Jahrzehnten gelernten und gelehrten Ideologie des Neoliberalismus. Sofort musste klargestellt werden: »Forderungen nach noch mehr Umverteilung sind für das Bundeswirtschaftsministerium nicht zustimmungsfähig. ... Vor allem Forderungen nach höheren Steuern für die, die den Sozialstaat finanzieren, lehnt das Ministerium entschieden ab.«

Als der Bericht reif für die Veröffentlichung war, las sich das alles schon viel glatter. Der klare und richtige Satz »Die Privatvermögen in Deutschland sind sehr ungleich verteilt« wurde aus der Einleitung des Berichts gestrichen. Auch die Aussagen zu den Löhnen waren noch mal in der Redigatur. Von den deutlichen Formulierungen des Entwurfs zu Lohnentwicklung, Einkommensspreizung und Gerechtigkeitsempfinden blieb nur übrig, dass sinkende Reallöhne »Ausdruck struktureller Verbesserungen« am Arbeitsmarkt seien. Denn – Rösler hatte darauf bestanden, dass das so aufgenommen wird – zwischen 2007 und 2011 seien im unteren Lohnbereich viele neue Arbeitsplätze entstanden. Vorsichtiger beschrieb die Bundesregierung nun auch, dass manchen Alleinstehenden mit Vollzeitjob der Stundenlohn nicht für die Sicherung des Lebensunterhalts reicht.

In der ersten Fassung stand noch, dass mittlerweile die Löhne oft nicht mehr für die Sicherung des Lebensunterhalts ausreichen, dass also Arbeit kein Schutz gegen Armut sei und dass dies den sozialen Zusammenhalt gefährde. Das wurde gestrichen. Übrig blieb, diese Entwicklung sei »kritisch zu sehen«. Auch die ursprünglich enthaltene Information, dass im Jahr 2010 etwas mehr als vier Millionen Menschen für einen Bruttostundenlohn von unter sieben Euro arbeiteten, passte offenbar nicht ins politische Konzept. Der Satz wurde einfach gestrichen.

Die Taktik der Vernebelung begleitet das Thema Armut von Anfang an. Die Kirchen hatten sich darum in ihrem Sozialbericht schon in den neunziger Jahren damit beschäftigt. »Der Streit über den Armutsbegriff ähnelt dem Streit, wie er Anfang der siebziger Jahre über die Umwelt geführt wurde, als Probleme mit dem Hinweis geleugnet wurden, sie ließen sich nicht wissenschaftlich verläßlich nachweisen. Es gilt jedoch, die tatsächlich bestehende Armut zur Kenntnis zu nehmen. Hinter den unterschiedlichen Definitionen von Armut verbergen sich beunruhigende Fakten.«

Die bestehende Armut zur Kenntnis nehmen: Das ist ein nüchterner Gedanke. Öffnet eure Augen und versteckt euch nicht hinter Begriffen! Zu nüchtern für die Relativierungspolemiker. Sie halten sich lieber an ihre sonderbare Argumentation: Im Vergleich zu einem Armen im Ausland ist ein Armer bei uns ein Reicher, und darum ist er kein Armer. »Von Armut in Deutschland zu sprechen, ist eigentlich eine Verhöhnung der tatsächlichen, bitteren Armut in anderen Weltgegenden, eigentlich ist es ziemlich geschmacklos«, schrieb ein Autor der »Wirtschaftswoche« im Herbst 2012. Man sieht: Es kommen dieselben Argumente immer wieder. Geschmacklos ist aber in Wahrheit nur eine solche Argumentation – und typisch. Die

Armen werden gegeneinander ausgespielt. Jene, die im Elend des Hungers leben, gegen die, die im Elend des Wohlstands leben.

Da war Karl Marx weiter, als er schrieb: »Die natürlichen Bedürfnisse selbst, wie Nahrung, Kleidung, Heizung, Wohnung usw. sind verschieden je nach den klimatischen und anderen natürlichen Eigentümlichkeiten eines Landes. ... Für ein bestimmtes Land, zu einer bestimmten Periode jedoch ist der Durchschnitts-Umkreis der notwendigen Lebensmittel gegeben.«

Dass Armut und Reichtum als absolute Begriffe sinnlos sind und nur in räumlicher und zeitlicher Relation eine Bedeutung bekommen können, leuchtet unmittelbar ein. Nur den Relativierungspolemikern nicht. Sie machen aus der sozialen Not einen statistischen Spaß. Das Schicksal der Marginalisierten, der Überflüssigen wird ihnen zur Zahlenspielerei.

In der »Wirtschaftswoche« konnte man diesen Gedanken lesen: »Wenn nun ein gütiger Spender über alle Deutschen gleichmäßig verteilt einen Geldsegen niedergehen lassen würde, dann würde das an der Zahl der Armen und Armutsgefährdeten überhaupt nichts ändern. Denn dann stiege ja auch das mittlere Einkommen der Deutschen, also die Größe, an der sich die Armut bemisst.«

Ja, so wäre das dann wohl. Aber was soll das? Mit der Wirklichkeit des Hartz-IV-Empfängers, dem man 374 Euro im Monat auszahlt, hat das nichts zu tun. Das ist der Regelsatz. Das ist das Existenzminimum.

Der Kampf gegen die Armut wird mit harten Bandagen geführt – das heißt, der Kampf gegen die Wahrnehmung der Armut. Es ist beispielsweise verblüffend, mit welcher Regelmäßigkeit Kritiker der Armutsberichterstattung das mittlere Einkommen mit dem Durchschnittseinkommen verwechseln.

Das ist nämlich durchaus nicht dasselbe, wird aber immer wieder vermischt – absichtsvoll oder unabsichtlich.

Als im Mai 2009 mal wieder neue Armutszahlen durch das Land gingen, die eigentlich die alten waren, weil die Armut ja beständig zunimmt, egal ob die Wirtschaft wächst oder ob sie schrumpft, da wollte auch die »Bild-Zeitung« das einfach wegschreiben. »Armuts-Alarm in Deutschland, zerbricht die Republik?«, fragte die Zeitung und antwortete sich selbst: »Was für ein Unsinn. Die Berechnung ist ein Taschenspieler-Trick und die Absicht dahinter aberwitzig. Der Beweis: Kommen morgen tausend neue Millionäre nach Deutschland, steigt das Durchschnittseinkommen – und wir haben rechnerisch, oh Schreck, noch ›mehr Arme‹, die darunterliegen. Verlassen tausend Millionäre das Land, sinkt plötzlich auch die Zahl der ›Armen‹.«

Die Netzseite bildblog.de hat sich seinerzeit sehr gründlich mit diesem Missverständnis befasst:

Die »Bild« hätte recht, schrieben die Netzwächter, »wenn sich die Definition von Armut auf das ›Durchschnittseinkommen‹ beziehen würde. Das tut sie aber nicht. Sie bezieht sich auf das ›mittlere Einkommen‹. Das mittlere Einkommen ist der Median. Man erhält diesen Wert, indem man alle Bürger sortiert nach Einkommen in einer Reihe aufstellt und denjenigen, der dann genau in der Mitte steht, fragt, was er verdient. Der Unterschied zum durchschnittlichen Einkommen kann erheblich sein – und zwar genau dann, wenn zum Beispiel einzelne Millionäre ins Spiel kommen.«

Der Median ist eine praktische Erfindung der Mathematik. Er glättet Verzerrungen, die durch eine kleine Zahl von extremen Werten verursacht wird. Wenn morgen tausend Millionäre nach Deutschland kommen, wie die »Bild«-Zeitung sich vorstellt, würde zwar das deutsche Durchschnittseinkommen steigen, aber der Einkommensmedian des 80-Millionen-Volks bliebe mehr oder weniger unverändert. Die Verwechslung passt der »Bild« gut ins politische Konzept. Ein Schelm, wer Böses dabei denkt. Es gibt noch eine Möglichkeit, der Armutsdebatte auszuweichen. Sie ist schlimmer als Trickserei mit Definitionen und mehr oder weniger absichtsvolles Missverstehen des statistischen Handwerkszeugs. Diese härtere Variante besteht darin, den Armen ein lautes »Selber schuld!« hinterherzurufen. Als im Jahr 2001 der erste Armutsbericht erschien, hat der Dortmunder Statistik-Professor Walter Krämer das in der »FAZ« gleich mal durchgespielt: »Zwar schrieb schon Goethe: ›Arm am Beutel, krank am Herzen‹, doch mit Geld allein ist vielen Armen kaum zu helfen. Überfüllte Wohnungen, hungernde und verwahrloste Kinder, abgestellte Strom- und Telefonanschlüsse in den Slums amerikanischer Großstädte zeugen zweifellos von Armut. Doch ist es nicht in erster Linie der Mangel an Geld, der die Kinder dort zu schlechten Schülern und jungen Kriminellen macht – es sind der Mangel an Aufsicht, ein ungeordnetes Zuhause, oft das Fehlen des Familienvaters. Würde man das Einkommen der Familien dieser Kinder von der aktuellen Armutsgrenze von 15 000 auf 30 000 Dollar im Jahr verdoppeln, gingen Kriminalität und Zahl der Schulabbrecher (›drop out rates‹) kaum wesentlich zurück, wie einschlägige Studien übereinstimmend zeigen. Das Geld würde für Geschirrspüler, Zweitautos und Diskothekenbesuche der Eltern ausgegeben. Die Kinder hätten davon nichts und wären genauso arm wie zuvor. Nach dieser ›Subkultur-Theorie‹ ist Armut weniger durch Einkommen als durch Verhalten und Charakter der Armen bedingt; Armut wäre demnach im wesentlichen gleichbedeutend mit dem Unvermögen, sich selbst aus Zwangslagen herauszuhelfen – also einem Mangel an dem, was man gemeinhin als ›Intelligenz‹ bezeichnet.«

So kalt und rein präsentiert sich zynisches Denken nicht oft: Armut bedeutet ein Versagen, und wer den Armen hilft, bestärkt dieses Versagen, das ist ein Topos konservativen Denkens seit den Tagen Edmund Burkes. Der Satz »Mit Geld allein ist vielen Armen kaum zu helfen« klingt, als habe die Redaktion der Zeitung ihm ein bisschen die Kanten geschliffen. Aber die grundsätzliche Idee bleibt erkennbar: Da den Armen mit Geld nicht zu helfen ist, können die Reichen es ebenso gut für sich behalten. Im Zweifel haben sie ohnehin die bessere Verwendung dafür.

Jenseits aller Definitionen: Die Armut wächst in Deutschland, relativ und absolut. Das bedeutet, es gibt immer mehr Leute, die sich immer weniger leisten können, und gleichzeitig vergrößert sich der Abstand zwischen Reich und Arm. Das Statistische Bundesamt meldete im Herbst 2012, dass 16 Millionen Menschen in Deutschland von Armut oder sozialer Ausgrenzung betroffen seien. Das sind 19,9 Prozent der Bevölkerung. Jeder fünfte. Gleichzeitig waren die privaten Geldvermögen in Deutschland auf sagenhafte 4811 Milliarden Euro gestiegen. So hoch wie nie zuvor. Auch der jüngste Armutsbericht der Bundesregierung hält fest, dass die Ungleichheit wächst. In Deutschland ist es wie im Märchen, nur umgekehrt: Die Reichen werden reicher und die Armen werden ärmer. Die reichsten 10 Prozent der Bevölkerung verfügen inzwischen über 53 Prozent des Gesamtvermögens, die untere Hälfte der Haushalte besitzt 1,2 Prozent. Zu Beginn des Jahrzehnts stand es noch 45 zu 4 Prozent. Der Publizist Henning Ritter sagte schon im Jahr 2005: »Man kann von Deutschland kaum mehr als von einer sozial homogenen Gesellschaft sprechen.« Inzwischen ist das ganz ausgeschlossen.

Deutschland ist ein ungerechtes Land. Das ist eine Tatsache, keine linke Ideologie. Unser System führt zu einer »Umverteilung von Arm zu Reich«. Das hat kein Politiker der Linkspartei gesagt, sondern der Verfassungsrechtler und Steuerexperte Paul Kirchhof, den Angela Merkel einst zu ihrem Finanzminister machen wollte.

Der Berliner Finanzwissenschaftler Giacomo Corneo hat ausgerechnet, dass die reichsten 5000 Haushalte seit Mitte der neunziger Jahre ihren Anteil am Gesamteinkommen um etwa die Hälfte gesteigert haben. Gleichzeitig seien die realen Einkommen aller Deutschen in dieser Zeit etwa gleich geblieben. Die Nettolohnquote – also der Anteil der Löhne am Volkseinkommen – lag im Westen Deutschlands bis in die achtziger Jahre noch bei 44 Prozent. Zehn Jahre später waren es noch knapp über 38 Prozent. Heute sind es etwa 35 Prozent. In der gleichen Zeit ist der Anteil der Einkommen aus Gewinnen beständig gestiegen.

Da sind gewaltige Umverteilungen im Gange. All das ist lange bekannt. Aber wir sehen dem tatenlos zu. Warum eigentlich? Weil die Ideologie der Privatisierung, die Ideologie des staatlichen Rückzugs, die Ideologie des Neoliberalismus die veröffentlichte Meinung nun schon für die Dauer einer ganzen Generation benebelt hat.

Aber die Ideologie hat Risse bekommen.

»Ein Jahrzehnt enthemmter Finanzmarktökonomie entpuppt sich als das erfolgreichste Resozialisierungsprogramm linker Gesellschaftskritik«, hat Frank Schirrmacher geschrieben. Es ist nicht die Stärke linker Argumente, den Kapitalismus in die Knie zu zwingen. Der Kapitalismus ist so lange gewachsen, dass er mit der Demokratie kaum noch zu vereinbaren ist. Wir leben zusehends in einem System, in dem die wenigen profitieren, die vielen nicht. In der Demokratie werden aber die vielen alle paar Jahre als Wahlvieh gebraucht. Sie sollen ihre Stimme abgeben – und dann schweigen. Dafür zahlt der Staat ihnen die – spärlicher werdenden – Alimente aus den Sozialtöpfen. Aber woher soll das Geld kommen, wenn die Reichen und die Unternehmen immer weniger Steuern zahlen und ihr Geld für sich behalten und die Armen gar keine Steuern zahlen, weil sie kein Geld haben? Die Antwort lautet: Schulden. Die Schulden sind der Preis, den die Staaten dafür zahlen, dass die Reichen reicher und die Armen ärmer werden. Dieses System ist jetzt an sein Ende gekommen.

Die Reichen schonen und die Armen besänftigen – das wird nicht mehr gehen. Jetzt geht nur noch: Steuern erhöhen oder sparen.

Die europäischen Regierungen haben sich für das Sparen entschieden. Darum nimmt die Ungerechtigkeit weiter zu: Schulen, Schwimmbäder, Bücherhallen, Krankenhäuser – wer Geld hat, ist nicht darauf angewiesen, dass solche öffentlichen Einrichtungen in gutem Zustand sind. Alle anderen schon. Was wird geschehen? Wird der Strom der Wut wachsen? Und wohin wird er dann fließen? Wir können es uns vorstellen: nach rechts. Wenn die Staaten sparen, werden sie das System nicht in Richtung Demokratie reformieren, sondern es in Richtung Autokratie deformieren.

Dem Kapitalismus ist das egal. Er braucht die Demokratie nicht mehr. Die Chinesen haben uns das vorgemacht. Sie betrachten uns mit teilnahmsloser Neugier, wie kuriose Tierchen. Mit Blick auf die sonderbaren Wahlrituale in Europa schrieb der chinesische Journalist Zhong Sheng: »Populismus und Konservatismus werden dort wahrscheinlich zunehmen.« Dem Westen mangele es, so der Kommentar in »Renmin Ribao«, dem Zentralorgan der Kommunistischen Partei Chinas, an Wille und Fähigkeit, die Schuldenkrise in den Griff zu bekommen. Mark Siemons, »FAZ«-Korrespondent in Peking, bemerkte dazu, das laufe am Ende auf die Frage hinaus, »ob

Kapitalismus überhaupt mit Demokratie funktionieren kann. Oder nicht gleich in den Händen der Kommunisten besser aufgehoben wäre.« Die Antwort ist klar.

Was wird auf die Krise der westlichen Gesellschaften folgen? Wie könnte unsere Genesung aussehen – und was müssen wir als Ende fürchten? Denn dass wir uns vor einem solchen Wendepunkt befinden, wird niemand mehr leugnen wollen. Eine Normalität, zu der wir zurückkehren können, gibt es nicht mehr. Jede Erholung dieser Monster, die wir »die Märkte« nennen, wird in unseren Augen nur eine vorübergehende sein. Wir werden jederzeit damit rechnen, dass diese Monster wieder vor dem Zusammenbruch stehen, wieder über uns herfallen, wieder besänftigt werden müssen. Wir haben das Vertrauen verloren.

Wir lernen aus der Geschichte bekanntlich wenig. Aber an diese Lehre von Weimar sollten wir uns erinnern: Die *res publica amissa* – so der an Cicero angelehnte Titel eines Buches des Althistorikers Christian Meier – wird am Ende untergehen. Das vernachlässigte Gemeinwesen hat keine Zukunft. Wenn es darum geht, was uns wichtiger ist, die Demokratie oder der Kapitalismus – wie werden wir uns entscheiden? Und: Wird man uns überhaupt entscheiden lassen?

04 UNGLEICHHEIT

Wo nehmen unsere Gedanken ihren Anfang? Bei der Gleichheit oder bei der Ungleichheit? Ein Konservativer würde dem preußischen Historiker Heinrich von Treitschke zustimmen, der sagt, alles politische Denken habe mit dem Satz von der ursprünglichen Ungleichheit des Menschen zu beginnen. Ein Linker würde mit dem französischen Aufklärer Rousseau von der naturgewollten Gleichheit ausgehen. Er würde die Gleichheit zum Maßstab machen und jede Abweichung davon unter den besonderen Zwang der Rechtfertigung stellen. Nichts gegen Ungleichheit – sie muss aber einen guten Grund haben. Das Problem ist, dass die Ungleichheit, die wir beobachten, immer schlechter zu begründen ist.

Es geht nicht um die Ungleichheit an sich. Sondern um das Maß und die Rechtfertigung. Ungleichheit wird unerträglich, wenn sie maßlos ist.

Der Turiner Philosoph und Politiker Norberto Bobbio hat einmal über seine Kindheit geschrieben, über »die langen Ferien auf dem Land«, in denen er, der Junge aus der Stadt, mit den Kindern der Bauern spielte: »Zwischen uns bestand zwar ein ganz und gar herzliches Verhältnis, und die Klassenunterschiede waren vollkommen irrelevant, aber der Kontrast zwischen unseren Häusern und ihren, zwischen unserem Essen und ihrem, zwischen unserer Kleidung und ihrer entging uns nicht. Jedes Jahr, wenn wir für die Ferien dorthin kamen, erfuhren wir, dass wieder einer unserer Spielkameraden während des Winters an Tuberkulose gestorben war. Dagegen erinnere ich mich nicht, dass auch nur ein Einziger meiner Schulkameraden in der Stadt aufgrund irgendeiner Krankheit gestorben wäre.«

Dieses »Schauspiel der ungeheuerlichen, ebenso jedes Maß übersteigenden wie ungerechtfertigten Ungleichheit zwischen Reichen und Armen« sei es gewesen, das Bobbio dazu gebracht habe, sich der Politik zuzuwenden.

Wir können immerhin sagen, dass sich heute in Deutschland die Stadtkinder und die Landkinder getrost für den nächsten Sommer verabreden können, da keines von ihnen des Winters an Tuberkulose sterben wird. Aber man merkt schon, dass damit nicht viel geholfen ist. Schon richtig: Erst kommt das Fressen, dann die Moral. Aber die Moral kommt dann eben auch dran. Eine Frage des Maßstabs. Es genügt uns zu Recht nicht, wenn niemand verhungert. Wir hatten das schon: Was nützt es uns, wenn der Arme im Ausland noch ärmer ist? Nichts. Und dass die Ungleichheit in den USA noch ausgeprägter ist als bei uns oder in Afrika, das nützt uns auch nichts.

Eine der Rügen, die sich Angela Merkels sonderbar unbürgerliche Bundesregierung vom Bundesverfassungsgericht eingefangen hat, betraf einmal die Höhe der Grundsicherung nach dem Sozialgesetzbuch, also das Geld, das man Hartz IV nennt. Das war zu niedrig. Die Schuld dafür lag nicht bei Merkel allein, das hatte eine rot-grüne Regierung zu verantworten. Merkels Schuld war, dass sie alle Warnungen ignoriert hatte und erst handelte, als sie gar keine Wahl mehr hatte. Aber Angela Merkel hat sich bequem eingerichtet im dreifaltigen Kapitalismus: Einem Drittel von uns geht es gut, ein Drittel fühlt sich bedroht – und ein Drittel wird abgeschrieben. Wer länger als ein Jahr arbeitslos ist, stürzt in die wachsende Masse derer, die die Ökonomen »Surplusbevölkerung« nennen: die Überflüssigen. Über ein Jahr lang kümmerte sich die Bundeskanzlerin nicht um den Befund aus Karlsruhe, wo am 9. Februar 2009 festgestellt worden war, dass die Hartz-IV-Gesetze gegen Artikel 1 und gegen Artikel 20 verstießen. Das sind keine Kleinigkeiten. Das Gericht befand, dass der deutsche Staat seinen Armen kein »menschenwürdiges Existenzminimum« garantiere und dass über die »physische Existenz« hinaus auch ein »Mindestmaß an Teilhabe am gesellschaftlichen, kulturellen und politischen Leben« zur Würde des Menschen gehöre. Das Gericht hat also daran erinnert, dass auch in der Ära der Globalisierung nicht die Dritte Welt der Maßstab für die Beantwortung der Frage ist, was wir uns unter einem Sozialstaat vorstellen. Es genügt nicht, wenn hier niemand verhungert.

Offenbar ist Deutschland ein Land geworden, in dem ein Gericht an so etwas erinnern muss.

Wenn man beklagt, dass die Ungleichheit zugenommen habe, bedeutet das nicht, der Gleichheit das Wort zu reden. Die Idee einer alles umfassenden Gleichheit ist eine Illusion, töricht oder gefährlich, oder beides. Die Menschen sind gleich, weil sie Menschen sind, und ungleich, weil sie Individuen sind. Sie sind gleich und ungleich. Das spüren wir alle. Nicht jede Ungleichheit ist unerträglich. Welche wollen wir uns zumuten? Die Leute suchen nicht nach Gleichheit. Sie suchen nach Gerechtigkeit in der Ungleichheit.

In seinem bemerkenswerten Buch »Ungerechtigkeiten« lässt der französische Soziologe François Dubet einen jungen Arbeiter zu Wort kommen, der dem Wissenschaftler halb belustigt, halb erzürnt erzählt hat, dass in seinem Unternehmen die Firmenparkplätze für die Ingenieure reserviert sind: »Das kommt einem am Anfang sonderbar vor.« Unausgesprochen hängen hier die Verse aus dem Hans-Albers-Lied in der Luft:

*Beim ersten Mal,
da tut's noch weh.
Da glaubt man noch,
dass man es nie verwinden kann.
Dann mit der Zeit, so peu à peu,
gewöhnt man sich daran.*

Aber muss denn dieser Arbeiter sein Auto weniger dringend parken als sein Chef? Pünktliches Erscheinen am Arbeitsplatz ist eine Pflicht, die gleichermaßen alle trifft. Der ungleiche Zugang zum Parkplatz ist kein notwendiger Teil der funktionalen Hierarchie der Arbeit. Er ist ein reines Privileg. Ein Standesrecht. Ein jeder soll auf seinen Platz verwiesen werden. Solche Ungleichheit kommt einer Demütigung gleich. Dubet schreibt: »Nicht weil die Gleichheit nicht gewährleistet ist, kommt das Gefühl der Ungerechtigkeit auf, sondern weil die legitimen hierarchischen Ungleichheiten verletzt werden.«

Gleichmacherei ist den meisten Menschen fremd. Wer ist schon egalitär? Die Leute wollen ihre Positionen sichern, und sie wollen faire Umstände.

Man kann noch mit einigem Sinn davon sprechen, dass Gerechtigkeit eine absolute Tugend ist. Gleichheit ist nur noch eine relationale Eigenschaft. Wenn noch so viele Menschen ungerecht behandelt werden, wird daraus nie Gerechtigkeit. Gleichheit bemisst sich dagegen nur im Vergleich. Und Gleichheit ist darum viel mehr noch als Gerechtigkeit eine Kategorie der Nähe. Ver-gleichen kann ich mich nur mit meinem Nächsten. Und natürlich mit mir selbst, meiner eigenen Vergangenheit.

Die Frage in unserer Gesellschaft lautet: Wer ist mein Nächster? Eine alte Frage. Im Lukas-Evangelium ist der Nächste einer, der unter die Räuber gefallen ist. So wie wir alle unter die Räuber gefallen sind.

Also, auf welchen Vergleich habe ich noch Anspruch? Schlimm ist es für die Leute, wenn der Vergleich mit dem Nächsten ungünstig verläuft. Noch schlimmer ist es, wenn der Vergleich mit der eigenen Vergangenheit eine Verschlechterung der Verhältnisse enthüllt. Schlechte Zustände werden weit weniger kritisiert als Verschlechterungen der Zustände. Uns bekümmert der Reichtum der russischen Oligarchen ebenso wenig wie die Armut der indischen Harijans. Aber wenn der Kollege einen ungerechtfertigten Vorteil kassiert oder wenn der eigene Lebensstandard sinkt, während der des Nachbarn steigt, kommt Wut auf.

Dabei haben die Leute nichts gegen Reichtum. Das Wort von der Neidgesellschaft ist ein politischer Kampfbegriff. Die Leute sind viel weniger neidisch, als man ihnen vorwirft. Im Gegenteil: Es gibt einen sozial partizipatorischen Reichtum, dem man mit Staunen beiwohnen kann, vielleicht sogar mit Freude. Wenn da Neid aufkommt, dann ist es ein lustvoller Neid. Wir sehen die Reichen gern, die an unser aller statt reich sind. Sie geben das Geld in unser aller Namen aus. Das gehört zum Wesen des sogenannte Geltungskonsums, Thorstein Veblens berühmter »conspicuous consumption«. Vom Veblen-Effekt spricht man, wenn die Nachfrage nach einer Ware steigt, obwohl ihr Preis steigt. Das geht gegen die Logik der klassischen Ökonomie, die für diesen Fall eine sinkende Nachfrage voraussieht. Aber die hatte immer schon Schwierigkeiten, mit der Psyche der Menschen zu rechnen.

Niemand neidet dem Popstar sein Vermögen, und je öffentlicher er es zur Schau stellt, umso besser. Wer würde über einen wie George Best schimpfen, den legendären Flügelstürmer von Manchester United, der gesagt hat: »Ich habe viel Geld für Alkohol, Frauen und schnelle Autos ausgegeben, den Rest habe ich einfach verprasst.« Peer Steinbrück dagegen, wir werden darauf noch kommen, hatte Mühe, seine gut dotierte Vortragstätigkeit zu erklären.

Steinbrücks Kontrakte waren geheim. Bis er gezwungen wurde, sie publik zu machen. Da begann das Murren.

Es gibt eine Ungleichheit, die sich in öffentlichem Reichtum äußert, mit der wir alle – in gewissen Grenzen – gut zurechtkommen. Und es gibt eine Ungleichheit, die sich im geheimen Reichtum äußert, die auf die Dauer ein Gift ist. Der Unterschied liegt in der Öffentlichkeit. Die Eliten entfernen sich vom Rest der Gesellschaft. Sie zerbrechen den Vergleichszusammenhang. Sie entziehen sich dem Vergleich und damit der Gerechtigkeit. Sie genießen ihren Reichtum unter sich. Das geht eine Weile gut. Und dann beginnt das schleichende Gift der Ungleichheit die Gesellschaft von innen heraus aufzulösen. Für die Politik kann das zum Problem werden. Steinbrück ist ein Beispiel dafür. Männer wie er haben andauernd mit den Reichen und Mächtigen zu tun. Mit denen, die sich vom Rest der Gesellschaft entfernen. Mit wem soll er sich vergleichen? Mit den Eliten, denen er verpflichtet ist, die ihm nach dem Ausscheiden aus dem Amt einen Posten verschaffen sollen? Oder mit den Wählern, deren Stimmen er braucht? Da gerät der Referenzrahmen des Politikers unter eine ungeheure Spannung. Steinbrück hat in einem Buch geschrieben: »Ich habe mal aus Jux ausgerechnet, dass meine Vergütung als Bundesfinanzminister 35 bis 40 Euro netto pro Stunde war.« Aber das war kein »Jux«. Das war echtes Entsetzen darüber, dass er selbst so wenig verdient, aber die Leute, vor denen er in seiner Zeit als Abgeordneter seine Reden hielt, so viel. Steinbrück hat sich verglichen und war nicht erfreut. Er hat sich mit denen verglichen, mit denen er verglichen werden will: mit der Kaste der

Manager der globalen Wirtschaftselite. Das ist seine Peergroup, viel mehr als irgendein sozialdemokratischer Ortsverein. Das Ergebnis musste ihn enttäuschen.

François Dubet zitiert dagegen einen jungen Ingenieur, der die gegenteilige Erfahrung macht: Wenn er nur sich selbst betrachte, sagt der Mann, bedauere er sich. Wenn er sich dagegen mit anderen vergleiche, beruhige ihn das. Auf Französisch wird daraus ein kleiner Vers: »Quand je me regarde, je me désole. Mais quand je me compare, je me console.« Aber je nach Standpunkt muss man sagen: Gott sei Dank, dass der Vergleich ihn beruhigt. Oder eben: Was für ein Jammer! Der Wahrnehmung dieses jungen Mannes verdankt die Gesellschaft ihre Stabilität. Er ist in Wahrheit unzufrieden mit seinen Verhältnissen, aber er sieht, dass es den anderen in seiner Umgebung auch nicht besser geht. Das beruhigt ihn. Das Potential der Empörung bleibt begrenzt. Eine Revolution ist von diesem Mann in nächster Zeit nicht zu erwarten. Aus ihm spricht das Schweigen der Masse, bei der sich Unzufriedenheit und Resignation die Waage halten. Ein Mann wie Peer Steinbrück dagegen steht für die unzufriedene Elite. Wenn Steinbrück nur sich selbst betrachtet, kann er kaum mit gutem Gewissen klagen: Die Einkünfte aus den öffentlichen Ämtern sind nicht so schlecht. Wenn er sich hingegen mit Bankern und Managern vergleicht, mit denen, die die phantastischen Renditen der Globalisierung abschöpfen, dann müssen seine nach dem Muster der Beamtenbesoldung gestrickten öffentlichen Bezüge wie ein Scherz wirken. Wir werden zum Zorn der Eliten noch kommen, wenn es um den Zynismus geht.

Je mehr sie im Geheimen bleiben, desto besser breiten sich Ungleichheit und Ungerechtigkeit aus. Die Gehälter der Manager, die Boni der Banker, die Nebeneinkünfte eines Politikers – ihre absolute Höhe hat das Potential, Unmut zu erzeugen.

Wenn sie bekannt werden, bedarf es gut funktionierender Mechanismen der Unmutsvorbeugung. Der Unmutsumlenkung. Der Unmutsauflösung. Die Maschine der Unmutsverarbeitung wertet solche Zahlen für den öffentlichen Diskurs um. Der Ungerechtigkeitsgehalt wird aufgelöst. Stattdessen wird ein Sinnzusammenhang erzeugt, in dem die objektiv erfolgte Umverteilung von unten nach oben nicht nur nicht skandalös, sondern im Gegenteil als erfreulich dargestellt wird.

Im Rückblick erscheint der alte Kapitalismus, man muss das inzwischen so sehen, als vergleichsweise menschenfreundliche Veranstaltung. Vom Wohlstand, der damals erzeugt wurde, konnten tatsächlich alle profitieren. Im Jahr 1964 fragte der Journalist Günter Gaus den Chef der Deutschen Bank, Hermann Josef Abs, nach der sozialen Gerechtigkeit:

»Nach Ihrer Auffassung, Herr Dr. Abs: Kann die Forderung nach Gerechtigkeit in diesem Wirtschaftssystem, das wir haben, mehr als eine ehrenwerte, aber stets platonische fromme Bitte sein?«

Und Abs antwortete: »Das möchte ich nicht sagen. Ich möchte die Gerechtigkeit zunächst einmal in der Einkommensentwicklung sehen. Immerhin, wenn Sie meine Bank nehmen, so sind die Tarifangestellten in den letzten sieben Jahren um 70 Prozent in ihren Bezügen gestiegen, die Oberbeamten um etwa 50, die Unterschriftsträger um 40, die Direktoren um 33, der Vorstand um null Prozent. Es ist also eine echte Entwicklung.«

Später ging diese Entwicklung in die andere Richtung.

In den siebziger Jahren lagen die oberen Verdienste in amerikanischen Firmen 40-mal so hoch wie die unteren. Im Jahr 2007 waren sie 400-mal so hoch. Der Wirtschafts-Nobelpreisträger Joseph E. Stiglitz hat in seinem Buch über die Ungleichheit für die USA die Zahlen zusammengetragen: Einem Prozent der Amerikaner gehört mehr als ein Drittel des Volksvermögens. Das Durchschnittseinkommen dieser Gruppe betrug 2007 nach Steuern 1,3 Millionen, das der unteren 20 Prozent 17 800 Dollar. Die obersten 0,1 Prozent der Amerikaner streichen alle 36 Stunden so viel ein, wie die unteren 90 Prozent in einem Jahr verdienen. Allein die sechs Erben des Wal-Mart-Imperiums verfügen über ein Vermögen von 69,7 Milliarden Dollar; das entspricht dem Gesamtvermögen des unteren Bevölkerungsdrittels. Weit mehr als die Hälfte des wirtschaftlichen Zuwachses landeten in den Wachstumsjahren vor der Krise beim reichsten Hundertstel der Bevölkerung.

Seit der Krise waren es sogar 93 Prozent. Während diejenigen, die sich für die Mittelschicht hielten, in der Großen Rezession ihre Häuser und ihre Ersparnisse verloren, geht es den Leuten, die für die Misswirtschaft verantwortlich waren, blendend. Selbst der rechtskonservative Publizist Alan Posener ist angesichts dieser Zahlen einigermaßen fassungslos und muss einräumen: »Die Ungleichheit in Amerika hat ein Ausmaß erreicht wie zuletzt vor der Großen Depression der 1930er-Jahre.«

In Deutschland sieht es ähnlich aus. Die – von der Masse der Menschen getragenen – Lohn-, Umsatz- und Verbrauchssteuern ergeben 80 Prozent des gesamten Steueraufkommens, die Unternehmens- und Gewinnsteuern machen nur 12 Prozent aus. Fast 8 Millionen Menschen leben von Niedriglöhnen, 6 Millionen arbeiten für unter 8 Euro. 12 Millionen Menschen in Deutschland leben an oder unter der Armutsgrenze. 25 Prozent der Beschäftigten in Deutschland haben sogenannte »prekäre« Jobs: Leiharbeit, Zeitarbeit, Werkverträge, Praktika. Jeder zweite neu zu besetzende Arbeitsplatz ist befristet.

Gleichzeitig waren die Reichen in Deutschland noch nie so reich wie heute: 1970 besaß das oberste Zehntel der (West-)

Deutschen 44 Prozent des Nettogeldvermögens. 2011 waren es 66 Prozent. »In einem dramatischen Konzentrationsprozess hat mithin das oberste Zehntel sage und schreibe zwei Drittel des Privatgeldvermögens an sich gezogen«, schreibt der Sozialhistoriker Hans-Ulrich Wehler.

Man kann in Deutschland wie in einer Versuchsanordnung beobachten, dass sich im Kapitalismus die Ungleichheit in dem Maße von alleine ausbreitet, wie der Staat darauf verzichtet, gegen sie vorzugehen. Wie ein gigantischer Mahlstrom zieht das Geld immer weiteres Geld an – und sorgt für seine Ballung auf engem sozialen Raum. Am deutlichsten wird das bei den Erben. Wehler hat ausgerechnet, dass zwischen 2000 und 2020 in Deutschland mehr als fünf Billionen Euro vererbt werden: »Die Vermögenszusammenballung hat sich also in den letzten Jahren folgerichtig fortgesetzt. 1993 besaß das oberste Zehntel 44 Prozent des Nettovermögens. Bereits 2001 wurden unter seinen Fittichen 61 Prozent aller Privatvermögen registriert. In den vergangenen fünf Jahren ist das Privatvermögen von 4,5 auf neun Billionen angestiegen. Dieser drastische Zuwachs ballt sich überwiegend bei den obersten fünf bis zehn Prozent der Bevölkerung zusammen.« Aber anstatt dass der Staat einen Gutteil dieses nicht verdienten Geldes für öffentliche Zwecke nutzt, wurde die Erbschaftssteuer im Interesse der Vermögenden im Gegenteil noch weiter gesenkt.

Schon 2008 hatte die OECD vorgerechnet, wie die Ungleichheit sich in Deutschland ausgebreitet hat. Anfang der neunziger Jahre lag der Anteil der Armen in Deutschland um ein Viertel unter dem OECD-Schnitt. Knapp 20 Jahre später lag er knapp darüber. »Insgesamt haben in Deutschland Ungleichheit und Armut in den Jahren 2000 bis 2005 so schnell zugenommen wie in keinem anderen OECD-Land«, hieß es in der Studie.

Die 5000 reichsten Haushalte haben seit Mitte der neunziger Jahre ihren Anteil am Gesamteinkommen um etwa die Hälfte gesteigert. In der gleichen Zeit blieben die realen Einkommen aller Deutschen praktisch unverändert. Und die tollsten Zeiten der Selbstbedienung fielen ausgerechnet in die Ära der rot-grünen Regierung. Zwischen 1998 und 2006 verdoppelten sich die Bezüge der Vorstände der größten 30 deutschen Unternehmen. Ein ganz normaler Arbeitnehmer dagegen musste eine Senkung seines Reallohns hinnehmen. 1989 betrug das durchschnittliche Vorstandssalär in den 30 DAX-Konzernen 500 000 DM. Im Jahr 2009 waren es sechs Millionen Euro.

Wie soll man sich des Gefühls erwehren, dass es in Deutschland inzwischen beinahe so zugeht wie früher in den Ländern der sogenannten Dritten Welt? Wir sparen nach unten und verteilen nach oben. Das ist keine Ideologie. Das ist Realität, und es lässt sich in Zahlen darstellen. Wir haben uns schon so daran gewöhnt, dass wir diese Umverteilung nicht mehr für den Skandal halten, der sie ist. Wo ist das Wachstum der vergangenen 15 Jahre geblieben? An den mittleren Einkommensgruppen ist es vorbeigegangen. Die unteren haben verloren. Nur die oben, die haben gewonnen. Im Durchschnitt sind die Löhne seit dem Jahr 2000 um fast drei Prozent gesunken, am stärksten zwischen 2004 und 2009. Das bleibt nicht ohne Folgen: »Wenn sich die Einkommen so unterschiedlich entwickeln, entstehen unterschiedliche Wertvorstellungen«, sagt der gewerkschaftsnahe Volkswirt Gustav Horn.

Im Herbst 2012 ließ sich plötzlich feststellen, dass – zum ersten Mal seit Jahren – die Einkommen der unteren Schichten gewachsen waren, zwar nur um zwei Prozent, aber immerhin. Währenddessen waren die Einkommen der Wohlhabenden gleich geblieben. Der Grund lag in der Zunahme der Beschäftigung einerseits und der Finanzkrise andererseits, die für kurze Zeit den seit Jahren gültigen Trend umkehrte, nach dem sich Kapital besser auszahlt als Arbeit. Aber es spricht nichts dafür, dass es damit ein Ende haben könnte – und alles, dass es sich hier gleichsam um eine statistische Anomalie handelt. Dennoch wurde der 2-Prozent-Zuwachs am unteren Ende der Gesellschaft als Anzeichen dafür gefeiert, dass die ärmeren Teile der Bevölkerung »aufholen« würden. »Spiegel Online« etwa titelte frohgemut: »Die Deutschen werden wieder gleicher.«

Nach dem Höhepunkt der Finanzkrise ging das Wort um, es gehe uns glänzend. Der SPD-Kanzlerkandidat Peer Steinbrück sagte, im Vergleich zu anderen Ländern in Europa stehe »Deutschland wie Alice im Wunderland da«. Daraus konnte man schließen, dass Steinbrück das Buch nicht gelesen hatte – aber was er meinte, war klar: Kein Land habe die Krise so gut überwunden wie Deutschland. In der »Zeit« konnte man sogar lesen, dass es dem Land »so gut geht wie selten seit '49«.

Und tatsächlich: Die Auftragsbücher der Firmen waren ja voll, die Wirtschaft brummte, die Arbeitslosigkeit war niedrig, und das Haushaltsdefizit lag unter der Grenze des Maastricht-Vertrages. Die Regierung konnte sogar schon Steuersenkungen versprechen.

Es gehört zur Propaganda der neoliberalen Ideologen, dass das Wohlergehen der deutschen Wirtschaft dem Wohlergehen der deutschen Bevölkerung entspricht. Die Wahrheit ist: Wenn es der Wirtschaft gutgeht, muss es den Menschen noch lange nicht gutgehen. Es ist lange her, dass sich am Stand der Wirtschaft ablesen ließ, wie es den Menschen geht. Heute hat das eine mit dem anderen wenig zu tun. Und wer sagt, dass es Deutschland gutgeht, verschleiert bewusst das Problem der wachsenden sozialen Ungleichheit.

Den Randgruppen der deutschen Gesellschaft geht es nämlich alles andere als glänzend. Die Randgruppen, das sind aber nicht nur Asylsuchende, Migranten und Behinderte, sondern auch Kinder, Alte und Arbeitslose. Egal ob es um Bildung geht, um Gesundheitsversorgung, um den Zugang zum Arbeitsmarkt: Deutschland ist schon lange kein gerechtes Land mehr.

Das Grundproblem der Verteilung liegt in der Steuerpolitik: Die Steuerlast wird von den Lohnempfängern getragen, nicht von den Vermögenden. Der Staat bedient sich beim Lohn. Darum verdampft auch jede Gehaltserhöhung. Die Vermögen besteuert der Staat hingegen gar nicht, ihre Erträge nur mäßig. Es ist darum kein Wunder, dass die Löhne und Gehälter stagnieren, die Vermögen aber zunehmen.

Und wenn die Politik Steuersenkungen ankündigt, dann schaden die den meisten Menschen in Wahrheit nur. Weniger Geld für die öffentliche Hand bedeutet fast immer weniger öffentliche Einrichtungen und schlechtere Infrastruktur. Von öffentlichen Einrichtungen profitieren aber die am meisten, die selber nicht viel haben. Wer einen eigenen Pool besitzt, braucht das Freibad nicht. Alle anderen schon.

Aus den Zahlen ergibt sich die Frage: In welcher Gesellschaft wollen wir leben? Und es hat überhaupt nichts mit Sozialneid zu tun, diese Frage zu stellen. Das ist ohnehin ein ärgerlicher Begriff: Sozialneid. Er ist ein Hebel in der Unmuts-Bekämpfungsmaschine der Eliten. Wer lässt sich schon gern Neid nachsagen? Der Zweck dieses Begriffs besteht darin, die Debatte abzuwürgen. Es geht um Sozialkritik, nicht um Sozialneid. Denn soziale Ungleichheit ist nicht ursprünglich. Sie ist ein von Menschen gemachtes Übel.

Wenn niemand von uns wüsste, was die Zukunft bringt, wäre unser Interesse an Gerechtigkeit sehr groß. Wir würden auf Fairness bestehen und auf Regeln und darauf, dass diese Regeln eingehalten werden. Wir würden uns dafür einsetzen, dass der Zugang zu Wissen und Wohlstand, zu Gesundheit und Glück jedem Einzelnen gleichermaßen offensteht. Wir würden aus wohlverstandenem Eigeninteresse so handeln. Weil wir nicht wissen, ob wir es nicht selbst sein werden, die einmal davon profitieren, dass die Verhältnisse gerecht sind. Das ist der berühmte »Schleier des Nichtwissens«, der für den amerikanischen Philosophen John Rawls eine Bedingung der gerechten Gesellschaft ist: Wer seine Zukunft nicht kennt, hat ein Interesse an Gerechtigkeit. Aber der Schleier wurde weggerissen. Es ist keine Übertreibung, wenn man sagt: Inzwischen kennt ein jeder von uns seine Zukunft. Wer oben ist, bleibt oben. Wer unten ist, bleibt unten. Wer reich ist, wird reicher. Wer arm ist, bleibt arm. Wer eine solche Formulierung als grobe Vereinfachung ablehnt, als Holzschnitt, der die deutsche Wirklichkeit nicht angemessen wiedergibt, der hat sich mit dieser Wirklichkeit nicht beschäftigt.

»Kaum Bewegung, viel Ungleichheit« hieß ein Papier, das Reinhard Pollak im Auftrag der Böll-Stiftung im Jahr 2010 vorlegte. Es war eine bemerkenswerte Studie, weil in Wahrheit bis zu diesem Zeitpunkt niemand so ganz genau wusste, wie es um die sozialen Aufstiegschancen in Deutschland eigentlich bestellt ist. Es gab Vermutungen und Vorurteile und jede Menge Zahlen, die bislang aber nie zu einem einheitlichen Bild zusammengefasst worden waren. Vor allem nicht zu einem Bild, das mit den Zahlen anderer Länder sinnvoll vergleichbar gewesen wäre. Der Soziologe Pollak schloss diese Lücke. Jetzt ist klar: Tellerwäscher werden in Deutschland keine Millionäre: »In den vorliegenden Daten schaffen es weniger als 1 % der Kinder aus ungelernten Arbeiterpositionen, selbst eine leitende Angestelltenposition zu erhalten – und sind damit noch lange nicht zwangsläufig Millionäre geworden.« Zwei Drittel der Kinder solcher leitender Angestellten jedoch werden den Status ihrer Eltern halten. Pollak schreibt: »Geschichten von sagenhaften Aufstiegen mögen sich in der Presse oder im politischen Diskurs gut verkaufen, jedoch sind sie die absolute Ausnahme und haben keinerlei direkten Einfluss auf die Sozialstruktur unserer Gesellschaft. Sie bedienen bestenfalls die Traumvorstellungen an einen solchen Aufstieg. Die Realität sieht aber für über 99% der Gesellschaft anders aus.« Wenn man es positiv formulieren wollte, müsste man sagen: Nach Pollaks Studie ist die deutsche Gesellschaft von großer Stabilität geprägt. Die meisten Leute steigen ein bisschen auf, aber selten weit. Und wenn sie stürzen, dann stürzen sie selten tief. Das gilt allerdings nur für den Westen. Im Osten hat der Zusammenbruch der Wirtschaft und der staatlichen Institutionen zu sozialen Verwerfungen geführt, die der Westen des Landes seit dem Krieg nicht mehr erlebt hat. Wir sehen Deutschland gleichsam als Ständestaat vor uns. Dynamik, Chancengleichheit, Mobilität – Fehlanzeige. Auf den ersten Blick übrigens ergeben Pollaks Forschungen, dass die Mehrheit der Deutschen durchaus ihren Status verbessert. Aber auf den zweiten Blick erklärt sich das aus dem sogenannten Fahrstuhleffekt: Die gesamte Gesellschaft bewegt sich nach oben, das Ständegefüge im Inneren bleibt erhalten. Wenn nur noch jedes sechste Kind eines Landwirts selber Landwirt werden kann, weil das nicht direkt ein Beruf mit Zukunft ist, und die übrigen einen anderen Beruf wählen müssen, dann findet die soziale Mobilität ihre Ursache hier nicht in der Durchlässigkeit der Gesellschaft, sondern im Wandel ihrer Strukturen.

Deutschland ist also ein Land, in dem man bleibt, was man ist. Wenn das schon für die Deutschen gilt, dann gilt es für die Einwanderer erst recht. Einen »deutschen Traum« gibt es nicht: Den Einwanderern gelingt es nicht nur nicht, aufzusteigen. Selbst die Kinder gut gebildeter Eltern laufen ein im

Vergleich zur deutschen Bevölkerung unverhältnismäßiges Risiko, sozial abzustürzen. Drei Viertel der Kinder ungelernter eingewanderter Arbeiter bleiben selbst auf diesem Status. Und selbst wenn der Vater die Hochschulreife mitbringt, sackt statistisch gesehen mehr als ein Viertel seiner Kinder auf das Niveau eines Ungelernten zurück. Die Triebkraft der Migration – meine Kinder sollen es einmal besser haben als ich – läuft unter deutschen Umständen ins Leere.

Die linke Wochenzeitung »Freitag« hat 2012 einmal eine Reihe von Artikeln über die soziale Unbeweglichkeit im Land veröffentlicht. Da taucht ein Anwalt aus Duisburg auf, Ali Aydin, Sohn eines Stahlkochers und einer Hausfrau. Der fährt mit dem Reporter durch sein altes Viertel und zeigt ihm, woher er kommt: Beeck und Bruckhausen heißen die Gegenden. Beton, traurig verbaut. Er sagt, ein einziger Augenblick in seinem Leben habe darüber entschieden, dass aus ihm kein Drogenhändler oder Zuhälter oder Gelegenheitsarbeiter geworden sei:

Das war im Sommer, in den frühen achtziger Jahren.

»Damals fand die Einschulungsfeier an der Grundschule in seinem Stadtteil statt. Zwei Klassen habe es gegeben, eine für die Ausländer, eine für die Deutschen, darunter ein paar wenige Migranten, deren Deutschkenntnisse die Lehrer für akzeptabel hielten. Eigentlich erübrigte sich die Frage, dass Ali als Kind türkischer Gastarbeiter in die Ausländerklasse gehörte. Wäre da nicht seine 18-jährige Schwester gewesen: Sie überredete die Schulleitung, dass ihr kleiner Bruder, 1975 in Duisburg geboren, der deutschen Sprache einigermaßen mächtig, auch in einer Klasse unterrichtet werden müsse, die das Alphabet gleich im ersten Schuljahr durchnehmen würde.

›Wenn meine Schwester damals keinen Einspruch erhoben hätte, wüsste ich nicht, was aus mir geworden wäre‹, sagt Aydin. Sie hatte wahrscheinlich geahnt, was später Wirklichkeit werden sollte: Aus der Ausländerklasse ist niemandem der Sprung aufs Gymnasium gelungen. Sie schöpfte dabei aus eigener Erfahrung: Sie selbst war an einer benachbarten Grundschule in eine solche Ausländerklasse eingegliedert worden und anschließend auf die Hauptschule gewechselt. Heute arbeitet Aydins Schwester als Putzfrau in jener Grundschule, an der sie einst vorübergehend die Logik einer integrationsschädlichen Spaltungspädagogik ausgehebelt hatte.«

Geburt ist Schicksal. Damit ist Deutschland unter den entwickelten Nationen ziemlich allein. In vielen westeuropäischen Ländern herrscht mehr Mobilität, mehr Durchlässigkeit, mehr Chancengleichheit als in Deutschland. Wenn man ein anderes Industrieland sucht, das seine Bürger in ein ähnlich starres Korsett presst, dann landet man in Japan.

Die Deutschen haben ihr Leben viel weniger in der Hand, als sie sich klarmachen wollen. Wir haben immer noch dieses Bild im Kopf: Jeder ist seines Glückes Schmied. Das ist das Heilsversprechen des Kapitalismus. Aber der Kapitalismus hält sein Versprechen nicht mehr. Wir mögen über die Härten der Leistungsgesellschaft klagen. Aber Leistung ist eben auch ein starkes Prinzip der Gerechtigkeit. Ungleichheit ist leichter zu ertragen, wenn sie ihre Ursache in der Leistung findet. Der Respekt vor dem Starken fußt auf dem Respekt vor seiner Leistung. Umgekehrt gilt dasselbe: Das Mitgefühl mit dem Schwachen beruht darauf, dass dieser es trotz seiner ernsten Bemühungen nicht geschafft hat. Das zeigt schon, dass in der Leistungsgesellschaft die Solidarität ein knappes Gut sein muss: Denn bei ernster Bemühung müsste es ja eigentlich jeder schaffen. Tatsächlich stimmt das aber alles leider nicht. Trotz des ganzen marktliberalen Geredes ist die deutsche Gesellschaft nicht einmal eine echte Leistungsgesellschaft. Es ist noch schlimmer: Wir leben in einer ständischen Gesellschaft. Der Beruf der Eltern entscheidet über den eigenen Beruf. Bildungsentscheidungen, die in früher Kindheit getroffen werden, stellen lebenslang gültige Weichen. Die Welt, aus der man kommt, wird die eigene Welt sein.

Fleiß, Eigeninitiative, Ehrgeiz – das genügt alles nicht, das garantiert alles gar nichts, das bedeutet im Zweifelsfall alles nichts. Leistung und Fairness sind nicht mehr die prägenden Prinzipien unseres Systems. Zwischen Verdienst und Leistung besteht keine Verbindung, und Fairness ist in diesem System Zufall.

Aber niemand sieht sich gern als Opfer. Die Leute halten am Bild einer offenen Gesellschaft fest, auch wenn die Wirklichkeit davon weit entfernt ist. Wir schreiben uns eine Autonomie zu, über die wir nicht verfügen. Wir geben uns einer Illusion hin, mit der man uns einlullt. In der Sprache der Soziologen würde man sagen: Wir haben uns den Determinismus als subjektive Freiheit angeeignet. Wir halten die Entscheidungen, die bereits für uns getroffen sind, für unsere eigenen Entscheidungen. Wir leben in den Grenzen einer Notwendigkeit, die gar nicht die unsere ist, aber halten das bereits für ein Höchstmaß an Freiheit. Wir sind darauf trainiert, etwas anderes zu sehen, als unsere Augen uns zeigen. Wir halten uns für Subjekte. Wir sind aber Objekte.

Das ist der Grund, warum die Leute zwar immer ein paar Gründe zur Klage finden – aber nicht viele Gründe zu kämpfen.

Dabei ist die Ungleichheit beileibe kein notwendiger Teil unseres Wirtschaftssystems. Es ist auf Effizienz hin angelegt. Aber Effizienz und Gerechtigkeit haben gar nichts miteinander zu tun. Der Philosophieprofessor Julian Nida-Rümelin hat das in der Sprache der Wirtschaftsphilosophie so formuliert: »Bei der Verteilung einer gegebenen Gütermenge auf Individuen ist Effizienz vollkommen verteilungsblind.« Einfacher gesagt: Wirtschaftlicher Erfolg und gerechte gesellschaftliche Verhältnisse sind voneinander unabhängig. Das ist ein wichtiger Gedanke. Man gewinnt manchmal den Eindruck, als gerate in der dogmatischen Welt des Neoliberalismus und der klassischen ökonomischen Lehre jeder mindestens unter Naivitätsverdacht, der sich mit den Konzepten Gerechtigkeit und Gleichheit befasst. Nida-Rümelin nimmt dieses Vorurteil so formuliert vorweg: »Gerechtigkeit sei sicher wünschenswert, aber sie behindere eben die wirtschaftliche Dynamik und sei im Ganzen ineffizient. Man müsse eben abwägen zwischen wirtschaftlichem Erfolg und gerechten gesellschaftlichen Verhältnissen.«

Eine Menge an Gütern – in Nida-Rümelins Beispiel ein Geburtstagskuchen – ist erst dann effizient verteilt, wenn es keine andere Verteilung gibt, die einen der Beteiligten besserstellt, ohne einen anderen schlechterzustellen. Das liegt in der Natur des Effizienzbegriffs: Eine Verteilung ist dann effizient, wenn kein Gütertransfer mehr stattfinden kann, der zum wechselseitigen Vorteil ist. Das ist ein mächtiges Prinzip. Darauf beruht und gedeiht die Globalisierung.

Es liegt auf der Hand, dass es für die Effizienz vollkommen gleichgültig ist, ob der Kuchen des Philosophen gleichmäßig unter den eingeladenen Kindern verteilt wird oder ob ein Kind die Hälfte bekommt und die anderen den Rest, oder welche Verteilung auch immer hier zum Zuge kommen soll. Jede Änderung müsste eines der Kinder wiederum schlechterstellen und darum also den Grad an Effizienz der gewählten Verteilung nicht verbessern. Die Besserstellung des einen bedeutet immer die Schlechterstellung des anderen. Gleichheit oder Ungleichheit hat mit berechenbarer Effizienz nichts zu tun – sondern mit politischen Entscheidungen. Der Unterschied ist wichtig. Hier geht es nicht um unabänderliche Gesetze der Ökonomie, sondern um vermeidbare Fehler der Politik.

Ungleichheit ist aber ökonomisch nicht nur nicht notwendig – sie ist schädlich. Es ist ein bisschen jämmerlich, dass die linke Kritik an der Ausbeutung – denn darum handelt es sich ja bei zunehmender Ungleichheit – inzwischen so geschwächt ist, dass sie auf nachdenklichere Adepten der klassischen Ökonomie warten muss, bevor ihre Argumente wieder Gehör finden. Immerhin hat das Nachdenken in der klassischen Ökonomie begonnen. Bis vor kurzem beachtete die Mehrheit der Ökonomen die Warnung des Wirtschaftsnobelpreisträgers Robert E. Lucas, sich von der »verführerischen und giftigen« Versuchung der Verteilungsfragen fernzuhalten. Ein anständiger Ökonom habe davon die Finger zu lassen. Umverteilung ist Teufelszeug, nur Wachstum sorgt für Wohlstand. Das war die klassische Lehre – bis zur Finanzkrise. Die hat selbst hartgesottene »Chicago Boys« ins Grübeln gebracht. Die Krise entsprach so gar nicht ihrer Idee der rationalen Akteure, die mit ihren Handlungen und Erwartungen – für deren Untersuchung hatte Lucas den Nobelpreis bekommen – das Wirtschaftsleben prägen.

In den Zentralbanken und Wirtschaftsministerien, in den Banken und Börsen, in den Universitäten und Forschungseinrichtungen sitzen unheimlich viele Ökonomen und versuchen, sich einen Reim aus den Zahlen zu machen, die die statistischen Quellen ihnen liefern. Und sie versuchen, in die Zukunft zu sehen. Das funktioniert mal besser, mal schlechter. Was die Finanzkrise angeht, hat es überhaupt nicht funktioniert: »Niemand hatte das kommen sehen«, sagte Alan Greenspan, der frühere Chef der amerikanischen Notenbank, nachher.

Das stimmt so nicht ganz. Es gab immer die unorthodoxe Ökonomie, der die Idee vom Gleichgewicht der Märkte seit jeher unrealistisch vorkam. Hyman Minsky ist ein Name, der in der Krise plötzlich wieder so manchem einfiel. Minsky war in den fünfziger und sechziger Jahren des vergangenen Jahrhunderts einer der ersten, die die besondere Ätiologie der Finanzmärkte voraussahen. Minsky war ein echter Häretiker. Er war schlicht und ergreifend davon überzeugt, dass den Finanzmärkten die Lehrsätze der klassischen Ökonomie schnurz sind und es sich bei ihnen um inhärent instabile und damit gefährliche Kreaturen handle, die von den Regierungen gezähmt und eingehegt werden müssen. Kein Wunder, dass Minsky kein kanonisierter Gelehrter wurde. Die Klassiker hielten an ihren Dogmen fest, die in der Tat mehr mit Religion als mit Wissenschaft zu tun haben, bis sie dann verdientermaßen von dem Katarakt der Finanzkrise verschüttet wurden.

Wie so viele Dogmatiker vor ihnen hatten die klassischen Ökonomen verlernt, sich ein halbwegs realistisches Bild von der Wirklichkeit zu machen. Die Schuld daran lag auch an den Instrumenten, mit denen die Marktauguren das Firmament der künftigen Möglichkeiten abtasteten: die sogenannten »Dynamic Stochastic General Equilibrium-Modelle« (DSGE). Es handelt sich um klassische Gleichgewichtsmodelle. Sie rechnen fest mit den Standardannahmen der klassischen Ökonomie, also vor allem mit effizienten Märkten und rationalen Akteuren. Das funktioniert in normalen Zeiten und für normale Branchen hinlänglich gut, weshalb solche Modelle seit den achtziger Jahren zuverlässig ihren Dienst beim neoliberalen Umbau der westlichen Sozialstaaten geleistet haben. Solche Modelle taugen allerdings nur für die Realwirtschaft und eher schlecht für den Finanzsektor. In Krisenzeiten versagen sie ganz, weil dann die ihnen zugrunde liegende Idee des Gleichgewichts ad absurdum geführt ist.

Der Weltwährungsfonds-Ökonom Michael Kumhof macht sich keine Illusionen mehr über die Begrenzungen des herkömmlichen Handwerkszeugs seiner Zunft. »Diese Modelle sind ein Werkzeug. Wenn man sie richtig einsetzt, funktionieren sie hervorragend.« Das Problem sei nur: »Für die größten Herausforderungen der gegenwärtigen Politik sind sie ungeeignet.« Sein Kollege vom Massachusetts Institute of Technology (MIT), der Ökonom Ricardo Caballero, hat gesagt, dass die herkömmlichen Modellbauer seiner Zunft »derart fasziniert sind von ihrer eigenen Logik, dass sie geglaubt haben, sie könnten die Präzision, die sie in ihrer eigenen Welt erreicht haben, auch in der echten Welt erreichen«. Oder, in den etwas schlichteren Worten des legendären Baseballspielers der Yankees, Yogi Berra: »Theoretisch gibt es keinen Unterschied zwischen Theorie und Praxis. Praktisch schon.«

Im Januar 2009 formulierten die Finanzforscher Paul Wilmott und Emanuel Derman darum durchaus nicht im Spaß ihren »Hippokratischen Eid für Modell-Bauer«:

>»**ICH WILL MICH** daran erinnern, dass ich die Welt nicht geschaffen habe und dass sie sich nicht in meine Gleichungen einfügt.
>Und wenn ich mich auch der Finanzmodelle bediene, um Werte abzuschätzen, will ich mich nicht der Mathematik mit Leichtgläubigkeit hingeben.
>Niemals will ich die Wirklichkeit der Eleganz opfern, ohne Rechenschaft darüber abzulegen, warum ich es tat.
>Und niemals will ich die Menschen, die meine Modelle nutzen, in falscher Sicherheit über ihre Genauigkeit wiegen. Ich will stattdessen offen über ihre Vermutungen und Versehen sprechen. Ich bin mir im Klaren darüber, dass meine Arbeit große Auswirkungen auf die Gesellschaft und auf die Wirtschaft haben kann und dass ich sie niemals alle überblicken werde.«

Man sieht schon, dass die Ökonomen in der Krise für kurze Zeit mit etwas Bekanntschaft machten, was den meisten bis dahin vermutlich fremd war: Demut. Weil ein Ökonom ohne Modelle so hilflos wäre wie ein Kapitän ohne Kompass, machten sich die Forscher auf die Suche nach Alternativen zu den kläglich gescheiterten DSGE-Modellen. Und was sie fanden und was zur Zeit der letzte Schrei in der Zunft ist, sind die sogenannten Agent Based Models. Sie nehmen für sich in Anspruch, der Wirklichkeit näher zu sein als ihre gescheiterten Vorläufer. Anders als jene sind sie auch nicht von höheren, hypervernünftigen Wesen bevölkert, die als beseelte Entscheidungsautomaten wie lebende Gleichungen das Wirtschaftsleben unter sich ausmachen. Sie räumen mit der Illusion des Gleichgewichts auf oder überhaupt mit jeder Idee von Ordnung im System. Sie konzentrieren sich nicht auf die Institutionen, sondern auf die einzelnen Marktteilnehmer und ihre sehr unterschiedlichen Motive und Handlungsmuster: rationale, irrationale, berechenbare, zufällige, individuelle, gruppenbezogene. Es gibt ein anderes Feld, auf dem solche agentenbasierten, nichtlinearen Modelle bereits seit langem sehr erfolgreich eingesetzt werden: Verkehrsforscher gebrauchen sie für Stauprognosen.

Andere Instrumente zeigen ein anderes Bild der Wirklichkeit. Michael Kumhof hat sich Verschuldung und Finanzkrise anhand eines agentenbasierten Modells angesehen und ist zu dem Ergebnis gekommen, dass es einen Zusammenhang mit der sozialen Ungleichheit gibt. Kumhof hat sich vor allem mit der Situation in den USA und in Großbritannien beschäftigt. Dort habe sich seit den achtziger Jahren das Verhältnis zwischen Einkommen und Schulden drastisch verschlechtert – und zwar bei den unteren 95 Prozent der Gesellschaft. Die Konsequenz dieser Beobachtung liegt für Kumhof auf der

Hand: »Die oberen 5% nehmen sich ein größeres Stück vom Kuchen und die unteren 95% versuchen das zu kompensieren, indem sie sich Geld leihen. Und die oberen 5% leihen es ihnen gerne.« Das erzeugt Instabilität im Finanzsystem, nicht sofort, aber im Verlauf der Jahrzehnte. Kumhof sagt, die Ungleichheit sei eine der wichtigsten Ursachen für die Finanzkrise gewesen. Das Interessante an seinen Forschungen: Die Entfesselung der Finanzmärkte, die in den Jahren der Reagan-Thatcher-Ära ihren Anfang nahm, hat die Ungleichheit befördert, und die Ungleichheit hat zur weiteren Entfesselung der Finanzmärkte geführt. Der Mann vom Währungsfonds ist mit dieser Analyse in guter Gesellschaft: Nobelpreisträger Stiglitz sieht es ähnlich.

Immerhin: Man kann der Schulökonomie nicht mehr vorwerfen, die Augen vor den Gefahren zu verschließen, die der entgrenzte Kapitalismus inzwischen sogar für sich selbst darstellt.

Es fehlt nicht am Wissen. Es fehlt an der Entschlossenheit, dieses Wissen zu Politik zu machen. Die Frage ist: Warum versagen unsere Politiker? Und: Warum lassen wir das zu?

05 GESETZ

Das Gesetz haben die Politiker ja noch in der Hand. Die Entmachtung durch die Märkte ist eine Selbstentmachtung. Märkte machen keine Gesetze, und sie setzen sie auch nicht durch.

Eine Politik, die der Ungleichheit begegnen will, hat Möglichkeiten. Natürlich. Nehmen wir das Beispiel der Zwangsanleihe. Das ist eine Idee, die ist so vernünftig, da weiß man gleich: Das wird nicht umgesetzt. Dabei wäre eine solche Anleihe eine kleine Korrektur der Ungleichheit in Deutschland.

Mal angenommen, die Finanzmärkte, der große Leviathan, würden in ihrer unerschöpflichen Weisheit die Zinsen der deutschen Staatsanleihen steigen lassen, und die öffentliche Verschuldung würde teurer und teurer – dann könnte der Staat sich das Geld durchaus dort holen, wo es liegt: bei den Reichen. Das ist eine einfache Idee. Alle revolutionären Ideen sind einfach. Aber in der deutschen Öffentlichkeit findet sich der Mut zu solchen Ideen nur noch dort, wo man nichts zu verlieren hat: Bei Politikern, die keine Chance auf die Macht haben, bei Zeitungen mit kleinen Auflagen oder aber bei Wissenschaftlern. Das Deutsche Institut für Wirtschaftsforschung (DIW) hat im Jahr 2012 ausgerechnet, wie die Deutschen mit einer Zwangsanleihe für Reiche ihren Staatshaushalt sanieren könnten.

Kurzer Überblick über die Zahlen: Ein Vermögen von mehr als 250 000 Euro gesellt seinen Besitzer in Deutschland zu den reichsten 8 Prozent der Bevölkerung. Das sind immerhin 4,4 Millionen Menschen. Nach dem Vorschlag des DIW würden diese Bürger zum Kauf von Anleihen in Höhe von 10 Prozent ihres Vermögens verpflichtet. Das ergibt 230 Milliarden Euro. Die deutsche Schuldenquote betrug damals 83,5 Prozent.

Die Zwangsanleihe hätte diesen Wert auf 74,5 Prozent gesenkt – deutlich näher an die 60-Prozent-Grenze, auf die Europa sich einmal im Maastricht-Vertrag geeinigt hatte.

Das DIW hat diese Daten in einer Studie veröffentlicht. Die Reaktionen aus der Politik waren bezeichnend. Das CDU-geführte Bundesfinanzministerium ließ höflich wissen, es handle sich da um einen spannenden Vorschlag – für Griechenland und Italien, weil man dort bekanntlich Probleme mit den Steuereinnahmen habe. In Deutschland brauche man das nicht. Bei FDP und CSU hielt sich die Begeisterung in Grenzen (»Rote Mottenkiste«, »Kalte Enteignung«). In der SPD wurde das Modell für »durchaus denkbar« gehalten, und bei den Grünen wurde es so differenziert bewertet, dass am Ende nicht klar war, ob das als Zustimmung oder Ablehnung gemeint war. Es waren im Übrigen nur die Stimmen aus der zweiten und dritten Reihe, die sich da äußerten. So ein richtig echter Politiker will in Deutschland auf keinen Fall in den Ruch der Umverteilung kommen – jedenfalls nicht der Umverteilung von oben nach unten. Andersherum hat es hierzulande noch keiner politischen Karriere geschadet.

Nur dem »Handelsblatt« gelang es in seiner Onlineausgabe, einen echten deutschen Ministerpräsidenten zu finden, der eine solche Anleihe unterstützen würde. Es handelte sich um einen Mann namens Reiner Haseloff, und vermutlich mussten selbst die meisten Journalisten das zugehörige Bundesland erst mal googeln (Sachsen-Anhalt). Herr Haseloff, CDU, hat zu der Zwangsanleihe etwas verblüffend Kluges gesagt: »Es wäre eine Chance, der historisch bedingten über Jahrzehnte hinweg unterschiedlichen Einkommensentwicklung zwischen Ost und West und der Bildung großer Vermögen in den westlichen Bundesländern zumindest ansatzweise Rechnung zu tragen.«

In der Tat. Eine solche Anleihe wäre eine kleine Korrektur

der Ungleichheit, die Deutschland mehr und mehr prägt. Das wäre ihr größter Vorteil. Sie wäre ein Stück Gerechtigkeit. Denn das deutsche Steuersystem ist ungerecht. Warum sind auf Kapitalerträge so viel weniger Steuern zu zahlen als auf Einkommen aus Arbeit? Warum lässt die Erbschaftssteuer Schlupflöcher so groß wie Scheunentore? Warum richtet sich die Grundsteuer nicht nach dem echten Wert einer Immobilie?

Als Frankreichs sozialistischer Präsident François Hollande eine zusätzliche Steuer in Höhe von 75 Prozent ab einem Jahreseinkommen von einer Million Euro einführen wollte, haben die Deutschen nur den Kopf geschüttelt. Sie haben den symbolischen Wert dieser Forderung nicht verstanden. Es geht um das Geld, das dem Staat fehlt. Vor allem aber geht es um die Gerechtigkeit. Die ist beinahe wichtiger als das Geld.

Eine Zwangsanleihe wäre ein Zeichen der Solidarität – und zwar der Solidarität der Vermögenden mit dem Volk. Denn die Kosten der Krise sollten auf den starken Schultern schwerer wiegen als auf den schwachen.

Aber Deutschland ist ein konservatives Land. Die Eliten, was man im Jargon einer vergangenen Epoche die »herrschende Klasse« nannte, werden hier in Ruhe gelassen. Der Staat will ihnen gar nicht so dicht auf den Leib rücken.

Wir haben das im Fall Schlecker gesehen. Da wurden im Jahr 2012 auf einen Schlag 11 000 Mitarbeiter, die meisten von ihnen Frauen, arbeitslos. Die Drogeriekette Schlecker war von ihrem Gründer und Eigentümer Anton Schlecker in den Ruin getrieben worden. Wir hatten oben gesagt: Man muss gar nicht klären, was Gerechtigkeit ist. Es genügt, wenn wir erkennen, was Ungerechtigkeit ist. Hier ist ein Beispiel. Wenn jemand ohne Schuld seine Arbeit verliert, ist das eine Ungerechtigkeit. Wenn dieses Schicksal 11 000 Menschen auf einen Schlag trifft, und dazu ihre Familien, ihre Kinder, dann ist das eine große Ungerechtigkeit. Als jedoch ein Politiker diesen Frauen noch hinterherrief, sie sollten sich schleunigst um eine »Anschlussverwendung« kümmern, da hatten diese Frauen zum Schaden den Spott dazu. Die Ungerechtigkeit wurde zur Sauerei. Philipp Rösler hat diese Formulierung benutzt, der Chef der FDP.

Das Gesetz hatte es Anton Schlecker erlaubt, einen Konzern mit 36 000 Mitarbeitern und 6,5 Milliarden Euro Umsatz nach den gleichen Regeln zu führen, nach denen üblicherweise ein Zeitungskiosk geführt wird. Anton Schlecker stand im Handelsregister einfach als eingetragener Kaufmann. Er brauchte keinen Aufsichtsrat, er musste keine Zahlen offenlegen, und einen Insolvenzantrag musste er auch nicht stellen. Nachdem die Drogeriekette Pleite gemacht hatte, fragte die Links-Partei das alles noch einmal bei der Bundesregierung nach. Um sicherzugehen, dass man nichts falsch verstanden hatte. Und es wurde bestätigt: Nur juristische Personen unterliegen der Insolvenzpflicht, wenn sie zahlungsunfähig sind, natürliche Personen können machen, was sie wollen.

Das ist nur ein Fall. Ein Beispiel für das Versagen der Ordnungspolitik. Man muss nicht einmal den Bankensektor bemühen, um dieses Versagen zu dokumentieren. Auch Anton Schlecker durfte alles mit sich in den Abgrund ziehen, so wie die Banken mit lebensgefährlichen Finanzprodukten hantieren durften. Beide, Schlecker und die Banken, begaben sich da in eine Verantwortung, die sie nicht tragen konnten: Verantwortung für das Gemeinwesen. Und das Gemeinwesen trägt bekanntlich am Ende die Kosten.

Der Fall der 11 000 Schlecker-Mitarbeiter war so krass, dass er an eine Idee von Gerechtigkeit erinnerte, die in Vergessenheit zu geraten droht. Was meint man, wenn man vom »Sozialen Abbau« spricht? In Wahrheit nichts anderes als eine moralische Degenerierung. Es ist, als degenerierten mit dem Lebensstandard der Armen die moralischen Maßstäbe der Reichen. Die große Umverteilung, die wir seit vielen Jahren erleben, bezieht sich nicht nur auf Geld. Nicht nur die materiellen Werte werden von unten nach oben verteilt, sondern auch die moralische Wertigkeit. Dass Schlecker in einer Sauerei endete, war ein politisches Problem, kein wirtschaftliches. Der Unterschied ist wichtig. Schlecker und das Schicksal der Schlecker-Leute waren kein Fall für den Taschenrechner, sondern für das Gesetzbuch.

Wenn der Staat sich in der Wirtschaft passiv verhält, hat das wenig mit Vernunft, aber sehr viel mit Ideologie zu tun. Wenn sie das Wort vom Fünfjahresplan hören, denken die Deutschen an die DDR und winken ab. Aber nicht weniger, sondern mehr staatliche Intervention im Wirtschaftsleben tut not. DDR? Man sollte lieber noch weiter nach Osten gucken. »Hier glaubt niemand, dass industrielle Entwicklung automatisch funktioniert«, hat Kishore Mahbubani, der westkritische Politikwissenschaftler aus Singapur, der »Frankfurter Allgemeinen Sonntagszeitung« gesagt: »Der Staat wird gebraucht.«

Er wird für so vieles gebraucht. Um jemanden wie Anton Schlecker davon abzuhalten, seine Firma ins Verderben zu stürzen, ohne dass irgendjemand davon Wind bekommt – das würde dem Schutz der Menschen und ihren Arbeitsplätzen dienen. Oder dafür, bestimmte gesellschaftspolitische Ziele durchzusetzen. Wie zum Beispiel die Energiewende. Ein durch und durch vernünftiges wirtschafts-, umwelt- und industriepolitisches Ziel und ein weiteres Beispiel für das Fehlen und Versagen staatlicher Ordnungspolitik. Schluss mit der Atomkraft, die Zukunft gehört den erneuerbaren Energien. Ein gewaltiger Umbau, der das Land im Ganzen erfassen wird. Wie soll das ohne die lenkende Hand des Staates gehen? Gar nicht.

Der Energiekonzern EnBW teilte im Herbst 2012 mit, dass er das Projekt einer geplanten Windkraftanlage in der Nordsee erst einmal auf Eis legen werde. Ein Sprecher sagte, der Konzern brauche gesetzgeberische Klarheit, bevor er 1,5 Milliarden Euro investiere. Die fehlt aber.

Der Ausbau der Offshore-Windparks verlief viel langsamer, als es möglich gewesen wäre. Bis Ende 2012 war überhaupt nur ein einziger wirklich in Betrieb, 29 waren genehmigt, Anträge für weitere 97 wurden bearbeitet. Da reden wir von gewaltigen Investitionen. Es ist keine Kleinigkeit, Dutzende von riesigen Mühlen weit draußen im Meer aufzustellen. So ein Windpark kostet alles Mögliche: zwischen 500 Millionen oder einer Milliarde Euro. Man kann sich denken, dass die Leute, die solche Summen zusammenbringen, den Strom dann auch gerne verkaufen wollen. Dafür muss er an Land gebracht werden. Durch Kabel. Und die müssen erst mal verlegt werden, viele Kilometer unter dem Meer. Auch das kostet ein Vermögen.

Das Problem ist aber, dass die Windräder von der einen Firma gebaut werden, für die Kabel aber eine andere zuständig ist. Die deutschen Konzerne haben diese Aufgabe einem holländischen Unternehmen überlassen, und dieses Unternehmen hat sich der Aufgabe nicht mit der ganzen Entschlossenheit gewidmet, die sich die deutschen Energiepolitiker gewünscht haben – soweit sie überhaupt ein echtes Interesse am Ausstieg aus der Kernenergie hatten. Ohne Trassen laufen die Windräder leer. Die Windparkbauer sagen also, ohne einen garantierten Anschluss können wir nicht finanzieren. Aber der Netzbetreiber sagt, ohne eine garantierte Finanzierung wollen wir keinen Anschluss zur Verfügung stellen.

Das ist eine klassische Situation für die regulierende Hand des Staates. Eigentlich könnten die Firmen das Problem lösen. Sie müssten kooperieren und Konsortien bilden. Wenn die

Wirklichkeit wie das Lehrbuch der Ökonomen geschrieben wäre, würden sie ihr spieltheoretisches Dilemma überwinden, aus eigenem Gewinninteresse. Sie tun es aber nicht. Aus Angst, Misstrauen, Trägheit. Hier ist der Staat gefordert. Er muss Ziele setzen, Planungen erstellen, Regeln schaffen, Garantien geben. Das hat der Staat in Deutschland lange versäumt. Erst im Jahr 2012, als die Energiewende wirklich ein Thema in der öffentlichen Debatte wurde, hat sich das geändert. Da wurde die Regierung tätig. Aber wie? Sie beschloss eine Entschädigung für die Betreiber von Windparks, die ihren Strom nicht an Land bekommen. Und die soll zum großen Teil von den Verbrauchern getragen werden, über die Stromrechnung. Das ist von allen denkbaren Lösungen die schlechteste. Aber das ist typisch für staatliches Versagen in der Regulierung: Erst soll es der Markt richten, wenn das nicht geschieht, hat man Angst, es sich mit der Industrie zu verscherzen, und wälzt die entstehenden Lasten auf die Bürger ab. Das ist das genaue Gegenteil einer weitsichtigen, konsistenten Industriepolitik. Das Ergebnis hat weder etwas mit Marktwirtschaft zu tun noch mit Planwirtschaft. Es ist einfach Klientelpolitik. Hinter der Rhetorik der freien Märkte verbirgt sich eine vom Lobbyismus gesteuerte oligarchische Politik im Dienst der Konzerne.

Gegenüber diesen Konzernen hat sich der Staat im Lauf der vergangenen 30 Jahre selbst entmachtet. Eine unwahrscheinliche Entwicklung, weil man meinen sollte, dass Institutionen und Bürokratien ebenso wie Individuen ihre Macht stetig vergrößern wollen. Aber im Westen haben die Institutionen und die Individuen in der Politik viele Jahrzehnte lang daran gearbeitet, ihre Macht loszuwerden, und nur die Konzerne haben die ihre erweitert.

Im Jahr 1982 stellte der Chef des Weltwährungsfonds Jacques de Larosière fest: »In den vergangenen Jahrzehnten hat sich die Vorstellung von der Aufgabe der Regierungen grundlegend geändert. In früheren – einfacheren – Zeiten war die Rolle einer Regierung auf einige wenige, klar definierte Funktionen beschränkt. In jüngerer Zeit wurde diese Rolle erheblich ausgeweitet und umfasst inzwischen a.) die Stabilisierung der Wirtschaft, b.) die Stimulierung des Wachstums, c.) die Umverteilung des Einkommens, d.) die Sicherung von Einkommen und Arbeit, e.) den Erhalt auch von kriselnden und unprofitablen Unternehmen, f.) Versorgung mit bestimmten Gütern und Dienstleistungen zu subventionierten Preisen und g.) Regulierung von tausend anderen Aktivitäten.«

Die Politiker empfinden das offenbar als Last.

Sie wähnen sich in einem Dilemma, dem sie entkommen wollen. Die amerikanischen Politikwissenschaftler Harold und Margaret Sprout hatten darüber im Jahr 1968 einen sehr einflussreichen Aufsatz geschrieben. Er hieß »Das Dilemma der steigenden Ansprüche und der begrenzten Ressourcen«. Die beiden stellten die These auf, dass es in jeder politischen Gemeinschaft in einer gegebenen Periode eine endliche Menge verfügbarer Güter und Dienstleistungen gebe, eine Menge, die sich im Lauf der Zeit üblicher-, aber nicht notwendigerweise erweitert: »Alle diese Gemeinschaften sind durch eine Fülle von wechselseitigen Verpflichtungen gekennzeichnet, sei es auf Verträgen oder Gewohnheit beruhenden, die sich ebenfalls ausdehnen und an Zahl zunehmen. In den meisten Gemeinschaften entsteht ein Bedürfnis nach mehr Gütern und Dienstleistungen. Bestehende Verpflichtungen und neue Bedürfnisse neigen mit wenigen Ausnahmen dazu, die verfügbaren Ressourcen zumeist weit zu überschreiten. Das Dilemma entsteht aus der geradezu chronischen Lücke zwischen Verpflichtungen und Bedürfnissen auf der einen Seite und den verfügbaren Ressourcen auf der anderen Seite.« Was die Politikwissenschaftler sagen wollten: Die Staaten ächzen, weil die Menschen den Hals nicht voll kriegen können.

Es dauert immer eine Weile, bis neue Wirklichkeitsformeln ihren Weg aus der akademischen Welt in die Politik finden. Die Gegenbewegung zum Ausbau des Wohlfahrtsstaats, wie es in den angelsächsischen Ländern heißt, oder der sozialen Marktwirtschaft, wie seine deutsche Variante genannt wird, hatte sich im selben Moment gegründet, da dieser sich anschickte, die westlichen Gesellschaften zu reformieren, am Ende des Zweiten Weltkriegs: Friedrich August von Hayeks berühmtes Buch »The Road to Serfdom« war 1944 erschienen. Es dauerte knapp 30 Jahre, bis bei den Eliten die Überzeugung um sich zu greifen begann, dass die westlichen Wirtschaftssysteme sich auf einem Irrweg befänden. Der britische Ökonom und Journalist Andrew Shonfield spürte diesem Stimmungswechsel zu Beginn der Siebziger nach. Er schrieb von einer »Grenze«, jenseits derer die öffentlichen Ausgaben nur dann weiterwachsen könnten, wenn völlig neu darüber verhandelt werde, über welchen Anteil des eigenen Verdienstes ein jeder Bürger eigentlich selbst bestimmen dürfe. Shonfield sagte, sehr viele Staaten des Westens seien dieser Grenze sehr nahe gekommen. Er selbst war ein Labour-Mann, ihn beunruhigte die Entwicklung nicht – im Gegenteil. Er wollte die »mixed economy« im angelsächsischen Raum schützen und erneuern und dabei auch von den Deutschen und ihrer sozialen Marktwirtschaft lernen. Aber andere waren beunruhigt. Sie begannen die wirtschaftliche und soziale Wirklichkeit, die sie umgab, mit anderen Augen zu sehen.

In der Bundesrepublik kann man den Moment, da die Stimmung kippte, auf den Tag genau datieren: Es war der 9. September 1982. Da legte Bundeswirtschaftsminister Otto Graf Lambsdorff ein Papier vor, das den Titel trug: »Konzept für eine

Politik zur Überwindung der Wachstumsschwäche und zur Bekämpfung der Arbeitslosigkeit«. Man übertreibt nur milde, wenn man sagt: An diesem Tag erblickte die deutsche Variante des Neoliberalismus das Licht der Welt. Helmut Schmidt nannte das Papier im Bundestag ein »Dokument der Trennung«. Das war ein paar Tage später, am 17. September, als die sozialliberale Koalition zerbrach. Den ganzen Sommer hatte Hans-Dietrich Genscher über die »Wende« geredet, die Deutschland brauche. Und dann kam Lambsdorffs Papier. In der großen Debatte, die das Ende seiner Kanzlerschaft – und, wenn man so will, den Anfang vom Ende der deutschen sozialen Marktwirtschaft – besiegelte, sagte Schmidt: »Die Denkschrift will, in der Tat eine Wende, und zwar eine Abwendung vom demokratischen Sozialstaat im Sinne des Art. 20 unseres Grundgesetzes und eine Hinwendung zur Ellenbogengesellschaft.«

Niemand kann sagen, wir seien nicht gewarnt gewesen.

Das Papier stammte zum Teil aus der Feder von Hans Tietmeyer, damals Staatssekretär im Bundesfinanzministerium, später Chef der Bundesbank. Wenn man es heute liest, ist man verblüfft: Es war eine Blaupause des wirtschafts- und sozialpolitischen Umbaus, den wir erlebt haben. Ein revolutionäres Papier im eigentlichen Sinne. Es hatte umwälzende Folgen. In sechs dürren Abschnitten wird mit dem bestehenden Wohlfahrtsstaat abgerechnet und die Vision einer anderen Gesellschaft entworfen, die – je nach Standpunkt – eine strahlende oder eine düstere Zukunft verhieß. Denn obwohl das ganze Papier im Zeichen des Kampfes gegen die Arbeitslosigkeit stand, war doch klar, dass es nicht für alle das Gleiche verhieß: nämlich goldene Zeiten für Unternehmer und schlechte für Arbeitnehmer und Gewerkschafter.

Tietmeyer und sein Chef Lambsdorff klagten natürlich über die hohe Staatsquote, über die Steuern, die Abgaben, die tariflichen Regelungen. Aber vor allem diagnostizierten sie eine »Vertrauenskrise«, eine »Skepsis im eigenen Lande«. Das ist wichtig. Es ging hier nicht um ein paar Maßnahmen, ein Erlass hier, ein Gesetz da. Es ging um eine wirkliche Wende.

Das Ziel wird klar benannt: »Inhaltlich muß die Politik vor allem darauf ausgerichtet sein, dem Privatsektor in der Wirtschaft wieder mehr Handlungsraum und eine neue Zukunftsperspektive zu verschaffen. ... Festlegung und Durchsetzung einer überzeugenden marktwirtschaftlichen Politik in allen Bereichen staatlichen Handelns mit einer klaren Absage an Bürokratisierung.«

Es ist wichtig, sich an diesen Moment zu erinnern: In unserer Gegenwart erfährt der Begriff des Staatlichen eine langsame Rehabilitation. Aber damals erlebte die deutsche Gesellschaft gerade den Anfang seiner Erosion. Staat war Bürokratie, und Bürokratie war der Inbegriff allen Übels: Bürokraten sind spießig und langsam und seelenlos und ineffizient und haben keinen Humor. Die freie Wirtschaft ist dagegen wie die weite See, offen und frisch, und wer da etwas unternimmt, der ist ein Kapitän, voll Tatendrang und Mut und Selbstvertrauen.

In dieser Zeit beginnt die Umwertung der Begriffe. Die »Anpassung der sozialen Sicherungssysteme«, von der hier die Rede ist, bedeutet ja nichts anderes als deren Rückbau. Und mehr Raum für »Eigeninitiative« und »Selbstvorsorge« bedeutet nichts anderes als Entsolidarisierung der Gesellschaft.

Bedingung für den Erfolg einer solchen Wende war aber, das nahm das Papier gleich vorweg, dass »die Lohnpolitik auch bei einer solchen Orientierung der staatlichen Politik die notwendige Verbesserung der Ertragsperspektiven sowie die relative Verbilligung des Faktors Arbeit zuläßt«.

Tietmeyer und Lambsdorff sahen »Auseinandersetzungen mit den Gewerkschaften« voraus, »die sich auch negativ auf das Stimmungsbild auswirken können. Die Gewerkschaften selbst müssen jedoch vorrangig an einer Lösung der Beschäftigungsprobleme interessiert sein. Es wird deswegen sehr darauf ankommen, daß Bundesregierung und Bundesbank übereinstimmend die beschäftigungspolitische Mitverantwortung der Tarifparteien deutlich machen. Der notwendige soziale Konsens kann dauerhaft nur gesichert werden, wenn die Arbeitslosigkeit konzentriert und nachhaltig bekämpft wird.« Das war die Leitlinie: Die Politik des Sozialabbaus sollte als Politik gegen die Arbeitslosigkeit verkauft werden, damit die Gewerkschaften stillhielten.

Der Politologe Christoph Butterwegge hat angesichts dieses Papiers die Frage gestellt, »ob es sich dabei nicht um das Drehbuch für die Regierungspolitik bis heute handelte. So sehr entsprechen zahlreiche Maßnahmen, die seither ergriffen wurden, dem dort niedergelegten Forderungskatalog.« Die Antwort liegt auf der Hand. Es gehört zu den traurigen Kuriositäten der deutschen Politik, dass es einer rot-grünen Regierung vorbehalten war, den neoliberalen Geist, der hier beschworen wurde, vollends aus der Flasche gelassen zu haben: Von den Steuersenkungen bis hin zur Reduktion des Arbeitslosengeldes hat Rot-Grün zu Beginn des neuen Jahrhunderts viele der neoliberalen Visionen wahr werden lassen, von denen das Lambsdorff-Tietmeyer-Papier geträumt hatte.

Nach der Bankenkrise hat der Wirtschaftsnobelpreisträger Joseph Stiglitz gesagt, der Fall der Wall Street sei für den Markt-Fundamentalismus das gewesen, was der Fall der Mauer für den Kommunismus war: »Er zeigt, dass der Weg dieser Wirtschaftsordnung nicht gangbar ist.« Haben das alle mitbekommen? Der Kommunismus ist mausetot. Aber der Markt-Fundamentalismus hat sich von seinem Treppensturz im Jahr 2008 erstaunlich schnell erholt. Seine Ersthelfer muss man nicht nur in New York oder London suchen. Sie sitzen auch im Bundeskanzleramt, Willy-Brandt-Straße 1.

Angela Merkel hat von Beginn ihrer Amtszeit an ihren Ruf als Pragmatikerin gepflegt. Aber hinter dem Pragmatismus verbarg sich immer eine handfeste wirtschaftspolitische Ideologie. Sie versteckt sich in den Begriffen. Es gibt kein Wort, in dem sich das besser enthüllt, als das Wort von der »Schuldenkrise«.

Dieses Wort hat sich durchgesetzt. Das ist ein Zeichen für den fortgeschrittenen Grad an Manipulation, der die Öffentlichkeit ausgesetzt ist. Wenn einer Schulden hat, so klingt das, dann hat er zu viel Geld ausgegeben und muss sparen. Andersherum wird ein Schuh draus: Wir haben ein Einnahmeproblem, kein Ausgabenproblem. Deutschland gibt nicht zu viel Geld aus. Es nimmt zu wenig Geld ein. Die Arbeiter und Angestellten, deren Einkommen seit Jahren stagnieren, haben keineswegs über ihre Verhältnisse gelebt. Es sind die anderen, die ihre Verhältnisse beständig verbessert haben. In den vergangenen 20 Jahren sind die Geldvermögen von 1,9 Billionen auf 4,8 Billionen Euro gestiegen und die Staatsschulden von 600 Milliarden Euro auf zwei Billionen Euro. Die Schulden des Staates sind die Vermögen der Reichen. Die Steuerpolitik ein Skandal: Die Vermögenssteuer wurde abgeschafft und die Unternehmens- und Erbschaftssteuern wurden gesenkt, und der Spitzensteuersatz war niemals niedriger als heute.

Es ist nicht verwunderlich, dass Angela Merkel Politik für Reiche machte. Sie hatte für ihre Klientelpolitik die beste Tarnung gefunden, die sich denken lässt: Pragmatismus. Wenn man den Menschen oft genug sagt, das eigene Handeln sei ohne Alternative, dann vergessen die Menschen, dass sich dahinter vor allem Interessen verbergen.

Da mochte Griechenland unter den sogenannten Reformen stöhnen und zerbrechen und die Krise sich immer weiter zuspitzen. Und da konnte kommen, wer will, von der klugen Währungsfonds-Chefin Christine Lagarde bis zum nüchternen Italiener Mario Monti, und versuchen, der deutschen Zuchtmeisterin zu erklären, dass die Haushalte von Staaten zwar so heißen, mit den Rechenkünsten von Hausfrauen aber nicht zu sanieren sind. Die Pastorentochter Merkel blieb unbeirrt in ihrem Glauben: Schulden kommen von Schuld und verlangen nach Opfern. Dass solcher Schuldenkapitalismus mehr mit Religion zu tun hat als mit Ökonomie, kommt im englischen Wort »redeem« noch besser zur Geltung: ablösen und erlösen. Merkel zeigt, dass auch Pragmatiker Fundamentalisten sein können und dass es ein gefährliches Eifertum der Vernunft gibt. Merkel, so viel ist sicher, ist keine konservative Kanzlerin. Sie ist eine Radikale.

Denn die Schulden sind nicht die Ursache der europäischen Probleme. Die irischen und spanischen Schuldenquoten lagen noch im Jahr 2007 weit unter den deutschen. Europa leidet nicht unter einer Schuldenkrise – sondern unter einer Institutionenkrise. Die Finanzmärkte sind nicht ausreichend reguliert. Es gibt keine gemeinsame europäische Steuer- und Wirtschaftspolitik. Und im Süden des Kontinents haben die öffentlichen Institutionen versagt. Die Griechen haben toten Rentnern Milliardenbeträge überwiesen. Sie haben die Kontrolle verloren.

Die Antwort müsste also in einer Stärkung der Institutionen liegen: Europa bräuchte ein entscheidungsfähiges europäisches Parlament und eine gemeinsame Wirtschaftspolitik, die das Gegenstück zur gemeinsamen Währung sein muss. Europa braucht mehr Politik, weniger Markt. Es heißt, ein Übermaß an Ausgaben sei das Problem, während es in Wahrheit in einem Mangel an Steuerung liegt.

Da die Schulden nicht das Übel sind, ist das Sparen auch

nicht die Lösung. Es ist erst einmal gegen das Sparen ja nichts einzuwenden. Es kommt allerdings darauf an, wann man spart. Hätte Merkel ein Poesiealbum, man würde ihr dieses Sprüchlein eintragen wollen: »Spare in der Zeit – dann hast du in der Not. Spare in der Not – dann bist du erledigt.« Haushalte von Staaten heißen nur so. Sie haben mit dem Verantwortungsbereich der schwäbischen Hausfrau nur den Namen gemein. Für ihre Sanierung gelten andere Regeln. Wer in der Krise spart, verschärft die Krise. Das konnte man vorher wissen. Griechenland diente noch einmal als Exempel, unnötig und grausam. Austeritätspolitik klingt wie eine elegante Angelegenheit. Etwas für Gentlemen. In Wahrheit ist es die Hölle. Die griechische Wirtschaft ist in den drei Jahren nach Beginn der Krise um beinahe ein Viertel geschrumpft. Im Jahr 2012 waren es noch mal rund 6,5 Prozent. Die griechischen Schulden sind in dieser Zeit nicht gesunken, sie sind gestiegen. Und während jeder Zweite unter den Jungen in Griechenland arbeitslos ist, sitzt in Frankfurt bei der Europäischen Zentralbank der Deutsche Jörg Asmussen und redet von weiteren Strukturreformen und Haushaltslöchern, die gestopft werden müssen. Dabei wird Asmussen wissen, dass die Griechen höchstens noch ihre Pfeifen stopfen können.

Der Führer der griechischen Linken Alexis Tsipras hat im »Guardian« eine Erklärung für Merkels widersinnige Politik gegeben: Es gehe nicht darum, die Haushalte auszugleichen, sondern darum, Europa unter ein neoliberales Joch zu zwingen. Das eigentliche Ziel seien europaweit niedrige Lohnkosten, ein deregulierter Arbeitsmarkt, sinkende öffentliche Ausgaben und Steuererleichterungen für Kapitalanleger: »Diese Strategie bedient sich der politischen und finanziellen Erpressung, um die Europäer zu überzeugen oder zu zwingen, die Austeritätspolitik ohne Widerstand hinzunehmen.«

Das ist die bisher plausibelste Erklärung.

Das Austeritätsdogma ist die haushaltspolitische Ausprägung des Neoliberalismus. In Deutschland wurde dadurch die soziale Ungleichheit verschärft und der Konsum abgewürgt. Aber in der Krise hat Merkel den ganzen deutschen Einfluss geltend gemacht, damit der gesamte Kontinent auf dieses Rezept des zwanzigsten Jahrhunderts gesetzt wird. Dabei sollten gerade die Deutschen seit den dreißiger Jahren wissen: Wenn man in der Krise den Gürtel noch enger schnallt, landet man in der Rezession.

Merkel hat sich stets darauf berufen, kein Experte könne ihr sagen, welcher Schritt der richtige sei. Der Planungshorizont der Pragmatikerin endete stets kurz vor ihrer Nasenspitze. Begründung: Weiter könne man im Nebel der Krise nicht sehen. Eine durchgreifende Reform des Finanzsektors nahm die Kanzlerin ebenso wenig in Angriff wie eine Stärkung der Europäischen Zentralbank nach amerikanischem Vorbild. Merkel klammerte sich an die Dogmen der Preisstabilität und der vorgeblichen politischen Unabhängigkeit der Zentralbank. Dieser Kurs hat aus dem griechischen Problem ein europäisches gemacht und aus einer kostspieligen Krise eine teure werden lassen.

Die Krise ist ein Finanz-Fukushima. Und bislang sind die Kettenreaktionen aus Schulden und Zinsen nicht gestoppt. Angela Merkel tat stets ihr Bestes, den maroden Reaktor des Finanzkapitalismus wieder in Gang zu setzen, während doch die einzige Lehre aus dem Desaster hätte lauten müssen: Abschalten! Man hätte die Staaten endlich vom instabilen Gefüge der Finanzmärkte ablösen müssen, durch eine Finanzierung über eine öffentliche Bank, deren Zinspolitik dem öffentlichen Interesse folgt. Aber der Mut, den Merkel beim Atomausstieg gegen die Energielobby noch aufbringen konnte, der hat sie stets verlassen, wenn sie Josef Ackermann und seinesgleichen gegenüberstand.

Es gibt einen Film über Margaret Thatcher. Meryl Streep spielt die frühere britische Premierministerin. Sie hat dafür einen Oscar gewonnen. Kann man sich vorstellen, dass es einmal einen Film über Angela Merkel gibt? In dem beispielsweise Nina Hoss die deutsche Bundeskanzlerin spielt? Dafür gäbe es nicht mal den Bambi. Und die Auslandsrechte würden höchstens nach Serbien verkauft. Merkel ist die mächtigere Politikerin, aber sie gibt die schlechtere Story ab. Dennoch lohnt der Vergleich zwischen den beiden Frauen. Vor allem mit Blick auf das Ende.

Jede Amtszeit ist ja begrenzt – und sei es, dass der große Uhrmacher die Abberufung persönlich vornimmt. Wie aber kündigt sich das Ende an?

Als Margaret Thatcher aufgab, hatten zwei ihrer wichtigsten Minister sie verlassen: Schatzkanzler Nigel Lawson war zurückgetreten, weil die Premierministerin die Wechselkurspolitik ihres persönlichen Wirtschaftsberaters der des Ressortchefs vorzog. Und Außenminister Geoffrey Howe erklärte seinen Rücktritt, nachdem ihm die Chefin in den Rücken gefallen war.

Im Unterhaus sagte Howe damals einen beklemmenden Satz, der die politische Laufbahn der Eisernen Lady beendete: »Nun ist es an der Zeit für andere, ihre eigene Antwort auf den tragischen Loyalitätskonflikt zu finden, mit dem ich selber vielleicht zu lange gerungen habe.« Die Partei schickte der Premierministerin daraufhin die berüchtigten »men in grey suits«, die ihr den Rücktritt nahelegten. Thatcher verstand und ging.

Der Streit galt Europa und der Währungspolitik. Dasselbe Thema hat Merkel über lange Zeit zu schaffen gemacht. Aber die CDU war währenddessen in schlechterem Zustand, als es seinerzeit die Tories waren: Wer hätte der deutschen Kanzlerin die Männer in grauen Anzügen schicken sollen, nachdem alle Gegner ausgeschaltet waren oder sich selbst ausgeschaltet hatten? Welcher von Merkels Ministern würde sich opfern, wie Howe und Lawson es getan haben?

Merkel und Thatcher, die Ähnlichkeiten waren von Anfang an ebenso augenfällig wie der alles entscheidende Unterschied: Beide sind Naturwissenschaftlerinnen, Physikerin die eine, Chemikerin die andere. Beide fanden ihre Parteien in erbärmlichem Zustand vor. Thatcher nach der berüchtigten Kehrtwende ihres Vorgängers Edward Heath, der die britischen Konservativen auf sozialdemokratische Abwege geführt hatte. Merkel nach Kohls Ehrenwort-Affäre. Beide traten ihren Job als Trümmerfrauen und Reinigungskräfte an – weil die Männer zu feige für den Job waren. Beide versprachen Erneuerung. Aber Thatcher wollte die Revolution. Merkel wollte das Amt.

Thatcher hielt bis zum Ende an ihrem beinahe religiösen Glauben fest, einer eigentümlichen Mischung aus radikalem Liberalismus und festem Vertrauen in den starken Staat. Auch Merkel hat sich als Radikale gezeigt – aber ihre Radikalität lag in ihrem grenzenlosen Pragmatismus. Sie war zu buchstäblich jeder noch so atemberaubenden Wende bereit und blieb dabei ihrem Kurs dennoch treu. Denn ihr Kompass wies immer dorthin, wo das nächste Ziel lag. Wie bei dem Piraten Jack Sparrow. Abgesehen davon, dass Merkel ihre Ziele nie erst wählen musste – weil sie außer dem Amtserhalt keines hatte. Merkel hatte die Maxime begriffen, die Brecht über Ibsens Theater aufgestellt hat: »Es ist nicht mehr der Mensch, der handelt, sondern das Milieu. Der Mensch reagiert nur.«

Sie wollte eigentlich weder Wehrpflicht noch Atomkraft abschaffen. Sie wollte weder eine europäische Wirtschaftsregierung noch eine Transferunion. Dennoch war all das Ergebnis ihrer Politik. Und Joachim Gauck wollte sie sowieso nicht – und auch den hat sie bekommen.

Das Problem dabei ist aber, dass Merkels Politik, gerade weil sie keinem Prinzip und keinem Plan folgt, voller handwerklicher Fehler und Schwächen war. Merkel opferte die Strategie zugunsten der Taktik. Und gleichzeitig wurden dabei ihre Spielräume immer kleiner. Sie betrieb eine Form der Politiksimulation, die nur einem Ziel diente: dem Amtserhalt. Auf Dauer half Merkels Impromptupolitik aber weder der Energiewende noch der europäischen Integration.

Die Hamburger Pastorentochter bleibt nach all den Jahren ein Rätsel. Eine Unbekannte.

Ihr Stab hat im November 2009 eine Videobotschaft der Kanzlerin ins Netz gestellt, vor einem Gipfel der Industriestaaten in Pittsburgh, die war in Form und Inhalt wirklich niederschmetternd. Die Bundeskanzlerin sprach da zu ihrer Nation mit Gestus, Stimme und Wortwahl einer Diensthabenden in einem Heim für Betreutes Wohnen. Es fällt schwer, sich etwas weniger Inspirierendes als diese Frau vorzustellen, und es ist fast unmöglich, sich zu merken, was sie gesagt hat. Als Angela Merkel eben Kanzlerin geworden war, wollte Edmund Stoiber ihr die Richtlinienkompetenz beschneiden: »Natürlich trägt die Kanzlerin eine besondere Verantwortung, aber man muss das als gemeinsame Aufgabe sehen«, sagte der damalige CSU-Chef im Oktober 2005. Merkels Biograph Dirk Kurbjuweit schrieb im Jahr 2009: »Das war damals eine Unverschämtheit, aber gegen Ende der Legislaturperiode wirkte das fast seherisch. Merkel hat die Richtlinienkompetenz für das Überleben im Amt preisgegeben.« Dabei ist sie geblieben.

Vom Philosophen Baruch de Spinoza stammt der Gedanke, dass jede Bestimmung eine Verneinung ist. Jede Eigenschaft bedeutet die Abwesenheit einer anderen Eigenschaft. Bei Spinoza ging es um Gott. Bei Merkel nur um Politik. Aber nach diesem Prinzip regiert die Kanzlerin seit ihrem ersten Tag im Amt: Wer sich zu etwas bekennt, schließt automatisch etwas anderes aus. Besser, man bekennt sich nicht. Oder, wenn es sich nicht vermeiden lässt, dann bekenne man sich möglichst spät. Darum weiß eigentlich niemand, wofür diese Kanzlerin eigentlich steht. Was sie will. Außer, an der Macht zu bleiben. Es gab bislang keinen einzigen einigermaßen wichtigen deutschen Politiker, dem der Erhalt der Macht wirklich der einzige Seinszweck war.

Strauß, Kohl, Brandt, Schmidt, Schröder, Fischer: Sie hatten ja alle Projekte, Visionen, Feinde, Hoffnungen. Sie erstrebten irgendetwas, oder sie bekämpften irgendetwas. Angela Merkel – ist. Mehr nicht. Gäbe es sie nicht, würde man sie nicht für möglich halten. Die reine Substanz der Macht. Sie ist eine beinahe surreale Erscheinung. Ihr eigenes Gespenst. Ohne Attribute, ohne Prädikate. Das *ens realissimum* der deutschen Politik. Sie bekämpft niemanden, weil man sich damit nur noch mehr Feinde schafft. Sie will nichts, weil jedes Wollen auch Verzicht bedeutet. Sie hat keine Visionen, weil Visionen verlangen, den Blick zu verengen.

Merkel hat in Europa viele Fehler gemacht: Es war ihre Schuld, dass die Krise immer teurer wurde. Ihr Starrsinn hat die Kosten der Griechenpleite explodieren lassen. Das ist keine Propaganda politischer Wirrköpfe. EU-Chef José Manuel Barroso, die IMF-Chefin Christine Lagarde, der Italiener Mario Monti, der Belgier Elio Di Rupo, der Luxemburger Jean-Claude Juncker – sie alle haben schon mehr oder weniger unverhohlen Merkels nationalen Egoismus kritisiert. Denn das ist es, was diese Kanzlerin getan hat: Sie opferte die gesamte deutsche Europapolitik der Nachkriegszeit für ihren kurzfristigen innenpolitischen Vorteil.

Merkel hat die deutsche Frage des neunzehnten Jahrhunderts wieder geöffnet und die europäischen Nachbarn daran erinnert, dass ein in sich gekehrtes Deutschland immer wieder zur Gefahr für die europäische Stabilität werden kann.

Auf dem bedenkenlosen Boulevard der »Bild«-Zeitung wurde sie dafür bejubelt: »Starke Kanzlerin, starkes Deutschland« – weil man dort nicht wissen will, dass die politischen Schulden, die Merkel uns jetzt im Ausland aufhalst, um so vieles schwerer wiegen als jedes Finanzdefizit. Merkels Büchsenspanner bei der »Bild« konnten sich am scheinbaren wirtschaftlichen Erfolg der schwarz-gelben Regierung berauschen: Arbeitslosenquote, Wirtschaftswachstum und Staatsdefizit – überall liegen die Deutschen in Europa vorn. Aber diese Zahlen sagen wenig darüber aus, ob die Kanzlerin Deutschland zu einem lebenswerteren Land gemacht hat.

Das Ausland sieht in Deutschland schon das »Quarto Reich« heraufziehen. Aber wenn die Demoskopen losgehen und die Deutschen fragen, stellt sich heraus: Das Land ist mit sich und seiner Regierung im Reinen. Und die Kanzlerin findet sich sowieso toll. »Diese Bundesregierung ist die erfolgreichste seit der Wiedervereinigung«, sagte sie im Herbst 2012 im Bundestag. Und man wusste zuerst gar nicht, ob das satirisch gemeint war. Aber es war natürlich ihr bitterer Ernst. Gemessen an ihren eigenen Werten, ist Merkel tatsächlich eine erfolgreiche Kanzlerin. Es geht ihr um nichts als um die Macht, und sie hat kaum mehr getan, als ihre Macht zu erhalten. Merkel hätte handeln müssen, als die Krise jung war, die Begriffe noch weich und die Bilder in den Köpfen der Menschen noch in Bewegung. Als alle Welt auf die Banken starrte, hätte Europa das Problem der Staaten lösen müssen. Und Deutschland, als größtes und stärkstes Land, das am meisten von Europa profitiert, hätte vorangehen müssen.

Führung und Gestaltung – das war die Aufgabe der Politik, die Aufgabe von Angela Merkel. Darum hat sie sich nicht gekümmert. Stattdessen hat sie zugelassen und befördert, dass die Finanzkrise zu einem Konflikt zwischen den Staaten wurde. Das Schlimmste, was Europa geschehen konnte. Plötzlich ging es in Europa darum, wer gewinnt. Und es geht darum, wer sein Gesicht verliert. Fraktionschef Volker Kauder hat sogar einmal gerufen: »Auf einmal wird in Europa Deutsch gesprochen.« Und der CSU-Politiker Markus Söder, der einmal bayerischer Ministerpräsident werden will, sagte, an Griechenland müsse »ein Exempel statuiert werden«. Wer wollte den Europäern verübeln, wenn sie darin das Echo unserer Stiefel hörten, die über den Kontinent marschiert sind? Was sind sieben Jahrzehnte im Gedächtnis der Völker?

Wie in einem mürrischen Trotz rücken die Leute eng aneinander und ducken die Köpfe. Zukunft gestalten? Verantwortung übernehmen? Sie können es zwar in der Zeitung lesen, aber sie machen es sich nicht zu eigen: Europa und den Euro wird es nicht wie bisher kostenlos geben. Die »Süddeutsche Zeitung« schrieb: »Den Deutschen steht von allen Nationen der größte Kurswechsel bevor.« Die Jahre der Merkel-Administration haben Spuren hinterlassen. Als Gontscharow seinen »Oblomow« schrieb, war der Deutsche darin, der den sprechenden Namen Stolz trägt, das Vorbild an Tüchtigkeit. Heute halten es die Deutschen lieber selber mit dem Titelhelden: »Warum muss denn das heute sein?«

Es ist ein bisschen, als hätten die Deutschen ihr politisches System aufgegeben. Man fragt die Leute: »Welche Partei in Deutschland ist aus Ihrer Sicht am ehesten dafür verantwortlich, dass Banken und Finanzmärkte in den letzten Jahren so stark an Macht und Einfluss gewonnen haben?« Und 42 Prozent der Bürger antworten, die Union, 11 Prozent, die SPD, und 10 Prozent, die FDP.

Dann fragt man sie, welche Partei es am ehesten verstehe, »die Macht der Banken zu beschneiden und den Finanzsektor neu zu ordnen«. Da sind die Leute unentschieden: 24 Prozent sagen, die Union, 23 Prozent, die SPD. Die Linke wird von 6 Prozent genannt, die Grünen von 3 Prozent. Die meisten Bürger aber – und zwar 40 Prozent – trauen diese Aufgabe keiner Partei zu. Das Vertrauen ist verschwunden. An seine Stelle ist eine Resignation getreten. Eine Stille. Ein Schweigen. Es ist die Antwort der Leute auf das »autoritäre Schweigen«, mit dem die Kanzlerin ihre Macht verwaltet. Gertrud Höhler hat dieses kluge Wort geprägt. Höhler hat in der »Frankfurter Allgemeinen« das »System M« mit großer Härte und Klarheit in seinem Wesen entlarvt: Es ist ein autokratisches System und eines des ethischen Relativismus. Höhler ist selber eine Konservative. Ihre Kritik war eine aus den eigenen Reihen. Merkels Verteidiger reagierten überaus gereizt: Sie machten Höhler zum Opfer einer persönlichen Kampagne, die an Rufmord grenzte.

Im Sommer 2012 sagte Angela Merkel im Fernsehen zur griechischen Krise einen bemerkenswerten Satz: »Das Ungerechte ist ja auch, dass die, die viel Geld haben, längst über alle Berge sind und ihr Geld woanders angelegt haben. Und die einfachen Leute müssen an vielen Stellen diese Dinge jetzt ausbaden – und das ist extrem ärgerlich.« Und dann fügte sie noch hinzu, dies sei in der Finanzkrise leider immer wieder der Fall.

Selten haben wir die achselzuckende Selbstaufgabe der Politik so klar formuliert bekommen: So ist das bei uns im Kapitalismus, die Reichen bringen sich in Sicherheit, die Armen hängt man. In solchen Momenten wird kurz der Schleier gelüftet, hinter dem sich die kühle Wirklichkeit verbirgt, in der

Merkels Macht so prächtig gedeiht. Denn ihr Pragmatismus ist ja nichts als Opportunismus.

Warum eigentlich gilt Merkel als kluge politische Taktiererin? Ihr taktisches Kalkül ist nicht subtil: Seit Beginn der Krise hat sie mehr und mehr auf die unerbittliche Ausbreitung der Logik des permanenten Notstands gesetzt. Hat schon mal ein Kanzler so wiederholt und ausdauernd die Verfassung ignoriert wie Angela Merkel? Regeln, Verfahren, Prinzipien – alles zerbricht ihr im Krisenkatarakt.

Im Juni 2012 fällte das Bundesverfassungsgericht ein vernichtendes Urteil über die Krisenpolitik der Kanzlerin. Unter ihrer Führung habe die Bundesregierung gegen Artikel 23, Absatz 2, Satz 2 des Grundgesetzes verstoßen, der lautet: »Die Bundesregierung hat den Bundestag und den Bundesrat umfassend und zum frühestmöglichen Zeitpunkt zu unterrichten.« Die Grünen hatten geklagt. Es ging um den Europäischen Stabilitätsmechanismus und den Pakt für Wettbewerbsfähigkeit. Mithin keine Kleinigkeiten. Es lohnt sich, das Urteil des höchsten Gerichts genau zu studieren. Die Richter haben eine umfassende Chronologie der Eurorettung verfasst, in der sich alle relevanten Treffen, Konferenzen, Papiere, Artikel und Äußerungen der Protagonisten finden. Das wird Generationen von Politikwissenschaftlern und Studenten eine Menge Arbeit ersparen. Darüber hinaus zerlegen sie aber mit scharfer Präzision die Argumente, die von der Bundesregierung vorgebracht worden waren, um ihre zurückhaltende Informationspolitik zu rechtfertigen.

Christian Geyer hat die Auseinandersetzung zwischen Kanzlerin und Gericht in einem hervorragenden Aufsatz für die »Frankfurter Allgemeine« beschrieben. Er sagt, Angela Merkel erscheine im Urteil des Bundesverfassungsgerichts »als eine Art Schorschel Schachermann, jener Makler bei Donald

Duck, der, seine Rechtstreue preisend, wacker dem Gesetz zuwiderhandelt«. Voll bitteren Spotts beschreibt Geyer, wie die Kanzlerin vom höchsten Gericht der Grundgesetzwidrigkeit überführt wird. Aber in Wahrheit hat die Regierung hier natürlich ein ganz altes Spiel betrieben: In der Krise sei für den Parlamentarismus leider nicht genug Zeit. Und das Verfassungsgericht hat dem in aller Schärfe widersprochen. Es hat eine Brandmauer zum Schutz der Demokratie errichtet.

Die Richter greifen sich aus dem Strom der Krisenpolitik ein paar Augenblicke heraus. Sie halten das rasende Rad der Gipfel und Treffen und Pressekonferenzen an und sehen genau hin.

Zum Beispiel der 10. März 2011, da tagte der Ausschuss für die Angelegenheiten der Europäischen Union. Die Bundeskanzlerin berichtete über das für den folgenden Tag geplante informelle Treffen der Staats- und Regierungschefs der Eurozone. Es sollte da unter anderem um den Europäischen Stabilitätsmechanismus gehen. Merkel sagte den Abgeordneten, dass noch unklar sei, ob auf dem Treffen nur der Europäische Rat vom kommenden März vorbereitet werde oder ob auch Beschlüsse gefasst würden. Sie vertrat außerdem den Standpunkt, dass sie den Bundestag über solche informellen Treffen ohnehin nicht unterrichten müsse.

Mit kriminalistischer Genauigkeit beschreibt das Gericht den Moment: »Auf die Rüge eines Abgeordneten, das Parlament habe auf der Grundlage der Unterrichtungspraxis der Bundesregierung keine ausreichende Möglichkeit, die Entscheidungen zum Themenkreis der Eurostabilisierung nachzuvollziehen, erklärte die Bundeskanzlerin, die gegenwärtige Situation sei aufgrund täglicher Änderungen der Umstände und Tatsachen einzigartig, so dass die Bundesregierung dem Parlament nur Informationen mit einer ›endlichen Halbwertszeit‹ geben und für den Europäischen Rat am 24./25. März 2011 lediglich Ergebnisoptionen benennen könne. Die Bundesregierung unterrichte den Deutschen Bundestag über die Sitzungen der Euro-Gruppe. Jedoch müssten bestimmte interne Beratungen, die von besonderer Marktrelevanz seien, differenziert behandelt werden.«

Im Wesentlichen hatte die Bundeskanzlerin den Abgeordneten also gesagt, dass sich die Dinge in der Politik so schnell entwickeln, dass für demokratische Verfahren manchmal einfach die Zeit fehle. Das Bundesverfassungsgericht greift das Kanzlerinnenwort von der »endlichen Halbwertszeit« auf, nicht ohne Sarkasmus. Es schreibt:

»Die Bundesregierung ist verpflichtet, dem Bundestag nicht nur einen abschließend beratenen oder sogar bereits beschlossenen Vertragstext zuzuleiten. Sie muss ihm zum frühestmöglichen Zeitpunkt ihr vorliegende Zwischenergebnisse und Textstufen – wie den auf den 6. April 2011 datierenden ›Draft Treaty Establishing the European Stability Mechanism (ESM)‹ – übermitteln. Dass sich Entwürfe ändern und daher Aktualisierungen erforderlich werden, solche Informationen mithin ›eine kurze Halbwertszeit‹ aufweisen können, rechtfertigt es nicht, die schriftliche Unterrichtung auf einen Zeitpunkt zu verschieben, in dem die Ergebnisse bereits feststehen. Denn damit wird der Bundestag gerade in jene für völkerrechtliche Verträge charakteristische Ratifikationslage gebracht, die ihm eine inhaltliche Einflussnahme abschneidet und vor der ihn Art. 23 Abs. 2 Satz 2 GG schützen will.«

Auch die übrigen Schutzbehauptungen der Regierung zerfetzen die Richter in der Luft. Dazu gehörte die Idee, Eurofragen seien streng genommen gar keine Angelegenheiten der Europäischen Union und fielen darum auch nicht unter den für Europa erdachten Artikel 23. Ebenso wenig ließen die Richter das Argument gelten, solange der gewissermaßen flüssige Meinungsbildungsprozess der Regierung sich im Kabinett noch nicht verfestigt habe, müsse auch der Bundestag nicht informiert sein. Das las sich so, als verträten Merkels Anwälte den Standpunkt, da die Kanzlerin ihre eigenen Minister nicht über ihre europapolitischen Absichten auf dem Laufenden halte, müsse sie auch die Abgeordneten nicht informieren.

Besonders gefährlich für den demokratischen Prozess war das Argument der Kanzlerin, es »müssten bestimmte interne Beratungen, die von besonderer Marktrelevanz seien, differenziert behandelt werden«. Der »Markt« ist als Akteur im Regierungssystem der Bundesrepublik Deutschland offiziell nicht vorgesehen. Tatsächlich muss man sich fragen, ob er nicht längst zum wichtigsten Akteur geworden ist. Es ist nicht so, dass die Regierung diesem Thema auswiche. Im Juni 2010 sagte Merkel auf einem Kongress zur Finanzmarktregulierung: »Als Politiker müssen wir den Anspruch haben, dass wir den Gestaltungsrahmen setzen und dass wir nicht immer Getriebene von irgendwelchen Marktkräften sind.« Und im Oktober 2011 sagte sie auf einer IG-Metall-Konferenz, dass es Aufgabe der Politik sei, den Märkten Leitplanken zu errichten: »Sonst beherrschen die Märkte uns; und das wird nicht gutgehen.«

In der Öffentlichkeit blieb aber ein anderes Zitat der Kanzlerin hängen, nämlich das von der »marktkonformen Demokratie«. Als zum Beispiel SPD-Chef Sigmar Gabriel im März 2012 den Unterschied zwischen Konservativen und Sozialdemokraten erklären wollte, verwies er auf dieses Zitat: »Das ist der Satz von Frau Merkel, in dem sie sagt, sie sei für eine marktkonforme Demokratie. Wir glauben, das Gegenteil ist richtig: Wir müssen demokratiekonforme Märkte schaffen.« In dieser genauen Kombination hat Merkel die Worte allerdings nie gebraucht. Als ihr portugiesischer Kollege Pedro Passos Coelho im Jahr 2011 zu Besuch war, wurde die Kanzlerin gefragt, ob eigentlich der Euro-Rettungsschirm seine Aufgabe erfüllen könne, wenn vor jeder Entscheidung alle beteiligten Parlamente befragt würden. Keine leichte Frage. Merkel antwortete: »Wir leben ja in einer Demokratie und sind auch froh darüber. Das ist eine parlamentarische Demokratie. Deshalb ist das Budgetrecht ein Kernrecht des Parlaments. Insofern werden wir Wege finden, die parlamentarische Mitbestimmung so zu gestalten, dass sie trotzdem auch marktkonform ist, also dass sich auf den Märkten die entsprechenden Signale ergeben.« Da hatte sie den Schlamassel: Parlamentarismus in einen Gedankenzusammenhang mit Marktkonformität zu setzen war nicht sehr geschickt. Aber das gesprochene Wort war noch nie das Medium der Kanzlerin.

Sigmar Gabriel, der mit Worten sehr viel besser umgehen kann, schmiedete auf einem SPD-Parteitag aus den Bestandteilen der Merkel-Rede die Phrase der »marktkonformen Demokratie« und hängte sie der Kanzlerin um. Und sie blieb hängen. Weil sich in diesen Worten, auch wenn sie so nie gesagt worden waren, die tiefere Wahrheit nicht nur der Merkelschen, sondern der gesamten westlichen Politik entlarvte.

Ja, die Regierungen stehen unter Druck. Das Netz, der Hochfrequenzhandel, die inzwischen vollkommene globale Interdependenz haben die Spielräume staatlichen Handelns verändert. Verfassungsrichter Andreas Voßkuhle hat in einem Interview gesagt: »Eigentlich brauchte die Politik mehr Momente der Entschleunigung, Reflexionsschleifen, um über grundlegende Entscheidungen nachzudenken, aber auch, um bereits getroffene Entscheidungen zu evaluieren.« Eigentlich brauchte die Politik also mehr Zeit. Aber sie kann sich diese Zeit nehmen. Das Gericht sagt, sie muss sich diese Zeit nehmen. Also stellt sich das Verfassungsgericht an ihrer statt mit seiner ganzen rechtsphilosophischen Masse in den reißenden Ereignisstrom und gibt dem demokratischen Entscheidungsprozess die notwendige Deckung. Auf die Bitte des Gerichts hat Bundespräsident Gauck im Sommer 2012 die Unterschrift unter die Gesetze zum ESM-Rettungsschirm verweigert. Ganz einfach, weil das Gericht um mehr Zeit gebeten hatte, sich in die Materie einzuarbeiten. Ein Signal an die Märkte, dass die Politik das Heft des Handelns in der Hand behalten kann, wenn sie nur will.

In ihrem Urteil schrieben die Richter: »Rechtsetzungsakten der Europäischen Union und intergouvernementalen Vereinbarungen gehen regelmäßig komplexe und langwierige Abstimmungsprozesse voraus. Die Bundesregierung kann dem Bundestag dabei nur die ihr selbst jeweils vorliegenden Informationen zuleiten, so dass die Pflicht zur umfassenden Unterrichtung nicht statisch, sondern dynamisch zu verstehen ist. Wissensstand und Haltung der Bundesregierung im Hinblick auf einen Vorgang bleiben im Regelfall nicht gleich, sondern sind im Laufe der Zeit Veränderungen unterworfen. Mit zunehmender Konkretisierung eines Vorhabens ist jedoch typischerweise auch eine Zunahme der Informationsdichte auf Seiten der Bundesregierung verbunden. Dabei entsteht mit jedem Erkenntnisgewinn der Bundesregierung zunächst eine Informationsasymmetrie im Verhältnis zum Bundestag, die – soll die verfassungsrechtliche Vorgabe einer ›umfassenden‹ Unterrichtung nicht wirkungslos bleiben – grundsätzlich ausgeglichen werden muss. Diese Pflicht zum Ausgleich von Informationsungleichgewichten zwischen Bundesregierung und Bundestag verdichtet sich mit zunehmender Komplexität und Bedeutung eines Vorgangs sowie mit der zeitlichen Nähe zu einer förmlichen Beschlussfassung oder zum Abschluss einer Vereinbarung.«

Je wichtiger der Sachverhalt, umso dringender ist es, dass die Politik Herrin des Verfahrens bleibt. Es sind nicht die Sachzwänge, die den demokratischen Prozess bedrohen. Es ist die neoliberale Ideologie, die sich die Sachzwänge zunutze macht.

Im August 2012 gab Italiens Ministerpräsident Mario Monti dem »Spiegel« ein Interview, in dem er einen denkwürdigen Satz äußerte. Es habe natürlich jedes Land der Europäischen Union ein Parlament und ein Verfassungsgericht, sagte Monti. Und jede Regierung müsse sich natürlich nach den Entscheidungen des Parlaments richten: »Aber jede Regierung hat auch die Pflicht, das Parlament zu erziehen.« War Monti bewusst, was er da sagte? Die Reaktion deutscher Politiker war eindeutig: Europas Problem sei nicht zu viel, sondern zu wenig Demokratie. Monti taugt kaum als Feindbild für Antikapitalisten. Er ist kein Mann der Wirtschaft und kommt nicht aus der ökonomischen Gegenwelt des Politischen. Dennoch ist auch er in solchen Gegenwelten zu Hause: an der Universität und in der Verwaltung. Als Experte und Technokrat hat er die italienische Politik vor sich selber retten müssen. Das ist noch das Beste, was ihr passieren konnte nach der Dekadenz der Berlusconi-Jahre. Immerhin ist Monti bei Goldman Sachs nur Berater – er war dort nie Vorstandsmitglied wie sein Landsmann Mario Draghi, der jetzt Chef der Europäischen Zentralbank ist.

Wenn man so will, war Monti das freundliche Gesicht der Entdemokratisierung. Das ist ein Prozess, der in der Krise besonders sichtbar wurde. Aber die Krise hat ihn nicht ausgelöst. Die ganze Gestalt des wohlwollenden Technokraten Monti ist ein Beleg für die These des französischen Philosophen Jacques Rancière, der gesagt hat: »Die Demokratie im Sinne der Volksherrschaft, als Herrschaft derer, die weder einen besonderen Anspruch auf ihre Ausübung noch eine spezifische Eignung dafür besitzen, macht Politik überhaupt erst denkbar. Wenn die

Herrschaft wieder in die Hände der Geschicktesten, Stärksten, Reichsten gelangt, findet keine Politik mehr statt.« Und es ist der Hochmut des Stärksten, der sich in einer Verächtlichmachung der Demokratie äußert. Auch dafür ist der vielleicht unfreiwillige Ausbruch Montis ein Beispiel. »Im Gegensatz zur Zeit des Kalten Krieges, in der man die Demokratie dem Totalitarismus klar gegenüberstellte«, sagt Rancière, »lässt sich seit dem Fall der Mauer in den sich als ›Demokratien‹ bezeichnenden Ländern viel eher eine Art Misstrauen, eine versteckte oder offene Verächtlichkeit gegenüber der Demokratie beobachten.«

Hier erhebt sich das auf Effizienz gerichtete Denken der Experten. Und es ist das auf demokratische Verfahren, auf Gerechtigkeit, auf sozialen Ausgleich gerichtete Denken, das zum Ziel der Verächtlichkeit wird. In dieser Verächtlichkeit liegt der Hochmut des vermeintlich Stärkeren. Denn es ist einer bewusst vorgenommenen Verschiebung der Begriffe zu verdanken, dass wir vergessen haben: Demokratie ist nicht dasselbe wie Freiheit. Das ist das Argument von Rousseau: Die Herrschaft der Stärksten muss nicht in die Form des Rechts gekleidet werden. Der Politiker und Theologe Jean-Baptiste Lacordaire hat diesem Gedanken Worte gegeben: »Entre le fort et le faible, entre le riche et le pauvre, entre le maître et le serviteur, c'est la liberté qui opprime et la loi qui affranchit.« Es ist die Freiheit, die unterdrückt, und das Gesetz, das Schutz gewährt. Die Herrscher der Exekutive und die Märkte bringen die Schwäche der Demokratie als Entschuldigung vor: Sie brauche zu viel Zeit, sie bringe nicht die besten Ergebnisse. Aber die Wahrheit ist, dass beide sich den Fesseln des Gesetzes entziehen wollen. Und Rancière hat natürlich recht: Es war der Fall der Mauer, der Wegfall des Eisernen Vorhangs, der es den Märkten erlaubte, sich zu den Herren der Welt aufzuschwingen. Auf eine sonderbar neurotische Art und Weise stand auch der Westen unter dem Konkurrenzdruck des anderen Systems, auch wenn hier kein Gedanke ferner gelegen hätte. Eine »Abgrenzungsrealität« hat Oskar Negt die Sowjetunion genannt. Und in einer traurigen historischen Perversion haben die Panzer und Raketen des Ostblocks in Wahrheit vor allem die westliche Demokratie verteidigt, und zwar gegen ihre Feinde in den eigenen Reihen.

Ohne diese Verteidigung hat in erschreckendem Tempo eine Degradierung der Demokratie stattgefunden. Und zwar – ein vielleicht zwangsläufiges Paradox – gleichzeitig mit ihrer allgemeinen Ausbreitung. Die amerikanische Politikwissenschaftlerin Wendy Brown hat sich in einem Essay mit diesem sonderbaren Phänomen auseinandergesetzt. »Das Lob der Demokratie wird heute nicht nur rund um den Globus, sondern auch durch das gesamte politische System hindurch gesungen. Gemeinsam mit den Systemveränderern aus der Zeit nach dem Ende des Kalten Krieges, ehemaligen Sowjetbürgern, die noch in unternehmerischer Glückseligkeit schwelgen, Avataren des Neoliberalismus und unerschütterlichen Liberalen ist auch die euro-atlantische Linke von der Marke hingerissen. ... Berlusconi und Bush, Derrida und Balibar, italienische Kommunisten und Hamas – wir sind jetzt alle Demokraten. Aber was ist von der Demokratie übriggeblieben?«

Der CDU-Abgeordnete Wolfgang Bosbach könnte dazu etwas sagen. Er hat erfahren, was es bedeutet, sich mit dem demokratischen Argument gegen den vermeintlichen Sachzwang zu stellen. Als es im Herbst 2011 um den Euro-Rettungsschirm ging, kündigte Bosbach seinen Widerstand an.

Landesvertretung von Nordrhein-Westfalen, an einem Montagabend Ende September: Es ist übliche Praxis, dass die Abgeordneten wichtige Abstimmungen vorher üben, damit im entscheidenden Augenblick nichts schiefgeht – also niemand aus dem Ruder läuft. Bosbach hatte angekündigt, mit Nein zu stimmen, aus Gewissensgründen, gegen die eigene Kanzlerin. Er hält Wort. Beim Hinausgehen zischt ihm Kanzleramtsminister Ronald Pofalla zu: »Ich kann deine Fresse nicht mehr sehen. Du redest ja doch nur Scheiße.« Pofalla geht weiter, dreht sich noch mal um und schimpft weiter: »Du machst mit deiner Scheiße alle Leute verrückt.« Bosbach antwortet: »Ronald, guck bitte mal ins Grundgesetz, das ist für mich eine Gewissensfrage.« Aber Pofalla geht zu seinem Dienstwagen, ruft noch: »Lass mich mit so einer Scheiße in Ruhe« und fährt davon. Pofalla hatte sich nicht einmal die Mühe gegeben, sich mit seinen Beschimpfungen angesichts der vielen Zeugen zurückzuhalten. Der Ausbruch des Merkel-Vertrauten zog viel Aufmerksamkeit auf sich. Für einen kurzen Moment wurde hier einmal der Schleier der Konvention vom Getriebe der Macht und der Mächtigen gelüftet. Und der furchtbare Irrelevanzverdacht, in den der moderne Kapitalismus das parlamentarische Gefüge gebracht hat, wurde bestätigt. »Schon in Deutschland kann, wer als frei gewählter Abgeordneter seinem Gewissen folgt, sicher sein, das man seine ›Fresse‹ nicht mehr sehen will«, schrieb Frank Schirrmacher dazu, und mit Blick auf Griechenland fügte er hinzu: »Was Wolfgang Bosbach als Subjekt widerfuhr, trifft nun einen Staat, und wenn es so weitergeht, bald ganz Europa.«

Die Demokratie ist in Frage gestellt. Es war nur eine Frage der Zeit, bis sich der Kult der Märkte die Demokratie selbst zum Ziel nimmt. In der Krise kam dieser Moment. Warum musste sich der Bundestag sein Recht zur Mitsprache am Euro-Rettungsschirm vor dem Bundesverfassungsgericht erstreiten? Warum schlug dem griechischen Premier Empörung entgegen, als er seinem gezeichneten Volk in einer Volksabstimmung die demokratische Würde zurückgeben wollte? Weil man auf den Märkten ohne demokratisches Gezänk seinen Geschäften nachgehen möchte.

Wendy Brown hat dazu geschrieben: »Es geht nicht einfach darum, dass vermögende Konzerne Politiker kaufen und offenkundig die Innen- und Außenpolitik eines Landes mitgestalten ... Die großen Demokratien zeichnen sich heute weniger durch eine Überschneidung als vielmehr durch eine Verschmelzung von staatlicher und unternehmerischer Macht aus: Staatliche Aufgaben von Schulen über Gefängnisse bis hin zum Militär werden in großem Stil outgesourct; Investmentbanker und Konzernchefs fungieren als Minister und Staatssekretäre; auch wenn sie die entsprechenden Fonds nicht selbst verwalten oder anlegen, sind Staaten doch Eigentümer unvorstellbar großer Mengen an Finanzkapital; und vor allem ist die Staatsmacht über ihre Steuer-, Umwelt-, Energie-, Arbeits-, Sozial-, Finanz- und Wirtschaftspolitik sowie einen endlosen Strom direkter Unterstützungen und Rettungsprogramme für sämtliche Bereiche des Kapitals ganz unverhohlen in das Projekt der Kapitalakkumulation eingespannt. Die breite Masse, der Demos, kann die meisten dieser Entwicklungen nicht verstehen oder nachvollziehen, geschweige denn bekämpfen und ihnen andere Ziele gegenüberstellen.«

Dieses Prinzip der scheinbaren Alternativlosigkeit ist das Kennzeichen der neoliberalen Ideologie. *There Is No Alternative*, »*Tina*«, das war ein geflügeltes Wort unter Margaret Thatcher. Aber das war immer eine Lüge. Natürlich gibt es eine Alternative: Die Entmachtung des Ökonomischen und die Selbstermächtigung des Politischen.

Aber wer kümmert sich darum? Wer hilft dem Politischen auf die Beine? Die Politiker? Die Bürger?

Jürgen Habermas, Julian Nida-Rümelin und Peter Bofinger

setzen auf die Politiker. SPD-Chef Sigmar Gabriel hatte die drei im Sommer 2012 als philosophische Ausrufezeichen angeheuert, sie sollten dem siechenden sozialdemokratischen Selbstverständnis neues Leben einhauchen. Sie haben ihre Arbeit gut gemacht. Sie lieferten eine schonungslose Analyse: »Zum ersten Mal in der Geschichte des Kapitalismus konnte eine vom avanciertesten Sektor, den Banken, ausgelöste Krise nur noch in der Weise aufgefangen werden, dass die Regierungen ihre Bürger in der Rolle von Steuerzahlern für den eingetretenen Schaden aufkommen lassen.« Sie gaben einen glasklaren Ausblick: »Nur für ein politisch geeintes Kerneuropa besteht die Aussicht, den inzwischen fortgeschrittenen Prozess der Umwandlung der sozialstaatlichen Bürgerdemokratie in eine marktkonforme Fassadendemokratie umkehren zu können.« Und sie stellten eine knallharte Forderung: die »Selbstermächtigung der Politik«.

Diese Männer sind nicht nur Philosophen, sie sind Optimisten. Soll man ebenjene Politiker, die am Bau der Fassade mitgewirkt haben, jetzt mit ihrem Abriss betrauen? Die Publizistin Daniela Dahn schreibt: »Das würde bedeuten, sie müssten all das, was sie uns jahrelang als alternativlos untergeschoben haben, rückgängig machen, und das mindestens europaweit.« Wer will das glauben? Daniela Dahn hat recht: »Das Primat der Politik kann nur über die Selbstermächtigung der Bürger zurückerobert werden.«

Jetzt müsste man nur noch klären, wie das zu machen ist.

06 ERSTES ZWISCHENSPIEL
EIN GESPRÄCH MIT OSKAR NEGT
»WIR MÜSSEN UNS ERINNERN«

OSKAR NEGT IST SOZIALPHILOSOPH IN HANNOVER.

JAKOB AUGSTEIN: *Sie haben einmal gesagt, dass heute Fragen für Sie wichtiger sind als Antworten. Wie meinen Sie das?*

OSKAR NEGT: Wir leben in einer Zeit, in der sich die Gehirne wieder öffnen müssen. Dafür sind die Fragen wichtiger als die Antworten. Es ist eine krisenhafte Zeit. Aber es ist nicht damit getan, den Leuten zu sagen: Wählt diese oder jene Partei, dann wird alles besser. Wir müssen den begrifflichen Horizont erweitern.

A: *Unterscheidet sich denn unsere Gegenwart von vergangenen Gegenwarten?*

N: Ganze Gesellschaftsordnungen sind zusammengebrochen, ohne dass ein Schuss fiel. Das hat es so bislang nicht gegeben. Der Fall der Mauer war ein unerhörter Freiheitsgewinn. Und gleichzeitig begann damit der Abbau des Sozialstaates. Es begann eine neue Phase, in der der Mensch wirklich zum Anhängsel des Marktes wurde. Die Sowjetunion war nun wirklich nicht das sozialistische Land, das man sich nach den Regeln der Marxschen Theorie wünschen würde. Aber es war eine Abgrenzungsrealität.

A: *Welche Funktion hat der Philosoph, der Sozialwissenschaftler in diesem Prozess?*

N: Der Sozialwissenschaftler – oder der politische Intellektuelle, als der ich mich verstehe – hat die Aufgabe, die Verhältnisse zu entmischen. Entmischung ist ein wesentliches Mittel aufklärerischen Denkens und hat etwas mit Urteilskraft zu tun. Die Stärkung politischer Urteilskraft ist für mich eine zentrale Aufgabe des politischen Intellektuellen. Ich glaube nicht, dass Theorie die Aufgabe hat, in Praxis umgesetzt zu werden. Da gibt es sehr viele Irrtümer. Als die Intellektuellen, die in Paris studiert hatten, nach Kambodscha gingen, um dort ihre Theorie umzusetzen, hatte das schlimme Folgen.

A: *Sie haben in Ihrem Buch »Der politische Mensch« die nüchternen Erfahrungen beschrieben, die frühe Politikberater gemacht haben. Plato wurde auf dem Sklavenmarkt freigekauft, Sokrates wurde umgebracht. Sie waren Bundeskanzler Gerhard Schröder sehr nahe und haben ihn trotzdem nicht von den Hartz-Gesetzen abhalten können. Kann der Gelehrte der Politik nicht helfen?*

N: Immerhin landet man heute nicht unbedingt auf dem Sklavenmarkt, wenn die Vorstellung von Potentaten, wie sie sich die Welt vorstellen, nicht umgesetzt wird. Henry Kissinger, einst Sicherheitsberater von Richard Nixon, hat einmal gesagt, das Wichtigste war, den Beratungswunsch überhaupt herzustellen. Je mächtiger die Leute sind, desto stärker verändert sich auf die Dauer die Beratung in eine Art Festveranstaltung.

A: *Der Philosoph als Narr?*

N: Die Mächtigen sind stolz auf die Namen, die sie präsentieren können. Ich kenne keinen Intellektuellen, der nicht auch praktisch sein möchte. Ludwig Marcuse hat in einer Schrift über den Tyrannen Dionysos, der Plato nach Syrakus einlud, geschrieben, das Problem sei nicht, dass dieses Experiment gescheitert ist, sondern das Problem sei, dass so etwas in unserer Zeit zu wenig versucht werde. Nicht immer ist das Gelingen das Entscheidende, sondern gerade das Unterlassen des Versuchs. Das hat etwas zu tun mit der Verkümmerung des überschreitenden Denkens. Adorno hat einmal gesagt, wer nicht weiß, was über die Dinge hinausgeht, der weiß auch nicht, was sie sind. Und ja, Sie haben recht, die guten Motive der Hartz-IV-Reform will ich gar nicht in Frage stellen. Was daraus geworden ist, ist eine absolute Katastrophe.

A: *In Ihrem Buch zitieren Sie dazu Ciceros Wort von der »res publica amissa«, der vernachlässigten, der verlorenen Demokratie. Eine Ordnung, in der die genuinen Demokraten immer weniger werden, sagen Sie. Eine vergleichbare Vernachlässigung habe zum Untergang der Weimarer Republik geführt. Ist die Lage so ernst?*

N: Die Lage könnte ernster sein. Aber sie wird ernster werden, wenn wir die sich immer weiter ausbreitende Spaltung der Wirklichkeit nicht wahrnehmen. Auf den ersten Blick sieht es so aus, als ob alles mit rechten Dingen zugeht. Es gibt da diese komischen Kapriolen des Rechtssystems: Ein Arbeitsrichter bestätigt die Kündigung eines Mitarbeiters, weil er eine Maultasche gegessen, aber nicht bezahlt hat. Die oberste Instanz kassiert es dann wieder. Da könnte man denken, die Dinge seien in Ordnung. Aber ich glaube, dass hier eine grandiose, auch durch die mediale Welt zementierte Täuschung über die Stabilität des Systems vorliegt.

A: *Ist das Problem eines der falschen Adressierung? Wissen die Leute nicht mehr, wer ihre Interessen vertritt?*

N: Cicero bezieht sich auf die Lage in der Römischen Republik: Da werden im Senat Reden gehalten. Aber wenn Caesar kommt, schweigen alle. Das war am Ende tödlich für ihn. Der Opposition blieb nur das Schweigen. Am Ende hatte Caesar 23 Messerstiche im Körper. Unterhalb der sichtbaren Wirklichkeitsebene hatte sich etwas anderes gebildet, nämlich das Prinzipat.

Am Stuttgarter Bahnhof gibt es einen Zaun, der davon abhalten soll, den Abriss zu behindern. Er ist bedeckt von tausenden Parolen. Da können Sie sehen, wie die offizielle Politik an den Bedürfnissen der Menschen vorbeiagiert. Der Zaun soll jetzt in ein Museum kommen. Das finde ich gut. Denn unsere Kinder müssen wissen, was schiefgelaufen ist in der Demokratie.

A: *Ist dieser Protest ein Anzeichen für die Rückkehr des politischen Menschen?*

N: Es ist ein Signal. Aber nicht in der Größenordnung von Kant, der die Französische Revolution ein Geschichtszeichen nannte.

A: *Sie verstärken immer weiter den Eindruck, als befänden wir uns an einem Vorabend der Revolution. In Ihrem Buch zitieren Sie Hegels Wort vom Umschlagen des Quantitativen ins Qualitative. Sind wir an einem solchen Umschlagpunkt des Systems?*

N: In der Nähe davon. Aber die Subjekte sind daran höchst beteiligt. Ob etwas umschlägt, liegt an den Menschen selbst. Ich bin da ganz optimistisch. Hegel sagt, die Eule der Minerva beginnt ihren Flug erst bei Beginn der Dämmerung. Aber warum soll sie sich nicht auch mal zur Morgenröte auf den Weg machen?

A: *Eulen machen das nicht.*

N: Aber die Menschen könnten das machen.

A: *Sie sagen, der Kapitalismus wolle den Menschen von seinen Wurzeln entfernen, weil sie ihm Kraft zum Widerstand geben. Warum können wir uns im Kampf gegen dieses System nicht auf die Konservativen verlassen, die ein Interesse an diesen Wurzeln haben?*

N: Die Konservativen sind in der Regel keine genuinen Demokraten. Allerdings kann man mit Konservativen häufig besser zusammenarbeiten als mit Sozialdemokraten. Das liegt daran, dass die SPD dieses Modernisierungsfanal im Kopf hat.

Modernisierung bedeutet da zu oft das Eingehen auf die wirtschaftlichen Imperative.

Diese neue Form des Kapitalismus ist auf die Zerstörung von Bindungen gerichtet. Leute, die keine Bindungen mehr an ihre Arbeit haben, sind leichter zu manipulieren als diejenigen, denen das wichtig ist. Deshalb ist es eines der Kernelemente der katastrophalen neoliberalen Ökonomie, Bindungslosigkeit herzustellen.

Wobei »neoliberal« ein falscher Ausdruck ist. Denn diese Liberalen können sich nicht auf die Tradition des Liberalismus berufen. Adam Smith, David Ricardo, John Stuart Mill, das waren ja Liberale, bei denen die Marktgesetze eingebettet sind in Traditionen, Regelungen, Imperative. Smith war Professor für Ethik. Die Neoliberalen unserer Zeit haben gar keine Tradition. Es gibt keinen klassischen Ökonomen, der je behauptet hätte, der Markt reguliere den Zusammenhalt menschlicher Ordnung. Nicht die politische Ökonomie ist zur Leitwissenschaft geworden, sondern die Betriebswirtschaft.

A: *Geht mit diesem neuen Denken nicht auch ein unerhörter Freiheitsgewinn einher, ein Gefühl der Befreiung von den sozialen Zwängen, die die Menschen früher im Griff hatten?*

N: Ja. Anders ist die Wirksamkeit dieses Liberalismus nicht zu erklären. Es gibt da ein großes Freiheitsversprechen. Der unternehmerische Mensch wird zum Idealbild erkoren. Wir alle auf Augenhöhe mit Ackermann! Ganz im Sinne von Schumpeter, der ja sagt, Unternehmer ist nicht nur der, der Kapital hat, sondern jeder, der mit seiner Arbeitskraft etwas anfängt.

Die Begriffe, die am Grund unserer Vorstellungen liegen, sind da umgeprägt worden: Das »Ich« ist der Götze, und das »Öffentliche« ist das Schlechte.

Die Totalisierung der Individualisierungsschübe führt dazu, dass das Gemeinwesen immer mehr verblasst. Aber die

Leute lernen langsam wieder, dass sie sich selbst beschädigen, wenn sie das Gemeinwesen beschädigen.

A: *Sie haben einmal einen offenen Brief an den damaligen Siemens-Chef Heinrich von Pierer geschrieben. Er hatte 30 Millionen Euro Weihnachtsgratifikation an seine Vorstandsmitglieder verteilt und etwas später erklärt, es könnten aus Kostengründen nicht alle Konzernabteilungen in Deutschland gehalten werden. Als normal empfindender Mensch sieht man hier ein moralisches Problem.*

N: Pierer hält sich für den besten Konzernchef überhaupt, moralisch vollkommen integer. Er hat nicht das geringste Schuldbewusstsein. Leute wie er leben in einer eigenen Welt. Eine Bonuszahlung von einer Million ist da niedrig.

A: *Warum hält sich die Empörung darüber am Ende dann doch in Grenzen?*

N: Die Menschen sehen keine Alternative. Da spielt auch die innere Zerfaserung der Arbeiterbewegung eine Rolle. Ich bin betrübt, dass die Gewerkschaften keine interessante Konzeption der Gesellschaft anbieten. Erst wenn solche Alternativen sichtbar werden, werden Krisen- zu Erkenntniszeiten. Alexander Kluge und ich, wir haben ein Lieblingstier: Das ist der Maulwurf. Wegen seiner Arbeitsweise. Er erzeugt zwar keine Berge, aber immerhin Hügel, von denen aus man besser sehen kann.

A: *Sie schreiben:* »*Politische Moral bildet sich im Zustand der Empörung.*« *Empörung ist also notwendig, um politische Veränderung hervorzurufen. Sarrazins schlimmer Erfolg hat uns aber daran erinnert, dass Empörung etwas Regressives haben kann.*

N: Auch das hängt mit dem Gefühl der Alternativlosigkeit zusammen. Die Menschen haben sich daran gewöhnt, von Menschen erzeugte Umstände für naturgesetzlich zu halten. Sarrazins genetische Zitate gehen in die gleiche Richtung:

Gene sind naturgesetzlich, betriebswirtschaftliche Abläufe sind naturgesetzlich, wir können an alldem nichts ändern. In einer kulturellen Erosionskrise, wo sich alte Sicherheiten auflösen, können kulturelle Suchbewegungen entstehen, bei denen steinharter Kulturkonservatismus herauskommt. Ich spreche in diesem Zusammenhang von den politischen Schwarzmarktphantasien, die sich in verschiedene Richtungen entwickeln, nach links und nach rechts.

A: *War Thilo Sarrazin so eine Phantasie?*

N: Ja.

A: *Hätten die Parteien den politischen Raum besser verteidigen müssen?*

N: Sie werden ihn verteidigen müssen, wenn sie weiter existieren wollen.

A: *War nicht die Gründung der Linkspartei ein Versuch, das zu tun? Sie haben das seinerzeit sehr skeptisch beurteilt.*

N: Der SPD ist hier ein linker Flügel verlorengegangen. Am besten wäre es, der Flügel kehrte zurück. Die Erinnerung daran, was demokratischer Sozialismus ist, ist sehr wichtig. Es handelt sich da ja nicht um ein wissenschaftliches Projekt. Die Entwicklung des Sozialismus von der Utopie zur Wissenschaft war ein gefährlicher Irrweg.

A: *Sie sagen, der Begriff Sozialismus sei Ihnen im Grunde egal, es gehe Ihnen um die Sache. Aber wir brauchen doch solche Begriffe.*

N: Wir müssen die Begriffe wieder mit Inhalt füllen. Die Erinnerung an die Tradition des Protestes, die Tradition der sozialistischen Bewegung, die Tradition der Gewerkschaftsbewegung eröffnet Perspektiven in die Zukunft. Die Verbindung von Vergangenheitsverarbeitung und Zukunftsvisionen ist das wichtigste Element der politischen Bildung. Wir müssen uns erinnern.

TEIL 2 **REFLEX**

07 **ZYNISMUS**

Die Ministerin Ursula von der Leyen hat einmal im Fernsehen gesagt: »Es kann nicht sein, dass in unserem Land der Erfolg der Kinder in der Schule davon abhängt, was die Eltern für einen Bildungsstand haben.« Ihr gegenüber saß der Journalist Michael Spreng, der das sogleich als die »Standardrede« der Ministerin bezeichnete, »bei der Sie immer die Kinder in den Vordergrund schieben«. Von der Leyen erwiderte mit vor Zorn zitternder Stimme und entsprechend brüchiger Grammatik: »Welch ein Hohn und Spott von Ihnen zu hören über die Kinder! Wenn Sie das als Standardrede empfinden!« Worauf Spreng wie entgeistert erwiderte: »Das ist ja noch heuchlerischer, was Sie jetzt machen!«

Von der Leyen ist Ministerin der CDU. Diese Partei hat seit Bestehen der Bundesrepublik die längste Zeit im Land regiert. Sie hatte nicht wenig Gelegenheit, Deutschlands traurigem Ruf, die undurchdringlichste Klassengesellschaft des Westens zu sein, ein Ende zu setzen. Will nun ausgerechnet sie Gerechtigkeit für die Kinder?

Michael Spreng ist Fachmann für öffentliche Beziehungen. Das bedeutet PR, ja er war Chefredakteur der »Bild am Sonntag« und Berater von Edmund Stoiber. Wundert nun ausgerechnet er sich über die wahren Absichten der Ministerin? Wer ist der Zyniker? Der die Intentionen solcher Aussagen anzweifelt? Oder der sie tätigt? Oder beide?

Am Anfang seiner »Kritik der zynischen Vernunft« hat Peter Sloterdijk über die »den Philosophen ins Leere schickende Lage« geschrieben, »in der Lügner Lügner Lügner nennen«. Das erleben nicht nur Philosophen, sondern auch Wähler oder Journalisten. Dabei wird in der Politik vermutlich gar nicht so viel gelogen. Die Lüge hat kurze Beine, sie trägt nicht weit. Es ist für einen Politiker nach wie vor nicht gerade hilfreich, bei einer Lüge ertappt zu werden. Aber der große Bruder der Lüge ist der Zynismus. Lügner sagen Dinge, die nicht stimmen. Zyniker sagen Dinge, die sie nicht glauben. Es ist ein Kennzeichen unserer Politik, dass Zyniker Zyniker Zyniker nennen.

Wir trauen dem Fachpersonal inzwischen zu, dass es öffentlich Amoralität vorlebt. Aber ohne Moral kann die Demokratie nicht überleben. Der Zyniker braucht sein Gegenüber. Er selber erzeugt nichts. Die Werte, an die er nicht mehr glaubt, wurden von anderen geschaffen. Gekonnte Verwaltung allein macht noch keine Zivilgesellschaft aus. Ohne ein Mindestmaß an Glaubwürdigkeit in der Politik gehen der Demokratie die Demokraten aus. Es bleiben statt Citoyens nur mehr Verwaltungsbürger, die ihrem Zynismus noch freieren Lauf lassen als die Politiker.

Wir beobachten, wie mit der sozialen Armut auch die emotionale voranschreitet. Das Gefühlsprekariat wächst. Auch hier versagt der Sozialstaat. Für die Arbeitslosen im unteren Viertel der Gesellschaft gibt es wenigstens Hartz IV. Für die Emotionslosen im oberen Viertel nicht mal das. Die Leute, denen Verantwortung und Empfindung abhandengekommen sind, sammeln sich in den einschlägigen Kältestuben, etwa des Internets, und schimpfen dort auf die »Gutmenschen«, also jene, die noch nicht alle Hoffnung haben fahren lassen. Sie kleben sich »Eure Armut kotzt mich an« auf die Stoßstangen ihrer Autos, um sich vor den moralischen Kollisionen im ruppiger werdenden sozialen Verkehr zu schützen.

Währenddessen streiten die Experten über Hartz IV: Kein Geld mehr für Zigaretten und Alkohol. Stattdessen ein paar Euro mehr für Mineralwasser. Klassenfahrten und Schulmaterial, Musik und Freizeit – alles im Einzelfall zu überprüfen und zu genehmigen von den Mitarbeitern jener Behörden, die Jobcenter heißen, die aber für Millionen von Menschen längst zu zentralen Stellen der allgemeinen Existenzverwaltung geworden sind. Adresse für alle Wünsche und – in zunehmendem Maße – für Klagen. Deren Zahl nimmt zu. Denn dieser Sozialstaat macht ja die Nehmenden ebenso wenig glücklich wie die Gebenden. Seit 2005 mehr als eine halbe Million Klagen und mehr als vier Millionen Widerspruchsverfahren: Vor Gericht wird endlos um die zahllosen Irrigkeiten des Sozialgesetzbuches gestritten, über Fragen wie jene, warum der Staat zwar das Gas zum Heizen zahlt, aber nicht das Gas zum Kochen. Die Anwälte leben ganz gut davon, die Bedürftigen gewinnen dabei an Geld zumeist nicht viel. Aber vielleicht an Würde. Denn diese Fülle an Hartz-IV-Klagen muss man auch als Versuch der Wiederaneignung von Würde verstehen.

In unserem rechtsförmigen System kann eine Klage vor Gericht eine Form des Protests sein, zumal eine Klage gegen den Staat als gebenden und vorenthaltenden Vater. Und Hartz IV ist eine einzige große Entwürdigung. Hartz IV – der CDU-Wirtschaftspolitiker Kurt Lauk hat das bittere Wort von der »arbeitsmarktpolitischen Stilllegungsprämie« gebraucht – entfremdet seine Empfänger vom Leben in normaler Arbeit und macht aus ihnen Überlebensexperten im Dschungel der Regeln und Ausnahmen für Bedarfsgemeinschaften, Überbrückungsgelder und Regelsatzverordnungen. Aber nicht, weil sie faul sind oder ungelernt oder ausgebrannt. Sondern weil Vater Sozialstaat seine Kinder so erzieht, dass sie im System funktionieren.

Es gehört zu den permanenten Perversionen unseres Wirtschaftssystems, dass es Menschen hervorbringt, die die Politökonomen »Surplusbevölkerung« nennen, die von der Teilhabe am wirtschaftlichen Leben auf lange Zeit, vielleicht für immer, ausgeschlossen bleiben. Und es gehört zu den jüngeren Perversionen unseres Öffentlichkeitssystems, dass jetzt ein lange schwelender Unmut gegen diese Surplusbevölkerung aufbricht.

Die Empfangenden im Sozialstaat klagen sich ihre Wut vor Gericht von der Seele. Aber auch die Wut der Gebenden findet ihre Kanäle. Im Juni 2009 veröffentlichte Peter Sloterdijk in der »Frankfurter Allgemeinen« seinen Essay über »Die Revolution der gebenden Hand«. Der Erfolg war phänomenal. Sloterdijk lieferte zur rechten Zeit die rechten Argumente und gab all jenen eine Stimme und die dazu passenden Worte, die, wie er selbst, der Auffassung sind, es müsse nun langsam mal gut sein – ganz grundsätzlich, aus bürgerlicher Sicht, mit einer ganzen Menge von Dingen: mit dem Zahlen von Steuern zum Beispiel, mit der Kritik am Kapitalismus und mit dem schlechten Gewissen angesichts zunehmender sozialer Ungleichheit, das selbst bei hartgesottenen Besitzbürgern nach 30 Jahren Neoliberalismus noch immer nicht vollständig abgestumpft ist.

Sloterdijks Text war eine Erinnerung daran, dass das Wort »bürgerlich« im Deutschen zwei Bedeutungen zur gleichen Zeit hat, die eigentlich in unterschiedliche Richtungen weisen: den Citoyen als Staatsbürger und den Bourgeois als Besitzbürger. Es ist keine Frage, an wen sich Sloterdijk wandte.

»Kapitalismus«, das Wort schreibt Sloterdijk nur in Anführungszeichen, so wie der Springer Verlag es einst mit der DDR gehalten hat. Damit so ein Wort bloß nicht in den Bereich des Üblichen eintritt, sondern bei jeder Verwendung gleichsam sofort wieder gelöscht werde. Es war die hohe Zeit der Krise. Genau der Moment, da den Menschen die Realität von Kapital und Kapitalismus deutlich wurde und sie darum auch wieder begannen, sich der richtigen Begriffe zu bedienen, die aber lange verpönt waren. Dem begegnete Sloterdijk, indem er die Worte durch ihren Gebrauch sogleich negierte. Welchen besseren Weg gibt es, der Kapitalismuskritik vorzubeugen, als den Versuch zu unternehmen, ihr das Wort vom Kapitalismus zu entziehen?

Mit dem »FAZ«-Artikel begann ein kleiner philosophischer Grundkurs im gepflegten Egoismus, der danach noch in »Cicero« und »Zeit« fortgesetzt wurde, den anderen Zentralorganen des Besitzbürgertums. Sloterdijk baut dem ins Feuer geratenen Kapitalismus, der so nicht heißen darf, eine argumentative Brandmauer und klopft den Begünstigten der vergangenen Jahre beruhigend auf die Schulter: Sie sollen nur ruhig weiter ihren Geschäften nachgehen, den Segen des Philosophen haben sie!

Sloterdijk betätigt sich als argumentativer Falschmünzer: Er jubelt seinen Gegnern ein selbstverfertigtes Argument unter, hält es ihnen als wertlos vor und begründet damit die Wahrheit des eigenen, gegenteiligen Standpunkts. Das war brillant und lustig zu lesen. Aber es war eben auch großer Unfug.

Sloterdijk hatte 1983 geschrieben: »Zynismus, als aufgeklärtes falsches Bewusstsein, ist eine hartgesotten-zwielichtige Klugheit geworden, die den Mut von sich abgespalten hat, alle Positivitäten a priori für Betrug hält und darauf aus ist, sich nur irgendwie durchzubringen« – das war seine berühmte Zynismusdefinition, mit der auch er berühmt wurde. Damals wandte er sich gegen ein Denken, das sich unter dem Deckmantel des Realismus mit der allzeit möglichen atomaren Auslöschung der Menschheit arrangiert zu haben schien. Knapp 30 Jahre später zeigte sich, dass Sloterdijk, was den Zynismus angeht, die Seiten gewechselt hatte. Inzwischen wirft er sich für ein Denken in die Bresche, das sich – wiederum unter dem Deckmantel des Realismus – mit der überall gegenwärtigen

Ausbeutung des Menschen durch den Menschen arrangiert hat.

Das Problem an Sloterdijks Idee, Steuern durch freiwillige Gaben abzulösen, war: Er meinte sie ernst. Er beharrte auch unter dem Feuer der Kritik auf seinem Gedanken an eine »Steuerreform aus dem Geist des Gebens«. Es war Axel Honneth zu danken, den Sloterdijk als »Nachfahren der erloschenen Frankfurter Schule« verspottete, diesen gefährlichen Unsinn als das entlarvt zu haben, was er war: »Klassenkampf von oben.«

Dazu gehört ein entsprechend revolutionäres Gedankenprojekt. Sloterdijk war auf die Idee gekommen, dass tatsächlich eine Ausbeutung stattfindet. Aber, und das ist wirklich mal was Neues, die Armen sind die Ausbeuter: »An der neuen politischen Front stoßen zwei finanzpolitische Großgruppen aufeinander: hier die Transfermassengeber, die aufgrund von unhintergehbaren Steuerpflichten die Kassen füllen, dort die Transfermassennehmer, die aufgrund von festgelegten Rechtsansprüchen die Kassen leeren.« Sloterdijk hat nämlich festgestellt, dass die »voll ausgebauten Steuerstaaten« jedes Jahr »die Hälfte aller Wirtschaftserfolge ihrer produktiven Schichten für den Fiskus« reklamieren, »ohne dass die Betroffenen zu der plausibelsten Reaktion darauf, dem antifiskalischen Bürgerkrieg, ihre Zuflucht nehmen«. Ein solcher Bürgerkrieg – man erinnert sich auch an den Aufruf Arnulf Barings aus dem Jahr 2002: »Bürger auf die Barrikaden« – wäre nach dieser Lesart also durchaus gerechtfertigt. Der Staat kann froh sein, dass es noch nicht dazu gekommen ist. Wenn die Bürger darauf verzichten, haben sie gewissermaßen einen gut. Sie haben ein moralisches Plus gegenüber diesem Steuerstaat, dem sie ihr Geld in den Rachen werfen. Und schon sowieso gegenüber jenen, denen dieses Geld dann zugutekommt.

Es versteht sich da fast von selbst, dass Sloterdijk feststellt: »Wir leben gegenwärtig ja keineswegs ›im Kapitalismus‹ – wie eine so gedankenlose wie hysterische Rhetorik neuerdings wieder suggeriert –, sondern in einer Ordnung der Dinge, die man cum grano salis als einen massenmedial animierten, steuerstaatlich zugreifenden Semi-Sozialismus auf eigentumswirtschaftlicher Grundlage definieren muss.«

Da jubelt der Leistungsträger. Ein staatlich anerkannter Philosoph – davon gibt es auf der Rechten ja nicht so viele – attestiert dem Wutbürger ein Recht auf ein gutes Gewissen, das ihm im sozialdemokratischen Zeitalter genommen worden war. Nur damit keine Missverständnisse aufkommen: Der letzte sozialdemokratische Kanzler hieß Helmut Kohl. Und der erste Kanzler des postsozialdemokratischen Zeitalters war Gerhard Schröder. Sloterdijk sagt, unter Kohl sei »ein einzigartiges psychopolitisches Syndrom entstanden«, das er die »deutsche Lethargokratie« nennt: »Da rutschte jeder jeden Buckel runter, der abwärts ins Wahrscheinlichere führt, immer entropisch munter hinunter ins Allzumenschliche, der sozialen Endformel entgegen: Urlaub, Umverteilung, Adipositas.«

Jeder ist für seine Worte verantwortlich, und Anspruch auf Dispens für intellektuelle Koketterie gibt es nicht. Sloterdijk wählte für sich selbst in seinen Aufsätzen die Rolle eines neuen Nietzsche. Er redet einer »Thymotisierung« des Kapitalismus das Wort. Also einer Neugründung in Stolz und Mut. Aber Sloterdijk ist kein Nietzsche, und über den moralischen Spielraum des neunzehnten Jahrhunderts verfügen wir Heutigen nicht mehr. Wir kennen den Weg, den die Abwertung des Schwachen nehmen kann. Und darum handelt es sich ja bei Sloterdijks Rehabilitierung des Egoismus: um eine große Sehnsucht nach kühler Stärke und einen großen Ekel im Angesicht des Schwachen. Die konservativen Intellektuellen und die besser als durchschnittlich gebildeten Bürgersleut hatten bestellt, und Sloterdijk als Lieferant für feinsinniges Ressentiment war der Bestellung nachgekommen.

Aber auch die Kunden fürs eher Grobschlächtige kamen in dieser Ära der besitzbürgerlichen Regierung auf ihre Kosten. Ihnen half Thilo Sarrazin aus der argumentativen Versorgungslücke. Sarrazin, Finanzpolitiker, Bundesbanker, SPD-Mitglied, gab im Herbst 2009 der Zeitschrift »Lettre International« ein inzwischen legendäres Interview zur Lage der Stadt Berlin. Es war ein chronologischer, aber durchaus kein inhaltlicher Zufall, dass Angela Merkel zur selben Zeit zum zweiten Mal zur Kanzlerin gewählt wurde. Das Interview wurde zum Wendepunkt der öffentlichen Debatte – und auch für Sarrazins Leben. Sarrazin wurde zum bösen Geist der sozialen Kälte. Zuerst genoss er es, dann entglitt es ihm, und am Ende hatte er Ruf und Ämter verloren. Aber zuvor hatte er noch mit seinem düsteren Bestseller »Deutschland schafft sich ab« abkassiert.

Sloterdijk baute den Bannerträgern der sozialen Verachtung kunstvoll-hochragende philosophische Brücken, während Sarrazin ihnen den Boulevard pflasterte und sich dabei als Meister des Zynismus und der zweifelhaften Zahlen zeigte.

Er hatte nie einen Hehl daraus gemacht, mit welch gleichgültigem Blick er Welt und Menschen sah. Anfang 2008, als er noch Berliner Finanzsenator war, hatte er mit einem Hartz-IV-Menü von sich reden gemacht. Der Senator hatte den Ärmsten der Armen ein paar schlechtgemeinte Ratschläge zur billigen Ernährung gegeben: »Man kann sich vom Transfereinkommen vollständig, gesund und wertstoffreich ernähren«, sagte Sarrazin damals. Er hatte Mitarbeiter seines Ministeriums in einen Supermarkt geschickt, und sie waren mit diesen Informationen zurückgekehrt:

FRÜHSTÜCK: 2 Brötchen, 30 Cent; 25 Gramm Marmelade, 6 Cent; 20 Gramm Butter, 10 Cent; 1 Scheibe Käse, 25 Cent; 1 Apfel, 24 Cent; 1 Glas Saft, 200 ml, 30 Cent; 2 Tassen Tee, 10 Cent.
MITTAGESSEN: Spaghetti Bolognese, 100 Gramm Hack, 38 Cent; 125 Gramm Spaghetti, 15 Cent; 200 Gramm Tomatensauce, 40 Cent; div. Gewürze, Öl, 10 Cent.
SNACK: 1 Kaffee, 5 Cent; 1 Joghurt, 35 Cent
ABENDESSEN: ½ Gurke, 30 Cent; 130 Gramm Leberkäse, 56 Cent; 200 Gramm Kartoffelsalat, 34 Cent.

Das machte eine Summe von 3,98 Euro und blieb damit noch unter dem damals gültigen Regelsatz, der für einen Erwachsenen ein Ernährungsbudget in Höhe von 4,25 Euro vorsah. Pro Tag. 128 Euro im Monat.

Es ist das eine, wenn die Finanzverwaltung einer Stadt, eines Bundeslandes, Berechnungen über die soziale Lage ihrer Bedürftigen und über ihren eigenen Haushalt anstellt. Und es ist etwas anderes, wenn ein Politiker aus frivoler Freude an der Provokation seine statistischen Späße auf dem Rücken der Ärmsten treibt. Das war bei Sarrazin der Fall. »Ich persönlich habe natürlich auch Freude daran, mich hie und da so klar und deutlich auszudrücken«, sagte er der »Welt«, als die öffentliche Wut über sein Hartz-IV-Menü über ihn hereinbrach.

Der CDU-Politiker Heiner Geißler reagierte richtig. Er rechnete dem Zahlenfetischisten Sarrazin vor, was sein Ernährungsplan in Wahrheit bedeuten würde. Geißler zählte mal durch, wie viel Kalorien auf Sarrazins Essensplan stünden: »Mit dieser vom Finanzsenator als ausreichend befundenen Kalorienmenge von durchschnittlich 1550 kcal täglich leiden selbst die untätigsten Arbeitslosen nach vier Wochen an Unterernährung. Nach den Referenzwerten der Deutschen

Gesellschaft für Ernährung beträgt die notwendige Energiezufuhr für Männer zwischen 25 und 50 Jahren bei ausschließlich sitzender Tätigkeit schon 2400 kcal; läuft der betreffende Mensch noch herum, z. B. zur Jobagentur, braucht er leicht über 3000 kcal.« Geißler sagte, Sarrazins Rechnung sei eine Frechheit.

Aber das war erst der Anfang des entsicherten Senators.

Sein Berlininterview war eine Ausweitung der Kampfzone. Sarrazin gab dem Ressentiment ein Gesicht, einen Namen und einen Hauch von Reputation. Der »Lettre«-Chefredakteur Frank Berberich fragte ihn: »Welchen Traum hätten Sie von Berlin?« Und Sarrazin überraschte durch eine unerwartete Inversion: Er antwortete nicht in den Stereotypen von digitaler Bohème, kreativem Lebevolk und machtnüchternen Politprofessionellen. Er setzte dagegen ein anderes Stereotyp, das sich sonst selten ins Licht der Öffentlichkeit traut: das Stereotyp des spießigen, antiintellektuellen, rassistischen Kleinbürgers. »Ich würde aus Berlin eine Stadt der Elite machen. Das würde voraussetzen, daß unsere Massenuniversitäten nicht weiterhin massenhaft Betriebs- oder Volkswirte, Germanisten, Soziologen ausbilden, sondern konsequent Qualität anstreben. Die Zahl der Studenten sollte gesenkt, und nur noch die Besten sollten aufgenommen werden. Dazu müssen wir die Universitäten von Massenbewältigung auf Qualität umtrimmen, das kostet Geld und Kapazität, aber es würde talentierte und hochmotivierte Studenten in die Stadt bringen. Das bedeutete, Ausgaben umzuschichten. Es gibt überhaupt keinen Grund dafür, daß Berlin die Ausbildungsstätte ganz Deutschlands bleiben muß. Berlin sollte für die Besten attraktiv sein, und da viele zu uns kommen wollen, gibt es auch einen Ansatzpunkt. Ich würde auch im Berliner Bildungssystem andere Akzente setzen. Die Schulen müssen von unten nach oben anders gestaltet werden.«

Zum Schulthema insbesondere hatte Sarrazin stets prononcierte Ansichten, da seine Ehefrau zu dieser Zeit noch als Lehrerin arbeitete. Ein Amt, das sie, die in ihrem Metier nicht weniger radikal war als ihr Mann in dem seinen, später verlor.

Jedenfalls kam Sarrazin jetzt überhaupt erst auf sein eigentliches Thema zu sprechen. Denn nicht faule Studenten – ein Topos, dem man lange nicht mehr begegnet war – interessierten ihn in Wahrheit, sondern:

»Dazu gehört, den Nichtleistungsträgern zu vermitteln, daß sie ebenso gerne woanders nichts leisten sollten. Ich würde einen völlig anderen Ton anschlagen und sagen: Jeder, der bei uns etwas kann und anstrebt, ist willkommen; der Rest sollte woanders hingehen. Wenn der Bürgermeister in zehn öffentlichen Reden über die Zukunft der Stadt philosophiert und in diesem Zusammenhang die akademischen Leistungen der Vietnamesen, Araber und Türken einmal öffentlich vergleicht, dann würde etwas geschehen. Dann würde klar, daß man eine Stadt der Elite möchte und nicht eine ›Hauptstadt der Transferleistungen‹. Dazu gehört auch, daß man bei der Wirtschaftsansiedlung anders vorgeht. Die Medien sind orientiert auf die soziale Problematik, aber türkische Wärmestuben können die Stadt nicht vorantreiben. An der Mentalität in der Stadt muß sich etwas ändern.«

Die sagenhafte, spukgleiche Geschichte des Erfolges, den Sarrazin ein Jahr später mit seinem Buch erzielte, ist im öffentlichen Bewusstsein noch ganz gegenwärtig. Aber man muss sich an diese Worte aus dem »Lettre«-Interview erinnern, die sich bald wie ein Lauffeuer verbreiteten und die schon einmal die Probe aufs Exempel machten: Was geht im deutschen Diskurs? Die Antwort: Eine Menge! Auf die Frage, wer verantwortlich sei, wenn die Integration von Einwanderern scheitere, sagte Sarrazin: »Integration ist eine Leistung dessen, der sich integriert. Jemanden, der nichts tut, muß ich auch nicht anerkennen. Ich muß niemanden anerkennen, der vom Staat lebt, diesen Staat ablehnt, für die Ausbildung seiner Kinder nicht vernünftig sorgt und ständig neue kleine Kopftuchmädchen produziert.« Wann zuvor hatte ein hoher Repräsentant der politischen und institutionellen Elite dieses Landes einen solchen Satz gesagt?

Erstaunlich war nicht der Zorn der Gerechten, der sich über dem Senator entlud. Erstaunlich war, wie viele Büchsenspanner eines neuen Sozialdarwinismus sich aus der Deckung wagten und plötzlich Morgenluft witterten. Allen voran Peter Sloterdijk, Sarrazins philosophisches Pendant. Er nahm das spießige Manifest des Senators geradezu zum Anlass seines Lobs der Leistungsträger, den er im Herbst 2009 in der Zeitschrift »Cicero« veröffentlichte und in dem er auf die heftige Kritik an seinem »FAZ«-Artikel reagierte. »Wir haben uns – unter dem Deckmantel der Redefreiheit und der unbehinderten Meinungsäußerung – in einem System der Unterwürfigkeit, besser gesagt: der organisierten sprachlichen und gedanklichen Feigheit eingerichtet, das praktisch das ganze soziale Feld von oben bis unten paralysiert. ... Denken wir an den entlarvenden Vorgang, der sich vor wenigen Wochen anlässlich einiger kantiger Formulierungen des ehemaligen Berliner Finanzsenators Thilo Sarrazin entwickelt hat: Weil er so unvorsichtig war, auf die unleugbar vorhandene Integrationsscheu gewisser türkischer und arabischer Milieus in Berlin hinzuweisen, ging die ganze Szene der deutschen Berufsempörer auf die Barrikaden, um ihm zu signalisieren: Solche Deutlichkeiten sind unerwünscht. Man möchte meinen, die deutsche Meinungs-Besitzer-Szene habe sich in einen Käfig voller Feiglinge verwandelt, die gegen jede Abweichung von den Käfigstandards keifen und hetzen.«

Man sieht schon: Sloterdijk schlüpfte sozusagen bei Sarrazin unter. Und beide warfen sich in die Positur der Rächer einer zu Unrecht unterdrückten Wahrheit. Das ist ein Anspruch, in dem man sich gemütlich einrichten kann. Tabus zerbrechen, die niemand aufgestellt hat, wie Sarrazin es mit seiner Migrantenhetze tat, Gedankenfreiheit einfordern, die niemand beschnitten hat, wie Sloterdijk es mit seiner Hymne auf die Leistenden ausprobierte. Das ist unter den Bedingungen des deutschen Diskurses eine ganz absurde Positur, wie wir später näher ausführen werden.

Sarrazins Buch »Deutschland schafft sich ab« wurde zur erschütternden Bewahrheitung der Prophezeiung des Soziologen Oskar Negt: »Im Inneren dieser Gesellschaft brodelt es, mit Ausbrüchen ist zu rechnen, in der Abwendung vom System entstehen politische Schwarzmarktphantasien.« Sarrazins Buch war so eine Phantasie, ein Zeichen dafür, dass die Wut der Habenden nicht weniger real ist als das Murren der Bedürftigen. Eine Warnung dafür, dass der Weg der Verachtung für unsere Demokratie bereits beschritten wird, dass die subjektive Orientierung breiter werdender Schichten und das öffentliche System staatlicher Institutionen mehr und mehr auseinanderdriften. Vorboten einer gebrochenen Gesellschaftsordnung, in der das Gefüge der Institutionen außen intakt erscheint, im Inneren aber schon ausgehöhlt ist.

Sarrazins Buch verkaufte sich über 1,5 Millionen Mal. Unter den Sachbüchern gehört es in Deutschland zu den erfolgreichsten überhaupt. Er schrieb das Buch in seiner Zeit als Mitglied des Vorstands der Deutschen Bundesbank. Wohl weil er unterbeschäftigt war. Jedenfalls erzählte er das so im Februar 2011: »Als Bundesbanker war die Arbeit der Woche nach eineinhalb Tagen dienstagmittags getan. Am Montag gibt man Anweisungen und bereitet sich ein bisschen vor, am Dienstagvormittag diskutiert man intelligent in der Vorstandssitzung mit und am Dienstagnachmittag fragt man sich, was man den Rest der Woche tun soll.« Sarrazin verdiente in dieser Zeit auf ein Jahr hochgerechnet gut 200 000 Euro. Da muss man an einen Satz aus seinem Buch denken: »Umgekehrt verursachen migrantische Gruppen mit unterdurchschnittlicher Erwerbsbeteiligung und überdurchschnittlicher Transferabhängigkeit fiskalisch mehr Kosten als Nutzen.«

Das Buch war einerseits ein wüster Zahlen- und Argumentationssalat. Und andererseits ein schlimmes rassistisches Machwerk. Denn am Ende lief es bei Sarrazin darauf hinaus, dass die Migranten zu wenig leisten und zu viele Kinder bekommen. Sarrazin redete in seinem Buch manchmal schlicht Unsinn, zum Beispiel wenn es um die Extrapolation der Bevölkerungsentwicklung ging: »... beim gegenwärtigen demographischen Trend wird Deutschland in 100 Jahren noch 25 Millionen, in 200 Jahren noch 8 Millionen und in 300 Jahren noch 3 Millionen Einwohner haben.« Niemand, der sich ernsthaft mit Demographie beschäftigt, würde auf die Idee kommen, solche Zeitreihen aufzustellen. Meistens aber trug er einfach sein rassistisches, spießbürgerlich-engstirniges Weltbild zur Schau: »Ich möchte nicht, dass das Land meiner Enkel und Urenkel zu großen Teilen muslimisch ist, dass dort über weite Strecken Türkisch und Arabisch gesprochen wird, die Frauen ein Kopftuch tragen und der Tagesrhythmus vom Ruf der Muezzine bestimmt wird. Wenn ich das erleben will, kann ich eine Urlaubsreise ins Morgenland buchen.«

Seine Behauptungen und Thesen, die sich oft genug in der Grauzone zwischen Fabel, Fakten und Fehlern bewegten, wurden von den Fachleuten zerpflückt. Vor allem die Berliner Sozialwissenschaftlerin Naika Foroutan war wortmächtig und wirksam in der Anti-Sarrazin-Exegese. Erschreckend war jedoch, wer Sarrazin bereitwillig ein Forum zur Verfügung stellte. »Spiegel« und »Bild« veröffentlichten Vorabdrucke des Buches. Und selbst als auch dem letzten Provokationsfreund schon jeder frivole Spaß angesichts des kruden Rassismus der Sarrazinschen Thesen hätte vergehen müssen, machte ihm die »Frankfurter Allgemeine Zeitung« noch eine ganze Seite frei, passenderweise zu Weihnachten.

Aber das war kein Versehen: Denn der bürgerliche Leser der »FAZ« verkörperte geradezu den typischen Sarrazin-Leser. Man konnte das besonders hübsch beobachten, als im Oktober 2010 ein Diskussionsabend mit Sarrazin in München abgehalten wurde. Das Münchner Literaturhaus hatte eingeladen, und weil so viele Leute kommen wollten, verlegte man die Veranstaltung in eine Reithalle. Der Chef des Literaturhauses, Reinhard Wittmann, sagte der »Süddeutschen Zeitung«: »Das war nicht die ungebildete Masse.« Und der »SZ«-Reporter Peter Fahrenholz bemerkte dazu: »Und doch ist der Abend gründlich schiefgegangen. Denn das gediegene Münchner Bürgertum hat sich schrecklich danebenbenommen.« Der damalige Chefredakteur des »Handelsblatts«, Gabor Steingart, und Armin Nassehi, Soziologieprofessor der Ludwig-Maximilians-Universität München, hatten die undankbare Aufgabe angenommen, mit Sarrazin ein kritisches Gespräch über Buch und Rezeption zu führen. Sarrazin verweigerte sich den Einwänden, und das Publikum bestärkte ihn darin, indem es sich als bürgerlicher Pöbel erwies, der seinen Volkstribun hinter einem Panzer aus aufgeheizter Stimmung vor jeder Kritik in Schutz nahm.

»In der Münchner Reithalle herrschte ein Hauch von Sportpalast«, schrieb der Journalist Fahrenholz: »Gut gekleidete Grauköpfe eiferten sich nicht nur, sie geiferten. ›Ich bin wirklich erschrocken gewesen‹, sagte Nassehi am Tag danach.

Nassehi ist ein geübter Diskutant und Vortragsredner, aber so etwas, bekennt er, ›habe ich noch nicht erlebt‹. Dabei haben sowohl Steingart als auch Nassehi Einwände gegen Sarrazins Buch vorgebracht, über die zu diskutieren gelohnt hätte. Steingart hielt Sarrazin neben den verquasten Passagen zum Thema Intelligenz vor allem den feindseligen Ton vor. ›So redet man nicht mit Menschen‹, sagte Steingart. Er jedenfalls habe sich nach der Lektüre den Kopftuchmädchen näher gefühlt als je zuvor. Für dieses Bekenntnis erntete der Journalist heftige Buh-Rufe.«

Am anderen Ende der Republik, in Potsdam, konnte man erleben, dass sich Sarrazins Jünger nicht einmal daran störten, selbst mit dem Bade seiner ressentimentgeladenen Logik ausgeschüttet zu werden. Es war ein Stück Realsatire, als Sarrazin auf einer Veranstaltung unter dem zustimmenden Gemurmel seines ostdeutschen Publikums seine These erläuterte, dass Ostdeutsche dümmer seien als Westdeutsche. Der Satiriker Martin Sonneborn hatte sich ins Publikum gemischt und war dann, als die Diskussion für Fragen geöffnet wurde, ans Mikrophon getreten: »Herr Sarrazin, Sie schreiben, dass Schwaben einen höheren Intelligenzquotienten als Uckermärker haben. Kann man daraus schlussfolgern, dass Ostdeutsche grundsätzlich dümmer sind als Westdeutsche?« Da kam nur ein leises Gemurmel im Saal auf, aber kein Protest, und Sarrazin antwortete ungerührt: »Nein, ich zitiere aus einer Untersuchung der Bundeswehr – sie macht Intelligenztests mit den Wehrpflichtigen, sie macht das seit Jahrzehnten und sie entdeckt ein Intelligenzgefälle. Es gibt ein Intelligenzhoch in Dresden und um Sachsen rum – es gibt Intelligenztiefs auch in Westdeutschland, die Wissenschaft rätselt daran rum. Man vermutet, dass es mit Wanderungsbewegungen zu tun hat. Wenn nämlich Intelligentere aus dem einen Gebiet abwandern, dann sinkt dort der Durchschnitt des Restes, und wenn sie in andere Gebiete zuwandern, dann steigt dort der Durchschnitt der Gesunden, äh, der Grundgesamtheit.«

Als öffentliche Figur war Sarrazin eine kuriose Erscheinung: eine Mischung aus Dieter Hallervorden und Ekel Alfred. In der SPD war Sarrazin gleichsam der Idiot der Familie. Er sagte die Sachen, die alle dachten, aber nicht aussprachen. Die SPD hat versucht, sich von Sarrazin zu befreien. Es ist ihr nicht gelungen. Das war ein Fehler. Sein pseudowissenschaftlicher Rechtspopulismus hatte mit Sozialdemokratie nichts zu tun. In ganz Europa werden rechte Ausländerfeinde und Europaskeptiker stärker. Deutschland steht das noch bevor. Mit Sarrazins Ausschluss hätte die SPD ein Zeichen gegen die neue Rechte gesetzt. Ihr fehlte dafür der Mut.

Sigmar Gabriel hatte sich im Sommer 2010 für einen Ausschluss ausgesprochen, das war richtig. Falsch war es, dass er seine Generalsekretärin Andrea Nahles dann mit der Sache allein gelassen hatte. Der Parteivorstand hatte den Ausschluss zunächst noch einhellig unterstützt. Aber dann drehte sich Nahles um und stellte fest: Keiner steht hinter ihr. Die Karrierepolitikerin schaltete schnell und nutzte die erstbeste Gelegenheit, aus der Sache auszusteigen. Sie verließ sich auf ein Gremium, von dem man sonst bundesweit eher wenig erfährt, die Kreisschiedskommission. Das war die unterste Ebene. Wenn einer für die gerechte Sache kämpft, sieht das anders aus. Dem Parteichef und seiner Generalin war die Causa Sarrazin nur noch lästig. Sie wollten das Thema aus dem Weg schaffen. Das war ein Fehler. Sie hätten die Würde und das Wesen der Partei schützen müssen.

Wäre Sarrazin irgendein Parteimitglied, der Aufwand eines Ausschlussverfahrens hätte sich nicht gelohnt. Aber das Wort eines ehemaligen Senators und Bundesbankers hatte besonderes Gewicht, und Sarrazin war damit leichtfertig umgegangen. Es wäre gleichgültig gewesen, was Sarrazin als Privatperson denkt. Daheim hätte der Politiker, den seine Tiraden das Amt bei der Bundesbank gekostet haben, mit seiner Ehefrau, deren autoritärer Unterrichtsstil sie um ihr Amt als Lehrerin brachte, über die Türken schwadronieren können, so viel er mochte. Aber als er seine ausländerfeindlichen Reden öffentlich führte, waren die Belange der Partei berührt.

Sarrazins Rassismusvariante ist in Deutschland begeistert aufgenommen worden. Ein Warnsignal, dass bei uns droht, was bei den Nachbarn bereits eingetreten ist. Umso wichtiger wäre eine entschlossene Reaktion der SPD gewesen. Und umso schlimmer, dass sie davor zurückgeschreckt ist. Der Satz aus dem Grundgesetz, dass die Parteien an der politischen Willensbildung mitwirken, ist keine Floskel. Parteien haben einen Erziehungsauftrag, einen Bildungsauftrag. Wenn die SPD auf dumpfes Ressentiment in den eigenen Reihen stößt, muss sie dagegen vorgehen und nicht davor in die Knie gehen.

Der Fall Sarrazin war kennzeichnend nicht nur für einen neuen zynischen, bürgerlichen Diskurs – sondern auch für das Wesen der SPD. Die Sozialdemokraten sitzen beständig einem Missverständnis auf. Wir werden dazu noch kommen: Die Partei will sozialdemokratisch sein und gleichzeitig in der Mitte stehen und ins Lager der CDU ausgreifen, alles aber bitte so, dass es niemandem weh tut. Die Genossen glauben, das sei das Wesen einer Volkspartei. Aber das ist ein Irrtum. Denn auch eine Volkspartei ist eine Partei. Die SPD müsste nicht dulden, wenn einer aus ihren Reihen die früheren deutschen Ostgebiete zurückerobern wollte. Und sie musste nicht dulden, dass einer aus ihren Reihen mit rassistischen Argumenten gegen Muslime hetzte.

Wofür gibt es Parteien? Was ist ihr Zweck? Warum gibt es

mehrere – und nicht nur eine einzige? Weil sich in einer Partei nur ein Teil findet und nicht das Ganze. Weil hier Leute zusammenkommen, die in wichtigen Fragen dieselbe Meinung haben und nicht die Meinung der anderen. Weil nicht alle Ansichten nebeneinander Platz finden können, sondern manche Ansichten gegeneinanderstehen. Jeder soll sagen, was er will. Aber nicht überall. Thilo Sarrazin aus der SPD auszuschließen wäre kein Verstoß gegen die Meinungsfreiheit gewesen, sondern ein Bekenntnis zu den eigenen Grundsätzen.

Hätte Sarrazin das besessen, was man früher einen Funken Anstand nannte, hätte er der SPD von sich aus den Rücken gekehrt. Wolfgang Clement hat das seinerzeit so getan und nachher gesagt: »Ich bleibe Sozialdemokrat ohne Parteibuch.« Bei Sarrazin war es umgekehrt.

Seit im Frühjahr 2013 die sogenannte »Alternative für Deutschland« gegründet wurde, gibt es auch in Deutschland eine Partei, die dem Rechtspopulismus eine politische Heimat geben könnte. Man mache sich nichts vor: Eine entsprechende Gesinnung ist in der Bevölkerung längst vorhanden. Es gibt Umfragen, die das belegen. Am anfälligsten zeigen sich die Wähler von Union und FDP – und die der Linkspartei. Besonders erschreckend, aber nicht überraschend: Ein Vierteljahrhundert nach der Wende stehen Ostdeutsche rechtspopulistischem Gedankengut offenbar deutlich näher als Westdeutsche.

Bei einer Umfrage des Forsa-Instituts stellte sich heraus: 70 Prozent der Befragten finden, Deutschland gibt zu viel Geld nach Europa. Knapp die Hälfte verlangt, dass die Zuwanderung nach Deutschland drastisch reduziert werden muss. 38 Prozent sind der Meinung, der Islam passe nicht zu unserem Lebensstil und sei eine Bedrohung unserer Werte. Und 30 Prozent fordern ein »unabhängiges Deutschland ohne den Euro, in das keine Europäische Union hineinregiert«. Es gibt allerdings erhebliche Unterschiede je nach Parteivorliebe: Die Wähler von Union, FDP und Linkspartei finden eher als Sozialdemokraten und Grüne, dass die Europäische Union Deutschland zu teuer zu stehen komme. Grüne und Liberale haben weniger gegen die Zuwanderung als die Anhänger der anderen Parteien. Unionswähler, Liberale und Linke haben am meisten Angst vor dem Islam. Und was die Ablehnung des Euro angeht, übertreffen die Anhänger der Linkspartei den Rest der Befragten bei weitem. Ähnlich sieht es aus, wenn man zwischen Ost- und Westdeutschen unterscheidet. Im Osten finden europaskeptische und antimuslimische Aussagen um mindestens ein Drittel mehr Zustimmung als im Westen.

Das bedeutet: Außer den Grünen sind alle deutschen Parteien mit dem rechten Virus infiziert. Da erklärt sich dann auch, warum die SPD auf den Ausschluss Sarrazins verzichtet hat: Angst vor den rechtspopulistischen Strömungen in der eigenen Partei. Allerdings war das für die SPD vielleicht überlebensnotwendig: Sarrazin hätte den Lafontaine von rechts machen können. Die Gründung einer rechtspopulistischen Partei hätte der SPD einen großen Teil des rechten Flügels abgeschlagen. Dann wäre aus der damaligen 23-Prozent-Partei SPD schnell eine 13-Prozent-Partei geworden.

Auch die FDP, die nach einer neuen Identität sucht, muss sich vor dem rechten Bodensatz hüten, der als Abfallprodukt von der Umwandlung einer einst bürgerliberalen Partei in einen neoliberalen Selbstbedienungsladen übriggeblieben ist. Und auch bei der Linkspartei ist die emanzipatorische Rhetorik der Parteiführung meilenweit entfernt von der Wirklichkeit der Anschauungen an der Parteibasis.

Der Rechtspopulismus ist längst eine bestimmende Kraft in Europa. Von Norwegen bis Italien, von Finnland bis Frankreich sitzen rechtspopulistische Parteien mittlerweile in mehr als 15 nationalen Parlamenten. Und sie nehmen Einfluss: Dänemark führte eine Zeitlang die Grenzkontrollen wieder ein, um Wirtschaftsflüchtlinge und »Kriminelle« aus Osteuropa zu stoppen.

In Deutschland wurden Forderungen laut, den gleichen Weg einzuschlagen.

Die Parteien kommen ihrem Erziehungsauftrag nicht nach, den ihnen das Grundgesetz gibt: Mitwirkung an der politischen Willensbildung bedeutet auch, den Bürgern unbequeme Wahrheiten zu sagen. Mit erstaunlicher Mühe setzten sich Politik und Medien für den Euro ein – weil die Wirtschaft hinter diesem Projekt stand. Nicht weniger wichtig aber wäre aus politkulturellen Gründen ein ausgeglichenes Verhältnis zum Islam und aus demographischen Gründen eine tatkräftige Zuwanderungspolitik. Leider versagen zu viele Politiker und Medien aus Angst vor dem Ressentiment der Bevölkerung.

Die Deutschen haben sich in den vergangenen Jahren an ein positives Selbstbild gewöhnt. Frei von den Schatten der Vergangenheit. Sie haben dabei die Gefahren der Gegenwart übersehen. Eine Immunität gegen rechts hat ihnen die Nazizeit nicht eingebracht. Man braucht keinen verworfenen deutschen Volkscharakter unterstellen, um sich über deutsche Anfälligkeit für rechtes Gedankengut Sorgen zu machen. Es ist schon schlimm genug, wenn die Deutschen hier keinen Deut besser sind als ihre Nachbarn.

»Deutsche Zustände« – mit diesem schillernden Marx-Wort hat der Bielefelder Soziologe Wilhelm Heitmeyer eine Langzeitstudie überschrieben, die er sich zu Beginn des Jahrzehnts vornahm. Seit dem Jahr 2002 messen Heitmeyer und seine Mitarbeiter jedes Jahr, wie menschenfreundlich die Deutschen sind. Nicht mehr und nicht weniger. Ein ungewöhnliches Projekt.«Jede Gesellschaft tut gut daran, für Selbstaufklärung zu sorgen«, schrieb Heitmeyer damals, »erst in der Konfrontation mit ihrer vielfachen verdrängten oder geschönten Realität erhält sie die Chance, sich dem Ausmaß der Verwirklichung ihrer grundlegenden Wertvorstellungen zu vergewissern.« Heitmeyers Interesse galt der deutschen Liberalität. Nicht gerade eine typisch deutsche Eigenschaft. Toleranz, Demokratie, Rechtsstaatlichkeit, Respekt, Zivilität – all das läuft zusammen in diesem sonderbar unwissenschaftlichen Wort, das aber gerade darum passend und schön ist: Menschenfreundlichkeit.

Der Ansatz war spannend und erhellend. Denn er ging über die üblichen Stimmungsmessungen gegenüber gesellschaftlichen Randgruppen hinaus. Es entstand daraus eine wahre deutsche Charakterstudie. Und die Ergebnisse machten keinen Spaß. Schon Heitmeyers erste Untersuchung zeigte die Deutschen als einen Haufen xenophober Spießer: 55 Prozent fanden, es gebe zu viele Ausländer in Deutschland, 40 Prozent fanden, die einheimische Bevölkerung solle mehr Rechte haben als die zugewanderte, 28 Prozent wollten Ausländer in ihre »Heimat« zurückschicken, wenn hier die Arbeitsplätze knapp wären, und 16 Prozent fanden, die »Weißen« würden die Welt zu Recht beherrschen. Da wundert es nicht, dass die Aussagen zu Obdachlosen, Armen und auch zu Juden ein trauriges Licht auf die deutsche Seele warfen.

Heitmeyer schrieb zu Beginn seiner Untersuchungen, dass die Düsternis, die sich in Deutschland breitmachte, drei Aspekte habe, die er erhellen wolle: einen sozialen, einen politischen und einen emotionalen. »Zunächst geht es um die prekäre Teilhabe an materiellen und kulturellen Gütern sowie die unsicheren Chancen auf Anerkennung auf Grund der ausgeübten Tätigkeiten. Die Ergebnisse verweisen auf große Probleme. ... Ein zweiter Blick muss auf die politische Partizipation und die moralische Anerkennung fallen, also inwieweit Sinnlosigkeit erfahren wird und Personen auf Grund von Ohnmachtserfahrungen keine ausreichende Realisierung von Grundnormen erleben. Dies bedeutet einen Verlust an moralischer Anerkennung. Für 57 Prozent ist eine politische Einflussnahme als Bürger nicht möglich und 87 Prozent vertreten die Auffassung, dass Reiche immer reicher und Arme immer ärmer werden. Immer mehr Menschen werden an den Rand gedrängt, so ist die Überzeugung von 78 Prozent.

Schließlich geht es um den Lebensbereich des eigenen Milieus, die private Lebensführung und die dort mögliche emotionale Anerkennung. So notieren fast 43 Prozent, dass sie gern mehr Personen in der Nähe hätten, die zu ihnen halten, auch wenn sie Fehler machen, und fast 74 Prozent vertreten die Auffassung, dass die sozialen Beziehungen immer labiler werden. ...«

Der unschätzbare Vorteil der Heitmeyerschen Studie war ihre Dauer. Auf zehn Jahre angelegt, veröffentlichten Heitmeyer und seine Mitarbeiter seit dem Jahr 2002 jedes Jahr einen neuen Band. Und während dieser zehn Jahre wurden sie zu Chronisten eines Verfalls von Sitten und Sittlichkeit. Eines Zerfallsprozesses, der unter der rot-grünen Regierung begonnen hat und der sich über all diese Jahre unvermindert fortsetzte: der Prozess der Entsolidarisierung. In den vergangenen Jahren beschleunigte sich dieser Prozess. Heitmeyer hatte prophezeit: »Unsere Analysen lassen erwarten, dass eine Zunahme menschenfeindlicher Einstellungen und Verhaltensweisen davon abhängt, inwieweit immer mehr Menschen in unsichere Arbeits- und Lebensverhältnisse, politische Ohnmachtsempfindungen und instabile emotionale Situationen, kurz: in prekäre Anerkennungsverhältnisse geraten.« Und so ist es eingetreten. Denn je weniger Anerkennung einer erfährt, desto weniger gibt er.

Das Besondere an Heitmeyers Studien war nicht die soziale Ungleichheit, die er festgestellt hat. Und auch nicht die Diskriminierung von Armen und Arbeitslosen und Ausländern. Neu war das, was Heitmeyer die »Ideologie der Ungleichwertigkeit« nennt. Heitmeyer fand, dass die Abwertung der Armen durchaus nicht mehr nur einem diffusen Gefühl entspringt, sondern einer Überzeugung. Der Überzeugung, dass nicht alle Menschen gleich sind und auch nicht gleich wertvoll sind. Der Soziologe hat einen neuen Rassismus in der deutschen Gesellschaft festgestellt. Einen »Nützlichkeitsrassismus«. Das ist ein Wort, das die Linken-Politikerin Katja Kipping in Beiträgen über die Diffamierung von Erwerbslosen benutzte, als sie noch nicht Vorsitzende ihrer Partei war. Sie wandte sich vehement gegen jenen Geist, der sich längst in den bürgerlichen Parteien breitgemacht hat. Der damalige FDP-Chef Guido Westerwelle lästerte im Jahr 2010: »Wer dem Volk anstrengungslosen Wohlstand verspricht, lädt zu spätrömischer Dekadenz ein.«

Das war der blanke Zynismus. Es war ein Zeichen der dunklen Ideologie, in deren Dienst auch der Philosoph Sloterdijk seinen Verstand und seine Worte stellte, als er schrieb: »So kann es in der ökonomischen Moderne dahin kommen, dass die Unproduktiven mittelbar auf Kosten der Produktiven leben – und dies zudem auf missverständliche Weise, nämlich so, dass sie gesagt bekommen und glauben, man tue ihnen unrecht und man schulde ihnen mehr.« Das hat er geschrieben im Zusammenhang mit Sarrazin und dessen Phantasie, die »Nicht-Leistungsträger« aus der Stadt zu treiben und nur noch Raum für die »Eliten« zu lassen. Es ist nur ein Katzensprung von der bürgerlichen Entgrenzung zum Faschismus.

Heitmeyers letzte Studien aus den Jahren 2010 bis 2012 sprechen von einer »deutlichen Vereisung des sozialen Klimas« und von einer »rohen Bürgerlichkeit«. Heitmeyer sagte: »In der Selbstwahrnehmung der Vermögenden strotzen deren Biografien vor Effizienz, Nützlichkeit und Verwertbarkeit. Dazu kommen durch ihre Sozialisierung – etwa durch Abschottung, ihre Wohnlage – bestimmte Habitusmuster. Dazu gehört Gleichgültigkeit gegenüber Obdachlosen. Es gibt eine elitäre Parallelgesellschaft, in der ein eisiger Jargon der Verachtung herrscht und kaum Interesse an gesellschaftlichen Integrationsproblemen. Es gibt also keine Auseinandersetzung mit dem, was in unserer Gesellschaft geschieht. Es geht den Reichen bei ihrer Abschottung um die Sicherung ihres Status. Insofern gibt es sozusagen einen Klassenkampf von oben.«

Heitmeyer sagte, dass er wenig Hoffnung auf Besserung habe: »In unseren Studien sagen 75 Prozent der Bürger, dass sich bei einer Bedrohung des eigenen Lebensstandards die Solidarität mit den Schwachen deutlich verringert. Dass Bemühungen um Gerechtigkeit besonders in Krisenzeiten erfolglos sind, sagen 60 Prozent. Dabei sind Fairness, Gerechtigkeit und Solidarität die Kernnormen für den Zusammenhalt unserer Gesellschaft! Wenn eine derart große Zahl von Bürgern nicht mehr daran glaubt, dass diese zentralen Normen einzuhalten sind, gerät ein Land in Schieflage. Denn durch zunehmende Ungleichheit und eine Ideologie der Ungleichwertigkeit wird jede Gesellschaft zersetzt.«

08 DISKURS

In der »Bild«-Zeitung hat der konservative Journalist Hugo Müller-Vogg eine Kolumne, die den Titel trägt: »Das wird man ja noch sagen dürfen.« Diese Wendung ist geradezu ein geflügeltes Wort, oder sagen wir ein struppig gefiedertes. Es ist die reine Essenz des Ressentiments. Es birgt in sich eine ganze Weltanschauung, klaustrophobisch in seiner spießigen Engstirnigkeit und maßlos ausgreifend in seinem allgemeinen Geltungsanspruch.

Was ist das? Es gibt offenbar jemanden, der einem den Mund verbietet. Man kann nicht einfach sagen, was man will. Man muss sich das Recht nehmen. Man tut es gegen einen Widerstand. Die »Bild«-Zeitung hat eine Kampagne gemacht: »Jede Wahrheit braucht einen Mutigen, der sie ausspricht.« Auf geradezu geniale Weise beutete sie die dialektische Doppelbödigkeit dieser Aussage aus. Man kann das als Ausweis journalistischen Muts verstehen, oder eben als augenzwinkerndes Einverständnis mit all jenen, die das gesunde, aber geknebelte Volksempfinden entfesselt sehen wollen.

Man kann getrost davon ausgehen: Wenn einer so redet, »das wird man ja noch sagen dürfen«, dann lügt er schon. Denn er weiß, dass er sagen kann, was er will. Er weiß, dass er kein Risiko eingeht. Er weiß, dass kein Tabu und kein Verbot ihn hindern und keine Strafe ihm droht. Hinter dem Satz, der scheinbar von einem aufklärerischen Impuls getrieben ist, verbirgt sich in Wahrheit das antiaufklärerische Ressentiment. Denn das, was man ja noch sagen dürfen soll, ist zumeist nichts als das Vorurteil. Und es gibt niemanden, der es verbietet, das Vorurteil zu verbreiten – außer Vernunft und Anstand. Wer diese Phrase nutzt, der will also zumeist Vernunft und Anstand hinter sich lassen und frei von der Leber weg reden – die früher als Zentrum der Gefühle galt und heute bekanntlich oft genug besonderen Belastungen ausgesetzt ist, wenn so geredet wird.

Wer bindet den Knebel? Wer hindert das freie Sprechen? Wer sind denn die Türhüter der Debatten, die angeblich den Eingang zum Diskursraum versperren wollen?

Sie haben einen Namen: Gutmenschen. Ein übles Wort, das eine sonderbare Bedeutungsverkehrung durchgemacht hat, an der sich nebenbei ganz hübsch die Risiken und Nebenwirkungen von Tabuverletzungen ablesen lassen. Im weiteren Umfeld der Neuen Frankfurter Schule brachten Klaus Bittermann und Gerhard Henschel Mitte der neunziger Jahre das »Wörterbuch des Gutmenschen« heraus. Ihnen ging es, wie es im Untertitel der ersten Ausgabe hieß, um »Betroffenheitsjargon und Gesinnungskitsch«, beziehungsweise, wie in einer späteren Ausgabe präzisiert wurde, um die »Kritik der moralisch korrekten Schaumsprache«.

Es war die Zeit eines deutschen Aufbruchs. Man kann das im Rückblick wohl so sagen. Eine eigentümliche Befreiung auf allen Seiten fand da statt. Die führte nicht nur die Bundeswehr in eine nicht endende Reihe von Auslandseinsätzen, sondern auch Sprache und Denken auf neue Wege und Abwege. Da wurde einiges abgeschüttelt, was offenbar schon lange drückte. Karl Heinz Bohrer rechnete 1992 im »Merkur« in einer kleinen Reihe mit der »deutschen Provinzialität« ab, die er so gerne hinter sich lassen wollte:

»Sie hat kein Organ für Ironie, für Zweideutigkeit, für Ambivalenzen. Die breiige Betulichkeit der bei uns vorherrschenden öffentlichen Sprache ist ja längst von dem Quartier, wo wir sie auch früher vornehmlich vermuteten, dem Kanzleramt, hinübergewandert zu einer gewissen Sorte von Intelligenz in

Universität, Medien und Literaturbetrieb. ... In den Worten eines Liedes, das auf einem Kirchentag gesungen wurde: ›Ich hab Angst und du hast Angst, große Angst und kleine Angst, meine Angst und deine Angst ...‹ Wer dieses Lied als intellektuell und moralisch unsäglich bezeichnen wollte, der müsste solchen Leuten sofort beteuern, daß er natürlich auch gegen Krieg und Umweltverseuchung sei. Verzichtete er auf solch eine Versicherung, zur Partei der Guten zu gehören, sei es nun aus Stolz oder sei es ganz einfach aus der Logik, dass diese Versicherung mit der Einschätzung jenes Polit- oder Religionskitsches gar nichts zu tun habe, der würde bei der vorherrschenden öffentlichen Diskursmentalität zum Unhold erklärt.« Bohrer stellte sich vor, dass der »Merkur«, dessen Herausgeber er war, ein »Wörterbuch des Gutmenschen« anlegen könnte, um diese »breiige Betulichkeit« mal systematisch zu sammeln. Dieses Wörterbuch hätte also Einträge wie »die Mauer im Kopf niederreißen« oder »Streitkultur« oder »Querdenker« gekannt: »Jenes sich Abduckende, Neutralisierende, was dem durchschnittlichen westdeutschen Tonfall sein neurotisches Moment, jenen Mangel an wirklichem Ausdruck gibt, jene Angst vor Genauigkeit und die Flucht ins Vermittelnde.« Was Bohrer in der öffentlichen Rede vermisste, waren Kraft und Schärfe und Präzision und Wut und die Bereitschaft, Risiken einzugehen. Rein sprachlich. Da rumorte in diesem Konservativen die gleiche Sehnsucht, die auch Sloterdijk Jahre später noch umtrieb, nach mehr Thymos eben, Mut und Stolz. Mehr vom »glücklichen Bellizismus«, wie Sloterdijk ihn in der Illias gefunden hat, mehr von dem, was Nietzsche das »Apollonische« nannte. Bei der Thymotisierung geht es darum, den Einsatz zu erhöhen, aus der Sicherheitszone auszubrechen. Das Problem ist nur, dass Mut und Stolz am Ende immer Opfer verlangen, ohne Blutvergießen geht das nicht ab, rein sprachlich. Und die Opfer, das sind dann die Migranten, die Sozialhilfeempfänger und das ganze faule Pack, das dem Sozialstaat auf der Tasche liegt – was man ja wohl noch sagen darf.

Bohrer hat ein solches Lexikon dann nicht gemacht, aber Henschel und Bittermann brachten es heraus. Das war kein Scherz, sondern Ausdruck einer kulturpolitischen Umwälzung, einer echten Revolution. »Sehr unterschiedliche Meinungskräfte, denen es um ernsthafte Auseinandersetzung und nicht um flaumweich sozialdemokratische Streitkultur-Surrogate geht, sind zu Beginn der 90er Jahre damit befasst, die Gartenlauben des Gutmenschen zu belagern«, schrieb Henschel im Vorwort. Er zählte sodann auf, wen er meinte: Rechtskonservative, Linksradikale, Wirtschaftsliberale »und die Autoren dieses Buches«. Und obwohl sich die Autoren an »mehr oder weniger linke Menschen« wandten, reihten sie sich also in eine sonderbare Allianz ein, die ein angeblich allgemeines, höheres Interesse verfolge: den Kampf gegen das mutlose Sprechen. Da fanden sich ein so unschuldiges Wort wie »Glaubwürdigkeit« neben leichtintellektueller Halbfertigware wie »verkrustete Strukturen aufbrechen« und »die Mauer im Kopf einreißen«. Aber – und das war vielleicht ganz kennzeichnend – auch das Wort »Hoffnung« stand auf dem Index der Worthülsenstürmer.

Von links und von rechts wurde damals an den Fesseln gezerrt, die der Sprache angelegt worden waren. Das Korsett wurde gelockert. Es kam mehr Luft rein. Aber die Form ging verloren. Es dauerte nur ein paar Jahre, bis das Wort vom »Gutmenschen« von seinem Ausgangspunkt einmal genau ans andere Ende des politischen Ereignishorizonts gewandert war und dort hängen blieb. Heute haust es in den Netzforen und Chatrooms der Islamhasser und Hartz-IV-Verächter, und kein »mehr oder weniger linker Mensch« würde auf die Idee kommen, dieses Wort heute noch in den Mund zu nehmen.

Der Zyniker sieht sich vom Gutmenschen bedroht. Anders ist die Wut nicht zu erklären, die er über ihn ausschüttet. Der Mensch, der sich um das Gute bemüht, stellt das zynische Weltbild auf die gefährlichste Art und Weise in Frage: durch die Hoffnung. Zynismus ist deshalb so kalt, weil ihm jede Hoffnung fehlt. Die größten Zyniker sind die größten Enttäuschten. Darum müssen sie alle niedermachen, bei denen noch die Wärme der Hoffnung zu spüren ist.

Der Publizist Georg Seeßlen ist zum Beispiel alles andere als ein Zyniker, wenn er schreibt, der Sinn einer Debatte bestehe darin, »sich an eine Wahrheit heranzuarbeiten«. Da hört man die Habermas-Frage im Hintergrund, wie denn »eine diskursive Meinungs- und Willensbildung unter Bedingungen sozialstaatlicher Massendemokratie so eingerichtet werden kann, dass das Gefälle zwischen aufgeklärtem Selbstinteresse und Gemeinwohlorientierung zwischen den Rollen der Klienten und des Staatsbürgers überbrückt wird«? Die Antwort lautet: Manchmal gar nicht. Denn der Sinn sehr vieler Debatten besteht in allem Möglichen, nur nicht darin, sich an die Wahrheit heranzuarbeiten.

Die Sarrazin-Debatte war dafür ein gutes Beispiel – jedenfalls, was ihren Urheber betraf. Sarrazin ging es um Anerkennung. Die bekam er auf dem Bahnhof, im Taxi, in der Bäckerei. Das schrieb er selber. All die Menschen, die ihm auf die Schulter klopften, das Glas auf ihn hoben, ihm einen ausgeben wollten. Das war die Anerkennung des Volkes. Thilo Sarrazin wollte aber nicht nur die Anerkennung des Volkes, sondern die der Menschen, die man die Eliten nennt. Die war ihm versagt geblieben. Denn so weit hatte ja der zivilisatorische Konsens in diesem Land lange gehalten, dass die Eliten einem Rassisten und Kulturchauvinisten die Anerkennung versagten.

Aber die bürgerliche »Frankfurter Allgemeine« öffnete die Tür einen ziemlich großen Spalt breit. Sie ließ Sarrazin – zu Weihnachten – einen langen Artikel schreiben, in dem es unter anderem hieß: »Die von mir genannten Statistiken und Fakten hat keiner bestritten.« Er baute hier eine Täuschungskulisse auf. »Statistiken und Fakten«, die niemand bestritten habe. Beim Leser soll dadurch der Eindruck erweckt werden, dass Sarrazin unbestrittene Wahrheiten verkündet habe. Das stimmte nicht. Die Experten waren geradezu kohortenweise über Sarrazins Kurzschlüsse hergefallen. Denn tatsächlich waren zwar nicht die Daten falsch, die er nutzte, sondern die Schlüsse, die er daraus zog.

Das augenfälligste Beispiel waren Sarrazins Äußerungen zum Verschwinden der Deutschen. Er schrieb: »Beim gegenwärtigen demographischen Trend wird Deutschland in 100 Jahren noch 25 Millionen, in 200 Jahren noch 8 Millionen und in 300 Jahren noch 3 Millionen Einwohner haben.« Dazu äußerte der Bevölkerungswissenschaftler Herwig Birg, dass die Zahl der Deutschen im Jahr 2100 bei 46,1 Millionen liegen werde. Es spielt an dieser Stelle keine Rolle, wer recht hat, das ist ein Streit, den man gerne den Experten überlassen kann. Eine entscheidende Rolle spielt, dass Sarrazin log, als er vorgab, mit Fakten zu handeln, während er in Wahrheit mit Manipulationen handelte. Und eine Rolle spielte, dass eine Zeitung wie die »FAZ« dem Mann eine Bühne bot. Und dass ihm schon der »Spiegel« eine noch größere Bühne geboten hatte, als er Sarrazins Buch in Auszügen als Vorabdruck veröffentlichte. Und die »Bild«-Zeitung war natürlich auch dabei.

Ohne die Medien wäre Sarrazins Erfolg nicht vorstellbar gewesen. Die Medien übernahmen Verantwortung für die

Inhalte, die sie publizierten. Sie machten sich mit Sarrazin gemein. Und es gab da einen verblüffenden bürgerlich-publizistischen Gleichklang, der gut passte zu den Resonanzen des Ressentiments, die der Soziologe Heitmeyer im Untergrund der deutschen Seele registriert hatte. Einen ähnlichen Ton schlug ja auch Giovanni di Lorenzo, Chefredakteur der »Zeit«, in der sogenannten Hartz-IV-Debatte an.

Es ging im Jahr 2010 um die Auseinandersetzung über Hartz IV und ein paar überraschende Sätze des FDP-Chefs Guido Westerwelle zu diesem Thema. Das Bundesverfassungsgericht hatte Anfang des Jahres die Hartz-IV-Zahlungen für verfassungswidrig erklärt. Westerwelle veröffentlichte daraufhin in seiner Funktion als FDP-Chef einen Artikel in der »Welt«, Überschrift: »An die deutsche Mittelschicht denkt niemand.« Westerwelle sagte, die Diskussion nach der Karlsruher Hartz-IV-Entscheidung trage »sozialistische Züge«. Es werde nur die Frage debattiert: »Wer bekommt mehr?« Was da aber »staatliche Leistungen« genannt werde, sei ja in Wahrheit das Geld der Steuerzahler: »Es scheint in Deutschland nur noch Bezieher von Steuergeld zu geben, aber niemanden, der das alles erarbeitet. Empfänger sind in aller Munde, doch die, die alles bezahlen, finden kaum Beachtung. Die Mittelschicht in Deutschland ist in den vergangenen zehn Jahren von zwei Dritteln auf noch gut die Hälfte der Gesellschaft geschrumpft. Damit bröckelt die Brücke zwischen Arm und Reich. Eine Gesellschaft ohne Mitte fliegt auseinander, und der Politik fliegt sie um die Ohren.« Das war eine unerwartete und dreiste Wendung, die eines Sloterdijk würdig war: Westerwelle legte nahe, die Mitte schrumpfe wegen der Ausbeutung durch die Armen.

Der Text war ein Musterbeispiel dafür, wie man die Armen gegen die Ärmeren ausspielen kann. Westerwelle rechnete vor: »Wer kellnert, verheiratet ist und zwei Kinder hat, bekommt im Schnitt 109 Euro weniger im Monat, als wenn er oder sie Hartz IV bezöge. Diese Leichtfertigkeit im Umgang mit dem Leistungsgedanken besorgt mich zutiefst.« Dieser in Zeilen gegossene Zynismus raubte einem fast den Atem. Denn wenn die Rechnung des Ministers stimmte, und warum sollte sie das nicht, wo lag dann der Skandal? Bei den Hartz-IV-Sätzen, die an der unteren Grenze des Existenzminimums entlangschrammen, oder bei den lächerlichen Gehältern, die inzwischen im Niedriglohnland Deutschland gezahlt und geduldet werden? Westerwelle jedenfalls schloss seine kühlen Betrachtungen mit der Bemerkung: »Wer dem Volk anstrengungslosen Wohlstand verspricht, lädt zu spätrömischer Dekadenz ein.«

Spätestens diese Formulierung hätte sein Pressereferent ihm besser rausgestrichen. Der Rest seine Textes entsprach so sehr dem inzwischen zum Mainstream gewordenen Fluss des systemstabilisierenden Denkens, dass es den meisten Menschen weiter nicht aufgefallen wäre. Der überraschende Vergleich mit dem alten Rom aber rüttelte eine Menge Leute aus ihrer neoliberalen Hypnose. Westerwelle wurde ordentlich durchgeschüttelt – was nun allerdings das Mindeste war, was sein »Dekadenz«-Vergleich verdiente. Dennoch fand er einen Verteidiger im Chefredakteur der »Zeit«, Giovanni di Lorenzo. Das war ein leises, aber bedeutungsvolles Zeichen dafür, wie sehr die Maschinen der öffentlichen Meinung ihre Produktion schon auf ein neues Programm umgestellt hatten: Sie vertiefen die soziale Spaltung und stanzen Verlierer zu Verantwortlichen. Di Lorenzos Leitartikel, den die »Zeit« am 18. Februar 2010 veröffentlichte, trug die Überschrift »Richtig im Falschen« und war mit folgenden Worten untertitelt: »Die Empörung über Westerwelles Tiraden zu Hartz IV darf kein Grund sein, einige Fehlentwicklungen zu verschweigen.«

Di Lorenzo legte also gleich von Anfang an nahe, dass Westerwelle irgendwie danebengegriffen habe, der Begriff »Tirade« lässt auf einen falschen Ton schließen, den Westerwelle da erwischt habe. Es wird aber auch klargestellt, dass es in der Tat »Fehlentwicklungen« gebe, und zwar »einige«, die man nicht »verschweigen« dürfe. Das ist die intelligente Variante des »Das wird man ja noch sagen dürfen«.

Tatsächlich beginnt der Artikel mit der Klarstellung, Westerwelles Einlassungen seien »im Ton unangemessen, ja für ein führendes Regierungsmitglied auch unerhört« – aber diese salvatorische Klausel dient dann nur dem Zweck, einem großen Aber den Weg zu ebnen. Nämlich der Frage nach dem »Ausmaß des Leistungsbetrugs«. Die Hälfte des Textes, der auf der ersten Seite der Zeitung erschienen war, beschäftigt sich damit. Der Autor nennt Daten: »Die Arbeitsagenturen greifen in nur 2,6 Prozent der Fälle zu Sanktionen, weil Bezieher offensichtlich an keiner Arbeit interessiert sind.« Nun ist das kein so besonders erschreckender Wert: 2,6 Prozent. Aber es ist offenbar die einzige zuverlässige Zahl, die zur Verfügung steht. Wenn man den Eindruck eines Problems erzeugen will, und das wollte die »Zeit«, dann gibt es zwei Möglichkeiten: Man kann die offizielle Zahl bezweifeln und man kann in den Bereich der Spekulation abdriften. Di Lorenzo macht beides: Es sei »die Vermutung ... nicht abwegig, dass zu weiteren Ermittlungen die Kapazität der überforderten Behörde gar nicht ausreiche oder die Verantwortlichen die unklare Rechtslage fürchteten«, schreibt er und bringt eine weitere, wie man sagt, namhafte Quelle: »Der ehemalige Wirtschaftsminister Wolfgang Clement jedenfalls, der es eigentlich wissen müsste, sprach von 20 Prozent, die zu Unrecht Leistungen bezögen.«

Das hat Gewicht, dieses »der es eigentlich wissen müsste.« Aber wovon ist da die Rede? Di Lorenzo bezieht sich vermutlich auf eine Äußerung Clements vom Juni des Jahres 2005.

Damals stand die unerwartet anberaumte Bundestagswahl bevor, und es ging um die Frage, wie viele Arbeitslose es in Deutschland eigentlich gebe. Clement sagte, die offiziellen Zahlen müssten vermutlich nach unten korrigiert werden, wofür er eine Reihe von Gründen nannte: So würden Kranke oder Schüler durch Behördenirrtümer als erwerbsfähig registriert, und es gebe auch Bürger, die sich Leistungen zu Unrecht erschlichen. Etwa 20 Prozent, sagte Clement damals, seien vermutlich »nicht arbeitslos im Sinne des Gesetzes«. Das klingt irgendwie ganz anders, als der Chefredakteur der »Zeit« es ein paar Jahre später verwendet hat. Aber wenn man noch ein bisschen weiter recherchiert, dann fällt auch dieses im Wahlkampf gesagte Clement-Wort ganz und gar in sich zusammen. Denn der ein Jahr später veröffentlichte Arbeitsmarktbericht für das Jahr 2005 stellte fest, dass die Zahl der Missbrauchsfälle unter denen des Jahres 2004 gelegen hatte.

Die Sache wird auch durch den dritten Wert nicht besser, den di Lorenzo als Beweis für sein Argument gegen die Armen anbringen will. Er schreibt: »Und gelegentlich finden sich Mitarbeiter von Jobcentern, die anonym das Ausmaß des Betrugs in ihrem eigenen Beritt als noch größer beschreiben.« Was soll man dazu sagen? Zweifellos wird es Mitarbeiter in den Jobcentern geben, die das sagen. Ob aber solche Gerüchte als Stütze für einen sozial- und gesellschaftspolitischen Meinungsartikel dienen sollten, ist eine andere Frage.

Die Überlegung, die der »Zeit«-Chef dann anstellte, sorgte dafür, dass dieser Artikel über den Tag hinaus im Gedächtnis blieb: »Es gibt eine weitere alarmierende Zahl, deren Erörterung aus Angst, noch ganz andere Ressentiments zu wecken, besonders schwerfällt: Nach einer vom Bundesarbeitsministerium erst vor drei Monaten veröffentlichten Studie sind Migranten und ihre in Deutschland geborenen Nachkommen doppelt so häufig auf Sozialhilfe angewiesen wie der Rest der Bevölkerung. Dies ist einerseits dadurch zu erklären, dass sie wegen ihrer oft geringen Qualifikation wenig Chancen auf dem Arbeitsmarkt haben. Andererseits aber drängt sich der Verdacht auf, dass unser in Deutschland so angefeindetes Sozialsystem immer noch attraktiv genug ist, dass es eine massenhafte Einwanderung in die sozialen Netze auslöst – was das Prinzip der Einwanderung, in einem fremden Land durch eigener Hände Arbeit sein Glück zu finden, auf den Kopf stellte.«

Es ist ein bewährtes Mittel, das Ressentiment zu schüren, indem man erst davor warnt – und es dann schürt. Die Worte von der »massenhaften Einwanderung in die sozialen Netze« wurden jedenfalls als eine Formulierung des Vorurteils verstanden. Als die Redaktion in einer der folgenden Ausgaben die Leserbriefseite zusammenstellte, setzte sie dieses Schreiben an den Anfang: »Mutig, Herr di Lorenzo! Die Gutmenschen in der ZEIT-Leserschaft werden nächste Woche auf der Leserbriefseite aufschreien.« Da waren sie wieder, die Gutmenschen, die angeblich aufschreien, die mit ihrem Rufen die Stimme der Vernunft übertönen wollen, die doch nur Wahrheiten ausspricht, »die man ja wohl noch sagen darf«.

Das Problem war nur, wie so oft, dass solche Töne hohl klingen. Spätestens seit der Novelle des Aufenthaltsgesetzes von 2007, als der Familienzuzug von einem gesicherten Unterhalt abhängig gemacht wurde, wäre ein großer Teil der von di Lorenzo befürchteten Einwanderung gar nicht mehr möglich gewesen. Abgesehen von der Rechtslage gab es aber zu Beginn des Jahrzehnts ohnehin nicht nur keine massenhafte Einwanderung – sondern unter dem Strich gar keine Einwanderung. Zwischen 1998 und 2010 war das Wanderungssaldo nämlich negativ. Für die deutsche Wirtschaft, der schon damals langsam die Arbeitskräfte ausgingen, waren das schlechte Nachrichten. Das war übrigens auch der Grund, warum der damalige Bundeswirtschaftsminister Rainer Brüderle über ein Begrüßungsgeld für qualifizierte Fachkräfte aus dem Ausland nachdachte.

Gab es also keinen Missbrauch unter Hartz-IV-Beziehern? Natürlich gab es den. Gab es keinen Missbrauch von Sozialleistungen durch Migranten? Natürlich gab es auch den. Sollte man sich darum nicht kümmern und die Täter ungestraft lassen? Nein, natürlich muss der Staat diesem Missbrauch vorbeugen, so gut er kann, und ihn ahnden. Aber das war ja gar nicht die entscheidende Frage. Die lautete vielmehr: Handelte es sich bei solchem Missbrauch um ein Massenphänomen, um ein gravierendes Problem des Systems, um eine Schwäche des Sozialstaats, um einen Missstand, den die »Zeit« in einem Leitartikel ihres Chefredakteurs anprangern musste? Die Antwort kann nur lauten: Um all das handelte es sich nicht.

Die »Zeit« gehört zu den besten Zeitungen des Landes und di Lorenzo zu seinen besten Journalisten. Umso bedeutungsvoller war dieser Leitartikel. Was das journalistische Handwerk angeht, muss sich die Zeitung keine Vorwürfe gefallen lassen. Die »Zeit« hatte keine eigentlich falschen Informationen veröffentlicht. Und Leitartikel sind dazu da, Meinungen zu formulieren. Aber es war ja gerade die Meinung, die hier formuliert wurde, die ein erstaunliches Zeichen dafür war, welchen Weg die Diskussion über sozialstaatliche Verantwortung und gesellschaftlichen Zusammenhalt inzwischen genommen hatte. In welcher Gesellschaft wollen wir leben? An solchen Leitartikeln lässt sich ablesen, wie sehr sich die Antwort auf diese Frage verändert hat. Und es hat sich wohl auch die Antwort auf eine andere Frage verändert: Welche Rolle sollen die Medien in dieser Diskussion spielen? Auf wessen Seite stehen sie? Was ist ihre Funktion?

Es gibt gute Gründe für die Vermutung, dass diese Funktion nicht mehr dieselbe ist wie in den siebziger oder achtziger Jahren des vergangenen Jahrhunderts. Nicht mehr Kritik, sondern Stabilisierung. Nicht mehr Hinterfragen, sondern Erklären. Das gilt nicht für alle Medien, so wie früher nicht für alle das Gegenteil galt. Aber es gilt für die großen, für den Mainstream.

»Die freien Medien sind ja sozusagen ein Teil des Lebenselixiers jeder Demokratie.« Das hat Angela Merkel gesagt, die bekanntlich eine der mächtigsten Frauen der Welt ist, aber nicht eine der wortmächtigsten. Sie hat das im März 2009 vor jungen Journalisten gesagt. Journalismus tut not, denkt man ja. So wie Seefahrt früher nottat. *Navigare necesse est.* Aber der Spruch geht noch weiter: *Vivere non est necesse.* Man muss zur See fahren, aber nicht leben. Das war schon zur Römerzeit Unsinn, und umgekehrt wurde der Schuh daraus. Dem Journalismus könnte es ähnlich ergehen: Ein Leben ohne ihn ist vorstellbar.

In Amerika sterben die Zeitungen, hierzulande leiden sie. Amerika ist uns immer ein bisschen voraus. Was hat der Journalismus in Amerika falsch gemacht, dass die Menschen meinen, ohne ihn auskommen zu können? Dass der Journalismus nicht mehr nottut? Gay Talese sagt: »Die Medien sind der Macht zu nahe gekommen. Der perfekte Journalist ist immer ein Fremder.« Gay Talese, der große amerikanische Reporter, Abkömmling italienischer Einwanderer, Kind einer Zeit, in der Journalisten und Politiker aus zweierlei Holz geschnitzt waren, in der sie Angehörige verschiedener Klassen waren, in der sie ihre Kinder nicht auf dieselben Schulen schickten und ihr Mittagessen nicht in denselben Restaurants verzehrten. Das ist Vergangenheit. In Amerika, in Europa, in Deutschland. In Berlin wurde Steffen Seibert, der »Anchorman« einer der wichtigsten Nachrichtensendungen, zum Regierungssprecher, und die Verwunderung hielt sich in Grenzen. Dabei hätte sie grenzenlos sein müssen.

Talese beschreibt die Journalistengeneration der amerikanischen Nachkriegszeit, deren Eltern Einwanderer waren. Sie berichteten über eine andere Klasse, eine höhere Klasse, die *white anglosaxon protestants* der Ostküste: »Wir warteten draußen, bis sie herauskamen und uns Krümel hinwarfen. Brocken. Wir haben sie nicht gehasst. Wir haben sie beobachtet. Es fiel uns leicht, dagegen zu sein.« Und heute? Man hat sich angenähert. Der soziale Aufstieg hat die Journalisten selber in die herrschende Klasse gespült: Ihre Kinder besuchen dieselben Schulen, sie wohnen in denselben Vierteln, sie gehören zu denselben Clubs: »Es gibt zwischen den Medien und der Macht heute eine Verwandtschaft, die es früher nicht gab. Einen Mangel an Skeptizismus.«

Es ist gefährlich, wenn sich die Mächtigen und die Medien zu nahe kommen. So war das nicht gedacht mit dem Journalismus. Das Motto von Joseph Görres, Herausgeber des »Rheinischen Merkurs«, lautete noch: »den Pfuhl unseres öffentlichen Lebens ... sondiren bis zu seinem innersten und tiefsten Grunde; ich will der Welt kundig machen, was es ist, was Reiche verdirbt, Völker zu Schanden macht, und Teutschland an den Rand des Unterganges gebracht.« Das liest sich auch nach annähernd 200 Jahren nicht so schlecht. Eine Menge deutscher Politjournalisten sollten sich das hinter den Schreibtisch hängen.

Talese hat ein eindringliches Bild dafür gefunden, was Journalisten sein sollen, wie sie arbeiten sollen: »Wir Journalisten sollten eine Religion der Ungläubigkeit predigen! Ein Heiliger Orden der Ungläubigen, das sollten wir sein. Wir sollten unseren Dienst in Klöstern der Wahrheit tun, über die Schriften gebeugt. Und diese Klöster sollten weit, weit weg sein von den Palästen.«

Es sollte einen also stutzig machen, wenn die Bundeskanzlerin so teilnahmsvoll über den Journalismus redet. Sie gab den jungen Kollegen wohlmeinende Ratschläge mit auf den Weg: »Wenn man langfristig groß herauskommen will, ist, würde ich sagen, eine doppelte Quellenbefragung immer wichtig.« Und bewies überhaupt viel Einfühlungsvermögen für das Wirken der Presse: »Ihre Tätigkeit ist natürlich auch eine sehr spannende Tätigkeit«, sagte sie, »mein Plan für den Tag ist meistens schon fertig. Sie hingegen können gespannt darauf warten, was an dem Tag passiert und was Eingang in Ihre Arbeit findet.«

Was Angela Merkel da gesagt hatte, war nur scheinbar von ergreifender sprachlicher Schlichtheit. Es passte zu der Erkenntnis, dass sehr viele Journalisten sich heute mitnichten als kritische Beobachter der Politik verstehen, sondern als Partner. Journalisten sind keine Fremden mehr. Sie sind Teil der Herrschaftselite. Die Kanzlerin wusste schon, warum sie zu den Journalisten reden konnte, als handele es sich um Mitarbeiter einer Abteilung im Kanzleramt. Und wenn das so weitergeht, dann braucht man gar keine Journalisten mehr. Dann tun Pressesprecher es auch. Das scheint der Zug der Zeit ohnehin zu sein: Es soll mittlerweile mehr Pressesprecher in Deutschland geben als Journalisten.

Und was für das Verhältnis der Journalisten zur Politik gilt, das gilt für ihr Verhältnis zur Wirtschaft erst recht.

Es gab immer mal wieder Augenblicke, da enthüllte sich dieses Thema unerwartet in seinem ganzen Umfang, so wie sich ein Berg enthüllt, wenn der Himmel aufklart, weil ein Wind die Wolken vertreibt. Da zeigte sich, auf wessen Seite die Medien standen. Dass es so etwas wie Seiten noch gibt und dass die Medien, ob sie wollen oder nicht, eine Position beziehen, davon sollte man ausgehen. Die Beobachtung, dass es verschiedene Interessen gibt, gilt auch für jenes Zeitalter, dem manche gerne vorschnell die Überschrift »Ende der Ideologien« geben. Die Menschen sind ja nicht über Nacht alle Brüder geworden. Ein solcher Moment der Klarheit war der gescheiterte Streik der IG Metall in den neuen Bundesländern im Sommer des Jahres 2003, auf den wir später noch zu sprechen kommen werden. Denn er bezeichnete in mancher Hinsicht das Ende der herkömmlichen Gewerkschaftsbewegung, und sehr viele Medien reagierten darauf geradezu mit Erleichterung. Ein anderer erhellender Moment der Wahrheit über das Verhältnis vieler Medien zur Welt von Macht und Wirtschaft kam fünf Jahre später in der Finanzkrise.

Am 8. Oktober 2008 fand ein ungewöhnliches Treffen im Kanzleramt statt. Die Bundeskanzlerin hatte die Chefredakteure der wichtigen Medien eingeladen. In dieser Zeit brach die große Finanzkrise aus. Man findet keinen ausführlichen Bericht über dieses Treffen, der veröffentlicht worden wäre, und überhaupt nur wenige Erwähnungen in den Archiven, nur hin und wieder einen Nebensatz, eine knappe Bemerkung. An einer Stelle liest man in dürren Worten, worum es an diesem Abend im Kanzleramt ging: Merkel bat die Journalisten, zurückhaltend über die Krise zu berichten und keine Panik zu schüren.

Sie haben sich daran gehalten, die Chefredakteure. Noch im Februar 2009, vier Monate später, wunderte sich die »taz« über die Medien: »Sie halten die Bürger bei Laune, auf dass diese stillhalten. Wie viel Geld bereits in die Banken gepumpt wurde, wie viele Milliarden Bürgschaftszusagen vergeben wurden (und wie viele Hartz-IV-Monats›löhne‹ das sind), das steht auch nicht in der Zeitung. Die Süddeutsche (vom 15. Januar) beispielsweise versteckt die Mitteilung, dass die Hypo Real Estate zum vierten Mal in vier Monaten Milliarden Bargeld und Bürgschaften braucht, unter der Überschrift ›Wenn Steinbrück an die Tür klopft‹.« Die »Bild«-Zeitung bekam später sogar einen Preis dafür, dass sie so »verantwortungsvoll« berichtet habe. Einen Preis, der von Journalisten verliehen wurde.

Nun mag man sich fragen: Was hätten die Medien in Deutschland tun sollen, als den Banken der Zusammenbruch drohte? Aber genauso gut könnte man sich fragen: Was sie in Amerika hätten tun sollen, nachdem die Twin Towers zusammengebrochen waren? Oder als George Bush den Krieg gegen den Irak vom Zaun brach. Und man kann sich auch fragen, was sollen sie tun, wenn eine Epidemie droht? Wenn ein Krieg beginnt? Wenn eine Entführung im Gange ist? Wenn der Kanzler schwarze Kassen führt? Wie lautet die richtige Antwort? Es kann nur eine Antwort geben: Journalisten sollten ihre Arbeit tun. Und die besteht darin, zu berichten, was geschieht. So gut das eben möglich ist.

Viele Journalisten sehen das heute anders. Als die erste Regierung Merkel ihren Dienst antrat, sagte der »Stern«-Journalist Hans-Ulrich Jörges auf einer Podiumsveranstaltung: »Wir sollten sie wie rohe Eier behandeln. Diese Truppe ist das vorletzte Aufgebot der deutschen Politik, und ich will nicht, dass es kaputtgeschrieben wird, weil dann das letzte Aufgebot regiert.«

Das ist ein gefährlicher Gedanke. Hier hat ein Journalist dazu aufgerufen, den Journalismus unter den Vorbehalt eines Bedrohungsszenarios zu stellen. Wenn alles den Bach hinunterzugehen droht, dann solle doch der Journalist nicht noch mehr Ärger machen. Aber wer so redet, der hat vergessen, was die Aufgabe von Journalisten ist. Sie sind keine Moderatoren der Macht. Sondern Kontrolleure. Dieses »Sondieren bis zum innersten und tiefsten Grunde« ist kein Spaß. Es gibt Grund, sich um die Unabhängigkeit der Presse zu sorgen. Aber es geht dabei vor allem um die Abhängigkeit der Journalisten, und zwar um die selbstgewählte. Es gibt Länder, in denen die Pressefreiheit durch die Willkür von sogenannten Sicherheitsbehörden oder von Polizei oder den Gerichten bedroht ist. Es gibt Länder, in denen die Gesetze gar keine Pressefreiheit kennen. Das alles ist in Deutschland nicht der Fall. Wenn wir hier ein Problem haben, dann keines der Rechtslage, sondern eines der journalistischen Gesinnung.

Das wurde besonders deutlich, als die Internetplattform Wikileaks Akten des amerikanischen Außenministeriums veröffentlichte – 251 287 Dokumente. Da gab es nicht wenige deutsche Journalisten, denen beim Blick von diesem annähernd 30 Meter hohen Papierstapel hinab in den Abgrund der Macht ganz schwindelig wurde. Die »Süddeutsche Zeitung« schrieb, es wäre »am Ende das beste gewesen, die Datenflut wäre nie aus den Computern gequollen«. Und »Bild« war der Meinung, Verantwortung sei den »Online-Anarchos« ein Fremdwort: »Sie handeln schlicht kriminell.« Und der Herausgeber der »Zeit«, Josef Joffe, sprach schlicht von »Hochverrat«. Da war er wieder, Adenauers »Abgrund von Landesverrat«, ein halbes Jahrhundert später, diesmal aus dem Mund eines Journalisten. Joffe wünschte sich mit Blick auf Wikileaks-Chef Julian Assange keinen »Ein-Mann-Rächer«, der nach eigenem Geschmack entscheidet, was zu veröffentlichen sei: »Dafür haben wir Parlamente und Gerichte, also den Rechtsstaat.«

Das war ein bemerkenswerter Augenblick in der deutschen Mediengeschichte. Normalerweise rechtfertigen staatliche Stellen die Knebelung der Presse. Es war ernüchternd, so etwas von Journalisten zu hören. Das *embedding*, das als geniale PR-Strategie der amerikanischen Armee im Irakkrieg begann, war hier tief verinnerlicht. Ein Journalist, der die Wikileaks-Veröffentlichungen zuerst unter dem Gesichtspunkt der nationalen oder, schlimmer noch, westlichen Sicherheit sah, hatte sich selbst weitgehend eingebettet und dabei die Pressefreiheit gleich mit zu Bett gebracht.

Man musste die Kollegen geradezu daran erinnern, dass die Folter in Abu Ghraib, das Waterboarding in den geheimen CIA-Gefängnissen, das Niedermähen unbewaffneter Zivilisten in Afghanistan – all das, was die USA in den vergangenen Jahren in gefährliche Nähe zu den Unrechtsregimen im Nahen Osten, zu China und zur untergegangenen Sowjetunion gebracht hatte – eben nicht durch »Parlamente und Gerichte« an den Tag gekommen war, sondern durch die Zusammenarbeit neuer und klassischer Medien. Eigentlich hätte es für den kritischen und investigativen Journalisten nur eine angemessene Reaktion auf diese größte Indiskretion der Geschichte geben können: Den Ruf nach mehr! Denn wenn Wikileaks rechtzeitig die Lügen des Pentagon über die vermeintliche Bedrohung durch Saddam Hussein aufgedeckt hätte – der Irakkrieg mit seinen zahllosen Toten hätte nicht geführt werden können.

Aber jene Kollegen, die die Wikileaks-Veröffentlichungen unter dem Gesichtspunkt der Legalität sahen, wurden dazu ja nicht gezwungen. Sie taten das freiwillig. Sie machten sich Sorgen um die Stabilität des Systems. Nicht um seine Kritik. Diese Journalisten sollten den schwer zu übersetzenden Rat von Lucy McClane aus »Die Hard 4« beherzigen: *Dig deep for a bigger set of balls*. Man darf mit Blick auf den medialen Mainstream bezweifeln, dass sie das tun – oder fündig werden.

Wikileaks war bei den Mächtigen und ihren Medien auf so viel Feindschaft gestoßen, weil es sich der institutionalisierten Kontrolle entzog und dennoch ungeheuer wirksam war. Kein

Wunder, dass Wikileaks-Gründer Assange gleichsam als Terrorist galt und seine Enthüllungen als digitales Äquivalent zu den Angriffen vom 11. September 2001 verstanden wurden. Wikileaks spürte den kalten Systemwind von vorn: Assange in Haft, die Geldströme beschnitten, der Netzzugang erschwert. Es ist ein hartes Geschäft, mit den Mitteln der Öffentlichkeit das Anliegen der Gegenöffentlichkeit zu betreiben. Die Fremdheit, von der Gay Talese spricht, hat einen Preis. Man sollte sich da keine Illusionen machen. Denn in Gestalt von Wikileaks hatten die Kräfte der Aufklärung nicht nur den Staat gegen sich, der an Aufklärung gar kein Interesse hatte, sondern auch Teile der Medien, denen es ebenso ging.

Man sollte sehr hellhörig werden, wenn Journalisten anfangen, sich auf ihre Verantwortung zu berufen. Sie haben nur eine einzige: der Wahrheit gegenüber. Alles andere geht sie nichts an. Journalisten sind für die Landesverteidigung nicht zuständig und für die Stabilisierung des Kapitalismus auch nicht, das Überleben einer bestimmten Bundesregierung sollte ihnen ebenso gleichgültig sein wie der deutsche Außenhandelsüberschuss.

Andernfalls geraten sie in Teufels Küche. Die mag einem warm und behaglich vorkommen. Aber, um mal im Bild zu bleiben, einen so langen Löffel haben die wenigsten Journalisten, dass sie sich mit dem Teufel unbeschadet zu Tisch setzen könnten. Wenn Journalisten ihre Unabhängigkeit verlieren, werden sie zu Dienern. Zu Staatsdienern. Solche Journalisten braucht kein Mensch.

Wir sind Zeugen einer Revolution. Wir leben mittendrin. Wir treiben sie selber voran. Und wir werden von ihr getrieben. Das neue Internet Protocol Version 6 erhöht die Zahl möglicher Netzadressen auf 2 hoch 128. Information, Wert, Freiheit, Individualität, Zukunft – diese Begriffe bekommen unter solchen Umständen eine neue Bedeutung. Das geschriebene Wort wird entwertet, sagt der Computerforscher David Gelernter: »Wenn wir eine Million Fotos besitzen, ist für uns jedes einzelne weniger wert, als wenn wir nur zehn besäßen.« Genau so sei es mit der Sprache. Das Internet überschwemmt die Welt mit Texten, das geschriebene Wort verliert an Wert. Es wird sorgloser geschrieben, nachlässiger redigiert und schneller gelesen: »In dem Maße jedoch, in dem von Mal zu Mal die Zeit, die sowohl der Autor als auch der Leser einem Text widmen, immer knapper wird, verfällt auch die Fähigkeit einer Gesellschaft, sich im geschriebenen Wort zu verständigen. Diese Bedrohung unserer Fähigkeit, zu lesen und zu schreiben, gefährdet langsam, aber sicher den Fortbestand von Wissenschaft, Gelehrsamkeit und Kunst – in Wahrheit aller Eigenschaften, die den Menschen ausmachen und ihn von Bisamratten und Delphinen unterscheiden.«

Das Schicksal der Medien und des Journalismus wird von dieser Revolution ebenso ergriffen wie der Rest unseres Lebens, unserer Kultur, unserer Gesellschaft. Daran sind nicht die Journalisten schuld. Damit müssen sie sich arrangieren. Aber Journalisten wären besser beraten, diesen Wandel, der ihre Rolle in Frage stellt, der ihre Existenzgrundlage gefährdet, nicht noch zu beschleunigen, indem sie sich selber überflüssig machen.

Wenn der Journalismus seine Aufgabe nicht mehr in der Kritik sieht, ist er nahe daran, sich überflüssig zu machen. Das ist jedenfalls eine legitime Sicht der Dinge. Es gibt eine andere Sicht der Dinge, nach der im Wandel der Öffentlichkeit diese Frage bereits irrelevant geworden ist. Die Affären Wulff und zu Guttenberg mag man als Zeichen in diese Richtung verstehen. Da gingen öffentliche Meinung und veröffentlichte Meinung getrennte Wege. Die Medien haben – im Wesentlichen –

ihre Arbeit getan und zu Guttenberg und Wulff dorthin befördert, wohin sie gehören: ins Aus. Aber die Öffentlichkeit hat das den Medien übelgenommen. Die Medien werden sich das merken.

Verteidigungsminister Karl-Theodor zu Guttenberg hatte zunächst noch »Bild« und »Zeit« auf seiner Seite, den Rest der lesenswerten Presse aber gegen sich. Bundespräsident Wulff hatte es dahin gebracht, dass buchstäblich alle gegen ihn waren: Springers Boulevardkanone, die konservativen »Zeit«-Kollegen, der linke »Freitag«, der »Spiegel«, die Sonntagszeitungen, die großen überregionalen Tageszeitungen, die wichtigen Lokalblätter – selbst wenn man lange nachdenkt, fällt einem keine Gelegenheit ein, wo sich die Journalisten so einig waren wie im Fall Wulff. Und für die Fernsehsender, soweit sie sich für Politik noch interessieren oder es ihr öffentlich-rechtlicher Status erlaubt, galt mehr oder weniger dasselbe.

Die Umfragen aber sagten, dass die Leute durchaus nicht diese Meinung der Presse teilten: Das Volk hatte Wulff nicht gegen sich. Ebenso wie zu Guttenberg, der trotz einer klaren Beweislage, was Qualität und Quellen seiner Doktorarbeit anging, seine große Beliebtheit nicht einbüßte. Unsere Gesellschaft ist auf eine funktionierende Öffentlichkeit angewiesen. Es ist darum auf Dauer nicht gut, wenn das Publikum sich von seinen Medien nicht verstanden fühlt.

Es war im Fall zu Guttenberg wie auch im späteren Fall Wulff eine merkwürdig trotzige Haltung zu spüren, ein wütender Vorwurf: »Den lassen wir uns von euch nicht kaputtmachen.« Als es beim Bundespräsidenten noch um nicht mehr ging als den Kredit für das Kleinklinkerhäuschen, fanden 70 Prozent der Deutschen, er solle im Amt bleiben. Gleichzeitig waren aber nur noch 43 Prozent der Auffassung, dass er »in moralischen Fragen den richtigen Kompass hat«. Die Deutschen hatten es offenbar aufgegeben, an ihren Präsidenten einen höheren Maßstab anzulegen als an sich selbst.

Man mag das für ein Zeichen der besonderen politischen Reife halten. Oder für eines der Abstumpfung.

09 HOFFNUNG

Reenactment nennt man die Wiederholung vergangener Ereignisse. In Pennsylvania wird die Schlacht von Gettysburg nachgestellt oder in Oberammergau die Passion Christi. Die Menschen betreiben solche rituelle Wiederholung aus religiösem Eifer, aus historischer Neugierde oder eben aus traumatischem Drang. Denn es kennt ja auch die Psychoanalyse dieses Phänomen: Freud sprach vom Wiederholungszwang. Es ist das Kennzeichen der Neurose, dass die unverarbeitete Vergangenheit wiederholt werden will. Nicht nur bei Individuen kommt das vor. Auch bei Völkern, Staaten, Institutionen. Wo immer ein Gedächtnis ist, kann es in Mitleidenschaft gezogen sein. Und gewiss haben Völker, Staaten und Institutionen ein Gedächtnis. Die Linken in Deutschland haben jedenfalls eines. Und immer aufs Neue durchleben sie das Trauma der Spaltung. Es begann 1875 mit Marx' »Kritik des Gothaer Programms«, die sich gegen die zu wenig revolutionäre SPD richtete und einer kommunistisch-sozialdemokratischen Zusammenarbeit eine Absage erteilte. Richard Sennett nennt die Streitschrift einen »Gründungstext des Brudermords innerhalb der Linken«.

Die Sozialdemokratische Partei Deutschlands zerbrach dann ihrerseits über der Frage nach Krieg und Frieden, als sich im Jahr 1917 die USDP abspaltete. Das zweite Mal zersplitterte die SPD über der Frage der Gerechtigkeit, als 2007 die Linkspartei gegründet wurde. Von der USDP spaltete sich später die KPD ab, und der Rest kehrte zur Sozialdemokratie zurück. Und wenn man sich die Wirren ansieht, in die sich die Linkspartei begeben hat, muss man für möglich halten, dass ihr ein ähnliches Schicksal droht.

Die Hauptdarsteller dieser Partei – Gysi, Lafontaine, Wagenknecht, Bartsch – haben in der jüngeren Vergangenheit eine Art linker Passionsgeschichte aufgeführt, ein *Reenactment*, auf das man gerne verzichtet hätte. Eine erschreckend gelungene Neuinszenierung des linken Spaltungsdramas, das sich vor 100 Jahren abgespielt hat.

Wer vielleicht über die besseren Argumente verfügt, aber über die schwächeren Kräfte, wer also in der Opposition ist, für den ist Einheit die erste Pflicht. Alles andere kommt später. Ohne Einheit keine Handlungsfähigkeit. Spaltung ist da ein geradezu paradigmatisches Beispiel für unverantwortliche Politik. Aber woher resultiert die Einheit? Bei Bertolt Brecht war die Sache noch ziemlich einfach. Er konnte seinem SA-Mann noch dieses Licht aufsetzen: »Jetzt weiß ich: drüben steht mein Bruder. / Der Hunger ist's, der uns eint.« Aber Hunger hat heute in Gelsenkirchen und in Chemnitz niemand mehr. Da braucht man schon einen anderen Kitt.

Und es gibt nur einen: die Sehnsucht nach Gerechtigkeit. Denn was ist der Sinn linker Politik? Gerechtigkeit. Karl Liebknecht hatte recht, als er sich gegen die Kriegskredite wandte und gegen eine SPD, die ihre historische Aufgabe vergessen hatte. Und es hatte auch Oskar Lafontaine recht, als er aus der Hitze der Empörung über Schröders Agendapolitik eine gesamtdeutsche Linke schmiedete, weil die SPD erneut von ihrem Weg abgekommen war. Die SPD hatte sich diese Abspaltungen selber zuzuschreiben. Aber es ist das Elend der Spalter, selbst in einen Kreislauf des Zerfalls zu geraten. Immer droht die Spaltung der Abspaltung, als gäbe es ein Gesetz des linken Zerfalls in immer kleinteiligere radikale Elemente, deren Halbwertszeit kürzer und kürzer wird und die sich am Ende im politischen Raum verstrahlen. Bis nur noch ein Hintergrundrauschen zurückbleibt, eine Erinnerung an eine politische Kraft, die sich verbraucht hat.

Also, was ist der Sinn linker Politik? Gerechtigkeit. Aber es geht nicht darum, den Theorien gerecht zu werden, sondern den Menschen. Und die radikalen Linken neigen dazu, die Theorien mit den Menschen zu verwechseln. Rosa Luxemburg irrte vor 100 Jahren, als sie im berühmten Revisionismusstreit gegen die Idee von der Reformierbarkeit des Kapitalismus antrat. Und Sahra Wagenknecht hat geirrt, als sie den »Reformismus« als größte Gefahr der Linken beschrieb und das linke Heil in der schroffen Abgrenzung zur SPD sah.

Wann einer Sozialist ist, wann Sozialdemokrat, Liberaler oder Neoliberaler, das kann man als Frage der Weltanschauung und Werte beschreiben – oder als Frage des Mischungsverhältnisses von Öffentlichem und Privatem. Inwieweit politische oder monetäre Werte das Maß geben, Effizienz und Profit oder Hoffnungen und Visionen.

Die Überwindung dessen, was die Linken gerne die »herrschenden Verhältnisse« nennen, kann in Deutschland nur in ihrer Verbesserung liegen. Wer bei den Linken glaubt, das werde ohne die SPD gehen, betreibt Politik als Hobby. Die Wahlergebnisse sprechen für sich. Die Realos im Osten wissen das. Die Fundamentalisten im Westen leugnen das. Obwohl ihr Scheitern unabweisbar ist. Denn die Ausdehnung der Linkspartei nach Westen ist ja in Wahrheit gescheitert.

Weil die SPD ist, wie die SPD ist, braucht Deutschland die Linkspartei. Sie muss der Stachel im Fleisch solcher SPD-Politiker sein, die sich wieder und wieder so benehmen, als wären sie eigentlich lieber CDU-Politiker. Lafontaine und Wagenknecht waren dafür die Falschen. Lafontaine hat der Linkspartei zwei große Dienste erwiesen: Im Jahr 2005 hat er sie mitgegründet, und im Jahr 2010 hat er sie losgelassen. Es hätte keinen Besseren gegeben, das Projekt einer neuen linken Kraft in ganz Deutschland aufzunehmen als ihn. Und keinen

Schlechteren, es zu vollenden. Lafontaine wollte die deutsche Linke zu einem Organ seiner politischen Persönlichkeit machen und zu einem Instrument seiner Rache an der SPD. Dafür sind Parteien nicht da. Und die Linkspartei vor allem darf dafür nicht da sein. Wagenknecht hat sich als die schärfste Analytikerin der irrwitzigen Perversionen des Finanzsystems erwiesen. Aber mit ähnlicher Inbrunst wie die Banken hat sie die ostdeutschen Reformer ihrer Partei verfolgt. Wagenknecht und Lafontaine haben vergangene Schlachten ausgefochten. Das war ihr persönliches *Reenactment*.

Die Linkspartei hat immer noch nicht gelernt, dass sich mit dem stetig wandelnden Kapitalismus auch die Kritik an ihm stetig wandeln muss. Die wirkungsvollste Kapitalismuskritik kommt heute nicht aus der Heimat von Marx und Engels, sondern läuft unter Stichworten wie »occupy« und »commons«. Die Agitation der Massen findet längst statt. Allein, es fehlt die Übersetzung in die Politik. Das wäre die Aufgabe für die Linkspartei.

Auch wenn die Linkspartei es nicht gerne hört: Ihre Funktion in der deutschen Politik ist die des linken Korrektivs der SPD. Und die SPD braucht ein solches Korrektiv dringend. Die Sozialdemokraten haben es aus eigener Kraft nicht geschafft, sich aus ihrem Afghanistan-Irrtum zu lösen. Als Peter Struck starb, der frühere SPD-Verteidigungsminister, rief man sich seine Worte von der Verteidigung Deutschlands ins Gedächtnis, die auch am Hindukusch stattfinden müsse. Spätestens jetzt wäre noch mal Gelegenheit gewesen festzustellen: Struck war ein guter Sozialdemokrat, aber das mit dem Hindukusch war leider ein Irrtum. Am Hindukusch gewinnen wir keinen Blumentopf, und ihr Recht und ihre Freiheit müssen sich die Völker selbst erkämpfen, wenn sie es denn so wollen. Demokratie ist keine Exportware. Aber die SPD ließ die Gelegenheit verstreichen. Und vorher hatte Fraktionschef Steinmeier noch einmal bekräftigt, was den Militäreinsatz in Afghanistan angehe, da gelte auch für die SPD: »Gemeinsam rein, gemeinsam raus.«

Obwohl die Franzosen gezeigt hatten, dass man einem offenkundigen Unsinn durchaus einfach den Rücken kehren kann. Überhaupt hätte die SPD von Frankreich lernen können. Als der Sozialist François Hollande als Herausforderer des konservativen Sarkozy am politischen Ereignishorizont auftauchte, bot sich der SPD die historische Chance für eine sozialdemokratische Wirtschaftspolitik in Europa. Aber Gabriel, Steinmeier und Steinbrück verzichteten sicherheitshalber darauf, gemeinsam mit den Franzosen für die Einführung der berühmten Eurobonds zu kämpfen.

Das wären ja, wenn es sie denn gäbe, Anleihen, die die Staaten der Eurozone am Kapitalmarkt aufnehmen. Also die Vergemeinschaftung der Schulden. Angela Merkel hat das ausgeschlossen. Ja, mehr noch: Sie hat es in einer für sie geradezu einzigartigen Deutlichkeit und Klarheit ausgeschlossen. Am 25. Juni 2012 sagte die Kanzlerin vor der FDP-Fraktion, eine »gesamtschuldnerische Haftung« werde es nicht geben, »solange ich lebe«. Wenn man das in die Sprache der Finanzmärkte übersetzt, hatte die Kanzlerin gesagt, es werde mit ihr keine Eurobonds geben. Niemals. Unter keinen Umständen. Nur über ihre Leiche.

Das war sehr überraschend. Weil die Worte so deutlich waren. Und weil sie vor Abgeordneten der FDP fielen und nicht im eigenen Haus. Merkel hatte solche Deutlichkeit offenbar gar nicht geplant. Einige Abgeordnete riefen ihr zu: »Dann wünschen wir Ihnen ein langes Leben«, und da wirkte sie, als sei ihr eben erst aufgegangen, was sie da gerade gesagt hatte.

Diese Bonds wären der logische nächste Schritt auf dem

Weg der Integration. Der natürlich nur Sinn machen würde, wenn in gleichem Maße auch die Politik eine gemeinschaftliche würde. Das will Merkel nicht. Weil für sie die deutsche Linie nicht verhandelbar ist, die im Wesentlichen aus Exportorientierung und niedrigen Löhnen besteht. Die Europäische Union ächzt unter dem Joch dieser deutschen Politik. Es ist keine Politik der Gemeinschaft, sondern der Konkurrenz.

Eine sozialdemokratische Partei hätte sich für einen anderen Weg entscheiden müssen. Stattdessen konnte man beobachten, wie sich die SPD zwischen ihrer Angst und ihrer Bestimmung wand. Wieder einmal. Die Partei ist ja berühmt für dieses traurige Schauspiel. Erst sagte Parteichef Gabriel, die Debatte um Eurobonds sei »skurril«. Dann schlug er vor, man könne ja die Bevölkerung über die Frage abstimmen lassen. Der SPD war aufgefallen, dass gemeinschaftliche Schulden bei den Deutschen äußerst unbeliebt sind. Kein Wunder. Aber was wäre die Aufgabe der Politik in dieser Situation? Aufstehen und kämpfen. Was war die Entscheidung der SPD? Wegducken und kapitulieren. Das ist nicht die Art, in der Politiker Verantwortung übernehmen sollten. Es ist die Art, wie sie sich aus der Verantwortung stehlen.

Angela Merkel hatte vor den französischen Wahlen des Jahres 2012 den diplomatischen Comment verlassen und sich ausdrücklich auf die Seite Sarkozys gestellt. Da reagierte Sigmar Gabriel folgerichtig und sprach sich für François Hollande aus. Aber dennoch hat die SPD bislang nicht die Chance genutzt, die sich in Europa mit dem neuen französischen Präsidenten geboten hat. Hollande hat in einem Interview gesagt: »Ich bin kein gemäßigter Sozialist, auch nicht mäßig sozialistisch – ich bin einfach Sozialist.« Das ist ein Satz, der sich in Frankreich offenbar leichter sagt als in Deutschland. Hollande hat eine gerechtere Verteilungspolitik und eine Reichensteuer versprochen – und nach dem Wahlsieg Wort gehalten. Solche Radikalität ist den Deutschen fremd: Wenn sich in Deutschland jemand als Sozialist bezeichnet, legt der Verfassungsschutz erst mal einen neuen operativen Vorgang an – und entsprechend vorsichtig ist die SPD mit solchen Bekenntnissen.

Die Franzosen haben Hollande freilich nicht aus träumerischer Begeisterung gewählt. Nils Minkmar hat seinerzeit in der »Frankfurter Allgemeinen Zeitung« sehr schön geschrieben, Sarkozy sei den Franzosen am Ende einfach wahnsinnig auf die Nerven gegangen. Sie hätten gleichsam das Gefühl, »mit ihm in einem Aufzug eingesperrt zu sein«. Aber dennoch sprach Frankreich bei diesen Wahlen für ganz Europa: Das französische Votum war auch eines gegen den deutschen Sparzwang. Der Kontinent hatte diese Ideologie satt, die ökonomisch unsinnig ist und sozial eine Katastrophe. Frankreich ist das einzige Land, das in Europa genug Gewicht in die Waagschale werfen kann, um die deutsche Dominanz zu brechen. »Kann man sich einen einzigen Augenblick lang vorstellen, dass Deutschland Europa allein führen und Frankreich isolieren will?«, fragte Hollande und antwortete selbst: »Nein!«

Die Deutschen haben an der Lehre vom unpolitischen Geld festgehalten und Europa in die Kältezone ihrer Ideologie gezogen. Aber Geld ist politisch. Das hat man in Frankreich immer besser verstanden als in Deutschland. »Europa wird durch das Geld entstehen, oder gar nicht«, hat Jacques Rueff gelehrt, der Währungsexperte von Charles de Gaulles. Die unabhängige Zentralbank, die ohne Rücksicht auf politische Zusammenhänge agiert, haben die Franzosen immer für einen deutschen Irrtum gehalten.

Dass die Krise nachließ, lag nicht an Angela Merkels Austeritätspolitik. Vielmehr hatte Mario Draghi die »Dicke Bertha«

ausgepackt. So hat der Chef der Europäischen Zentralbank das 1-Billion-Euro-Programm selbst genannt, in dessen Rahmen er ab Anfang 2012 die europäischen Banken mit Krediten versorgte. Draghis Vorgänger Jean-Claude Trichet war schon vorausgegangen und hatte für 200 Milliarden Anleihen der Krisenstaaten gekauft. In dem Moment, als die EZB sich von der deutschen Lehre abwandte und den Geldhahn aufdrehte, flachte die Krise ab.

Die SPD war bei alldem nur Zuschauer. Und das lag nicht an der Oppositionsrolle. Die Sozialdemokraten haben Merkel in der Europolitik nicht als das entlarvt, was sie war: eine Gefahr für Europa und die gemeinsame Währung. Das ist das Rätsel der sozialdemokratischen Politik.

Vielleicht muss man sich das so vorstellen: Wenn ein deutscher Sozialdemokrat des Morgens aufsteht, sagt er sich vor dem Spiegel, dass Wahlen in der Mitte entschieden werden. Das hat ihm der selige Peter Glotz so beigebracht. Und daran hält er sich auch. Die Vergangenheit hält für die deutsche Sozialdemokratie zwar auch andere Erfahrungen bereit. Aber was ist die Erfahrung gegen eine Theorie von Peter Glotz? Wäre der deutsche Sozialdemokrat ein praktischer Mensch, wüsste er, dass die Mitte in Wahrheit gar kein Ort der Politik ist. Sie ist nur ein theoretischer Punkt. Jedes politische System, das in die Mitte drängt, deformiert sich dort zu Tode. Die Mitte ist das schwarze Loch der Politik, sie zieht alles an, aber nur, um es zu verschlingen. Seit Jahren macht die SPD diese Erfahrung. Sie lernt daraus aber nichts.

Das Saarland ist nicht eben ein Ort, an dem man die großen Zäsuren der Weltgeschichte erwarten würde. Aber für ein kleines Kapitel SPD-Parteigeschichte reichte es doch. Als im März 2012 im Saarland gewählt wurde, kam die SPD auf die Idee, bereits vor der Wahl eine Große Koalition anzukündigen.

Das lief darauf hinaus, dass SPD und CDU gemeinsam ein Kartell der Antipolitik gründeten. Als wollten sie der Demokratie mit Absicht das letzte bisschen Leben austreiben. Obwohl sich die beiden großen Parteien zusammentaten, hatten sie nachher nur etwas mehr als 40 Prozent der Wahlberechtigten vertreten. Das war ein Ergebnis der erschreckend niedrigen Wahlbeteiligung. Was die Wahlforscher »asymmetrische Demobilisierung« nennen, wird zum Normalfall der Wahlkampfstrategie: Die Politik setzt absichtsvoll darauf, dass möglichst wenig Leute zur Wahl gehen – aber von der Gegenseite noch weniger. Die CDU fährt damit regelmäßig besser. Sie hat die Voraussetzung dieses besonderen Politikstils zur Vollkommenheit getrieben: politische Unkenntlichkeit.

Das ist das Kennzeichen der Ideologie der Mitte. Der Politiker der Mitte muss alles vertreten und steht darum für nichts. Für das System liegt in der Mitte keine Beruhigung, sondern eine Gefahr, keine Stabilität, sondern eine Bedrohung. Wer die Mitte preist, ist nicht ein Freund der Demokratie, sondern ihr Gegner.

»Was ist links?«, fragte sich Sigmar Gabriel einmal selbst in einem Gespräch mit François Hollande. Er beantwortete das mit allgemeinen Ausführungen zur Aufklärung. Was notgetan hätte, wäre die Erkenntnis gewesen, dass der politische Raum links und rechts von der Mitte liegt. Aber die SPD hat sich selbst als Geisel genommen und lehnt standhaft jede Verhandlung über ihre eigene Freilassung ab. Es ist, als stünde im Parteiprogramm die Präambel: »Lieber tot als rot.«

Im wechselvollen demoskopischen Schicksal der SPD tauchte einmal unter den fleißigen Händen der Wahlforscher eine Singularität auf: 47 Prozent für Rot-Grün – aber mehr für die Grünen als für die Sozialdemokraten. Deutschland hätte damit einen grünen Kanzler gehabt. Es war kurios, dass genau zu diesem Zeitpunkt die sogenannte K-Frage in der SPD besonders heiß diskutiert wurde.

Als Steinmeier und Gabriel damals über die Kanzlerkandidatur nachdachten, erinnerten sie an den Arbeitslosen, der morgens das Haus verlässt und abends zurückkehrt, als wäre alles wie sonst. Damit die Frau und die Nachbarn nichts merken und damit er selbst sich vormachen kann, alles sei wie früher. Aber es ist schon längst nichts mehr wie früher. Die SPD steckt in der Krise. Krise, der Begriff kommt aus der Medizin. Er bezeichnet den Wendepunkt der Krankheit, danach kommt Genesung oder Tod. Für die Sozialdemokraten geht es tatsächlich um alles. Die Grünen könnten ihre Rolle im Westen übernehmen, die Linkspartei im Osten. Wofür braucht Deutschland noch die SPD?

Als die SPD die Wahl 2009 verloren hatte – mit 23 Prozent! –, hat Oskar Negt gesagt, die Fortsetzung der Großen Koalition wäre schlimmer gewesen als der Gang in die Opposition. Die »Profilnot« der SPD sei groß. Und jetzt bestehe wenigstens die Chance, dass in der Opposition wieder »sozialdemokratische Ziele« sichtbar würden.

Die SPD hat diese Chance lange Zeit nicht genutzt. Sie hat darüber gerätselt, was sozialdemokratische Politik im neuen Jahrhundert bedeuten könnte. Und mit ihr haben die Deutschen gerätselt, was diese Partei eigentlich will. Wofür stand zum Beispiel Nils Schmid, der nette Jungsozi aus Baden-Württemberg? War er für oder gegen Stuttgart 21? War er für oder gegen Atomkraft? Die Leute wussten es nicht und haben Grün gewählt. Klare Positionen hat die SPD in der jüngeren Vergangenheit vor allem in der Sozial- und in der Kriegspolitik bezogen. Leider die falschen. Afghanistan und Agenda 2010, zweimal A wie Abstieg. Beide Themen hängen der Partei immer noch wie Mühlsteine am Hals, und die Parteiführung fand nicht den Mut, die Fehler der Vergangenheit zu korrigieren. Tapfer wirkten die Sozis in der Großen Koalition und auch danach an jeder noch so unsinnigen Hartz-IV-Reform mit, und tapfer nickten sie jede noch so sinnlose Mandatsverlängerung durch den Bundestag und machten immerzu Schlimmes noch schlimmer. Müntefering-mäßig: Helm fester schnallen und weitermarschieren. Auch wenn man, wie eine Comicfigur, schon über den Rand der Klippe hinaus ist.

Was hat die Partei gelernt? Dass Steinmeier der falsche Kandidat war, ließ sich im Jahr 2009 schon vor dem Wahlabend absehen. Er war freundlich bis zur Unkenntlichkeit. Er versuchte, Merkel in ihrem eigenen Spiel zu schlagen, und tat, was er konnte, um jedes Profil zu vermeiden. Aber das ist ein politisches Rezept, das nur für einen am Tisch reicht: Gegen die unkenntliche Kanzlerin mit noch mehr Unkenntlichkeit aufzutrumpfen, wie hätte das funktionieren sollen?

Merkel kann aus der Atomkraft aussteigen, und sie könnte Frauenquoten einführen und sie braucht sich um ihr Gerede von gestern nicht scheren. Die deutschen Konservativen habe kein Wertesystem, das sie verraten könnten. Sie sind ja nicht einmal konservativ. Sie empfinden sich als der Normalfall der Regierung und tun das Notwendige, um es zu bleiben. Das ist prinzipienlos. Aber erfolgreich. Wenn die SPD das auch versucht, scheitert sie. Sie muss Sozialdemokratie neu definieren, und sie braucht einen Kandidaten, der das glaubhaft verkörpert. Sie braucht vor allem den Mut zur eigenen Haltung.

Die SPD hätte mal etwas von den Grünen lernen können. Deren Fraktionschef Trittin hatte auf die Frage, »Was macht Linkssein aus?«, geantwortet: »Das Primat der Politik über den Markt. Das ist der Anspruch, dass Menschen sich als vernunftbegabte Wesen, als gleichberechtigte Subjekte begegnen können und sollen. Und dass Ungerechtigkeit nicht der erstrebenswerte Motor gesellschaftlicher Entwicklung sein sollte.«

Aber was tat die SPD? Als es darum ging, die Bundestagswahl 2013 vorzubereiten, sagte Sigmar Gabriel: »Es geht nicht um einen Wahlkampf gegen Kanzlerin Merkel.« Nur zur Erinnerung: Als er das sagte, war der Mann Parteichef der Sozialdemokratischen Partei Deutschlands. Der erste Gedanke war: Ist ein Arzt im Raum? Der zweite Gedanke: Wer rettet die deutsche Sozialdemokratie vor ihren Funktionären?

Es war rätselhaft, wie ein Kurs, der im Jahr 2009 ins Abseits geführt hat, im Jahr 2013 ans Ziel führen sollte. Ist das der Freudsche Wiederholungszwang?

Steinmeier hatte, wie gesagt, schon einmal versucht, die Kanzlerin in ihrem eigenen Spiel zu schlagen. Aber Merkel ist die kühle Meisterin der Macht. Sie regiert, als habe sie fernöstliche Weisheit mit Stäbchen gegessen: Sie will nichts, weil im Wollen der Verzicht liegt. Sie hat keine Visionen, weil Visionen den Blick verengen. Sie bekämpft niemanden, weil der Kampf neue Feinde schafft. Wie wollte Steinmeier gegen die unkenntliche Kanzlerin mit noch mehr Unkenntlichkeit auftrumpfen? Hätten die Wähler würfeln sollen, wo sie ihr Kreuz machen?

»Es geht nicht darum, gegen andere zu kämpfen, sondern für ein besseres Deutschland«, sagte Gabriel. Das klang ganz lieb. War aber leider ganz blöd. Denn erst mal müssen die anderen beiseitegeschafft werden, bevor der Weg für das bessere Deutschland frei ist. Das ist Politik. Es ist sehr ehrenhaft, wenn eine Partei die Wahl mit Inhalten gewinnen will. Nichts gegen Inhalte. Man braucht schon Inhalte. Vor allem aber ist Politik heute ein personalisiertes Spiel. Und da bot die Kanzlerin inzwischen Angriffsfläche genug.

Als allerdings die SPD dann ihre Kandidatenfrage geklärt

hatte, da dachte man, es wird für die Partei tatsächlich besser sein, sich mehr auf Inhalte zu verlegen als auf die Personen.

Es gibt Kandidaten, die verlieren die Wahl. Das ist nicht schlimm. Und dann gibt es Kandidaten, die verlieren schon die Kandidatur. Das ist peinlich. In diese Kategorie drohte Peer Steinbrück gleich nach seiner Nominierung zu geraten. So wie der Mann durch das Dickicht seiner Nebeneinkünfte stolperte, bewies Steinbrück vor allem, dass er zwei linke Beine hat. Besser wäre für einen sozialdemokratischen Kanzlerkandidaten eine glückliche Hand für linke Politik.

Steinbrücks Nebeneinkünfte gerieten zu einer unerwarteten und für den Kandidaten sehr gefährlichen Affäre. Die Generalsekretäre Patrick Döring (FDP) und Alexander Dobrindt (CSU), die bis dahin nicht als große Strategen von sich reden gemacht hatten, konnten sich nicht genug freuen über die schlau erklugte Gescheitheit, mit der sie den SPD-Kandidaten zu Fall brachten, bevor das Rennen überhaupt begonnen hatte. Seit die beiden Anfang Oktober 2012 dem Kandidaten dessen Nebeneinkünfte vorwarfen, versucht die SPD den Stein, den man ihr da auf die Füße geworfen hat, loszuwerden. Aber er rollt immer wieder zurück. Die Genossen zeigten mit dem Finger auf die Ankläger und riefen: »Selber! Selber!« Aber voller Erstaunen mussten die Sozialdemokraten feststellen, dass die Leute von ihnen immer noch etwas anderes erwarteten als von Union und Liberalen.

Nach dem Ende der Großen Koalition, in der er Finanzminister gewesen war, hatte sich Steinbrück nicht auf seinen Stuhl im Deutschen Bundestag zurückziehen und einfach nur die Arbeit eines Abgeordneten tun wollen. Er mochte aber auf den Stuhl auch nicht verzichten. Steinbrück wollte alles gleichzeitig. Also wurde er Doppelverdiener und betätigte sich neben seinem Abgeordnetenmandat als Vortragsredner. Darin war er sehr erfolgreich. So erfolgreich, dass er bald seine Tätigkeit als Abgeordneter vernachlässigte. Das wäre zwar nicht besonders anständig gewesen, aber ohne Konsequenzen geblieben, weil kaum jemand davon Notiz genommen hätte – wenn Steinbrück nicht plötzlich aus der Dreifaltigkeit der Troika herausgehoben und zum Kanzlerkandidaten erklärt worden wäre. Man kann sich natürlich die Frage stellen, ob Steinbrück nicht zumindest mit einer Chance von eins zu drei damit rechnen musste, diesen Posten übertragen zu bekommen, und wie er sich das mit seinen vielfältigen Nebenverdiensten eigentlich gedacht hatte. Und man wird sich diese Frage auch stellen.

Die Netzseite Abgeordnetenwatch rechnete aus, wie viel Steinbrück neben seinem Mandat gearbeitet hatte: Während er vier Reden im Parlament gehalten hatte, waren es 81 Vorträge für zahlende Auftraggeber gewesen. Außerdem hatte er 17 von 62 wichtigen Abstimmungen verpasst. Das sei, sagten die Abgeordnetenwatcher, doppelt so viel wie im Parlamentsschnitt üblich. Zwischen 2009 und 2012 hatte Steinbrück als Redner etwa 1,25 Millionen Euro an Honoraren kassiert. Diese Zahl hatte er nur widerwillig und unter Druck herausgegeben. Zunächst hatte er sich mit Händen und Füßen dagegen gesträubt.

»Ich glaube, dass es Transparenz nur in Diktaturen gibt«, hatte er gesagt und, mit Blick auf die eigene eheliche Steuergemeinschaft: »Ich schütze meine Frau.«

Das war alles nicht so glücklich, um es vorsichtig zu formulieren. Und ganz besonders unglücklich wurde es, als herauskam, dass die Stadt Bochum, die mehr oder weniger pleite ist, Steinbrück für eine Diskussionsveranstaltung 25 000 Euro gezahlt hatte. Er hatte das einfach so genommen, für zweieinhalb Stunden Anwesenheit, von Arbeit will man da gar nicht sprechen. War das angemessen?, fragte der damalige »Spiegel«-Chef Georg Mascolo den Kandidaten in einer Diskussionsrunde. Und Steinbrück sagte: »Unverhältnismäßig!« Ihm habe das »Fingerspitzengefühl« gefehlt. So feinfühlige Fingerspitzen bräuchten die meisten Menschen nicht, um zu spüren, dass bei einem Stundenlohn von rund 10 000 Euro Preis und Leistung in keinem anständigen Verhältnis mehr stehen.

Man muss sich das vorstellen: Steinbrück unterschrieb einen Vertrag, der ihm an einem Nachmittag das halbe Jahresgehalt eines durchschnittlichen Wählers einbringen wird, und es kümmerte ihn nicht, von wem der Auftrag stammte? So hat er das selber beschrieben. Alles sei über seine »Agentur« gelaufen. In welcher Welt lebt so ein Mann? Sicher nicht in der eines SPD-Ortsvereins.

Einen kleinen Vorgeschmack auf das, was ihrem Kandidaten im Wahlkampf blühen würde, bekam die SPD, kurz nachdem das Thema in einer Bundestagsdebatte aufgebrochen war. Steinbrück sprach über das Betreuungsgeld. Gelächter bei der Union: Der Millionenkandidat zu Besuch im Kindergarten? Da dachte man: Die arme SPD! Wie soll das erst werden, wenn der Wahlkampf richtig losgeht? Immer wenn es um die soziale Frage geht und Steinbrück das Wort ergreift, muss ihm nur einer »Bochum« entgegenrufen, und der Kandidat hat schon verloren.

Die SPD musste sich die Frage stellen, für wen sie eigentlich Politik machen möchte. Was versprach sich die Partei davon, einen Kandidaten aufzustellen, der der eigenen Klientel fremd war? »Die Wirtschaft wählt ja trotzdem CDU«, zitierte die »Süddeutsche Zeitung« einen ungenannten SPD-Politiker.

Steinbrück beklagte sich, es werde anhand seiner Person eine »Neidkomplex-Debatte« geführt. Aber das stimmte nicht. Es ging hier nicht um Neid. Sondern um Glaubwürdigkeit. Warum dürfen immer nur die anderen Geld verdienen?, ereiferte sich Steinbrück einmal. Dabei ist die Frage nicht so schwer zu beantworten: weil »die anderen« nicht Kanzler im Namen der Sozialdemokratischen Partei werden wollen.

Der Kandidat verstand zwar offensichtlich nicht, was man ihm vorwarf. Aber er gab sich dennoch Mühe, die Erwartungen zu erfüllen. Beim Nominierungs-Parteitag, den die SPD im Dezember 2012 in Hannover abhielt, sagte Steinbrück den schönen Satz: »Es gibt eine Sehnsucht in unserer Gesellschaft.« Nach den Exzessen der Finanzmärkte, nach der Entwertung der persönlichen Leistung, nach dem überbordenden Egoismus gebe es eine Sehnsucht nach mehr Maß und mehr Gerechtigkeit: »Deutschland braucht wieder mehr ›wir‹ und weniger ›ich‹!«, sagte Steinbrück. Er traf in Hannover den richtigen Ton. Noch wichtiger aber war, dass ihm ein echtes Kunststück gelang: Er zeichnete das Bild einer modernen Sozialdemokratie. Nach Hannover wusste man wieder besser, warum man die SPD wählen sollte. Gerechtigkeit. Das ist der Grund. Weil Deutschland kein gerechtes Land ist und weil der Kanzlerin und ihren Ministern das gleichgültig ist. Steinbrücks Rede war eine Rede über den Verlust an Gerechtigkeit und über den Entschluss der Rückeroberung. Für die SPD bedeutete das, ein Stück der eigenen, verlorengegangenen Identität zurückzuerobern.

Steinbrück sagte: »Die Fliehkräfte in dieser Gesellschaft nehmen zu: durch eine wachsende Kluft in der Vermögens- und Einkommensverteilung, durch unterschiedliche Startchancen von Kindern aus materiell besser gestellten Etagen unserer Gesellschaft und Kindern aus bildungsferneren Schichten, durch die Spaltung des Arbeitsmarktes, weil die Zahl der unsicheren und unterbezahlten Jobs zunimmt, und auch durch finanziell marode Kommunen, die ihre sozialen Brennpunkte nicht mehr in den Griff kriegen, weil ihnen das Geld dafür fehlt.«

Es war gut, dass Steinbrück den Kampf gegen diese Fliehkräfte in den Mittelpunkt seiner Rede gestellt hat. »Diesen Begriff habe ich in der Tat bei einer anderen Nominierungsrede das erste Mal gebraucht«, sagte er, »nämlich im November 2002 auf einem Parteitag, bei dem es um die Nominierung für die Wahl zum nordrhein-westfälischen Ministerpräsidenten ging.« Seitdem ist viel geschehen. Es war eine rot-grüne Bundesregierung, unter der die Zentrifugalgeschwindigkeit des gesellschaftlichen Umbaus drastisch erhöht wurde. Und es war der sozialdemokratische Finanzminister Steinbrück, der selbst nach dem Ende dieser Regierung noch durch großzügige Deregulierung der Kapitalmärkte die Verteilungs-Fliehkräfte immer weiter beschleunigte.

Hier sprach also einer, der dabei war. Der Verantwortung trug. Dazu fiel kein Wort. Kein Wort des Eingeständnisses, keines der Einkehr. Dabei hätte ein bisschen Selbstkritik dem Kandidaten gut gestanden.

Die ersten Wochen seiner Kandidatur sahen ja wie ein Stück politischer Satire aus. Noch kurz vor dem Parteitag hatte Steinbrück tatsächlich schon wieder einen von seinen Vorträgen halten wollen. Ausgerechnet vor einer Schweizer Privatbank, während in Nordrhein-Westfalen gerade wieder einmal eine Steuersünder-CD in den Staatsrechner geschoben wurde. Steinbrücks Begründung für diese unziemliche Verabredung: Die Abmachung sei alt, er könne nicht zurück, es drohe sonst Konventionalstrafe. Das war ein putziges Argument. Steinbrück hatte Glück, dass die Staatsanwälte noch vor ihm bei der Bank waren und eine Hausdurchsuchung machten. Da hatte er dann einen Grund zum Absagen.

Der Kandidat erinnerte ein bisschen an Sandor Needleman, die berühmte Figur von Woody Allen. Der beugte sich einmal in der Mailänder Scala zu weit aus seiner Loge und stürzte kopfüber in den Orchestergraben. Und damit nur niemand denken konnte, das sei aus Versehen geschehen, sprang er von nun an mit Absicht jeden Abend in die Tiefe.

Immer wieder sprang Steinbrück so in die Tiefen des medialen Orchesters, immer wieder zog er sich schwere Blessuren zu. Warum sagte Steinbrück der »Frankfurter Allgemeinen Sonntagszeitung«, dass Bundeskanzler zu wenig verdienen? Dass ihr Gehalt im Vergleich zu Leistung und Verantwortung zu niedrig sei? Was schwebte ihm da vor? Was war sein Maßstab? Die Banken und die Dax-Konzerne?

Steinbrück ist ein erwachsener Mann. Aber er verhielt sich wie ein trotziges Kind. Auch als Kandidat werde er sich nicht verbiegen lassen, hatte er oft genug wiederholt. Und dann wollte er es beweisen, indem er sich nicht wie ein Kandidat verhielt. Offenbar gab es in der Parteizentrale niemanden, der ihm sagen konnte, dass er den falschen Posten hatte, wenn er narzisstische Volten schlagen wollte.

Der Kandidat war in den ersten Monaten seiner Kandidatur so mit sich selbst beschäftigt, dass das Publikum jedem neuen Auftritt mit fasziniertet Neugierde beiwohnte. Was macht er als Nächstes? In welchen Fettnapf wird er sich werfen? Man konnte sogar den Eindruck gewinnen, als seien manche Medien dazu übergegangen, sich aus Steinbrücks politischer Arbeit einen voyeuristischen Spaß zu machen. Sie verfolgten seine Reden und seine Termine mit der glucksenden Erwartung des nächsten Fettnäpfchens. Da ging es nicht um Politik, sondern um Patzer, Pannen, Peinlichkeiten.

Anfang 2013 konnte die SPD die Wahl in Niedersachsen für sich entscheiden. Aber es war knapp. Und das lag an Steinbrück. »Es ist mir auch bewusst, dass ich maßgeblich dafür eine gewisse Mitverantwortung trage«, sagte Steinbrück noch am Wahlabend. Der Kandidat war nicht nur keine Hilfe. Er war eine Last.

Die Sehnsucht, von der Steinbrück sprach, die gibt es. Aber wer wird sie stillen? Und was wird dann daraus werden? Man fragt sich, ob die Medien, die Intellektuellen, die Parteien dieses Landes noch Lust haben, die Kräfte, die sich da suchend bewegen, zu bündeln und zu leiten. Viel zu viele haben sich gemeinsam der großen Illusion hingegeben, Gestaltung durch Verwaltung ersetzen zu können. Damit steigt das Risiko, dass sich der Druck von unten einen anderen Weg sucht. Zum Besseren oder zum Schlechteren. Der Weg des Populismus, der in Europa neuerdings als Berlusconismus einherkommt, wäre der schlechtere. Berlusconismus: ein schöner Begriff, den Georg Seeßlen geprägt hat. Denn nur aus der sicheren Entfernung von Deutschland aus konnte man Silvio Berlusconi für einen schrägen Clown im Palazzo Chigi halten. Seeßlen schrieb:

»Der berlusconistische Politiker erhält seine Macht nicht so sehr durch die parlamentarisch-demokratischen Institutionen und nicht durch die Hierarchien und Allianzen der Parteien, sondern vor allem durch die Medien. Nicht Wahl oder Diskurs entschieden über seine Macht, sondern seine mediale Präsenz – möglichst überraschend, möglichst ›unpolitisch‹. Dementsprechend definiert er sich als metaparteilich, als unabhängig und solitär. So wird er zur direkten Antwort auf die ›Politikverdrossenheit‹, die nicht zuletzt eine Parteienverdrossenheit ist: Berlusconismus ist, unter vielem anderen, Politik für Leute, die mit Politik nichts im Sinne haben, sowohl unpolitische Politik als auch politische Un-Politik.«

Der erste wirklich berlusconistische Politiker (Nachkriegs-) Deutschlands war Karl-Theodor zu Guttenberg. Auf ihn trifft zweifellos Seeßlens Kriterium zu, »dass der berlusconistische Politiker sich nach den Gesetzen der Unterhaltungsindustrie inszeniert«. Guttenberg war ein Popstar. Seine Fans verloren über ihn buchstäblich ihren Verstand. Ein sonderbarer Mechanismus ergriff beim Anblick Karl-Theodor zu Guttenbergs Besitz von der deutschen Volksseele. Wie nach langer Entbehrung verschwendete der Wähler sein sehnsüchtiges und ausgetrocknetes Herz an die oberflächliche Männlichkeit dieses Barons, auf den ja in Wahrheit die Worte aus dem Film »Schtonk« passen, die Christiane Hörbiger voll bebender Anerkennung zu Götz George sagt: »Sie – Sie sind ja ein ganz schmieriger Typ!«

Da konnte man nebenbei auch etwas über den deutschen Nationalcharakter lernen. Die Causa Guttenberg erinnerte daran: Das deutsche Volk ist eben doch eine »Pflanze der Natur«, wie Herder sagte, der Experte fürs Nationale. Es war, als hätten die Deutschen in Guttenberg den Weltgeist gesehen. Was legte Guttenberg bei den Deutschen frei? Das Unbehagen an der Normalität, die Traurigkeit über die Entzauberung der Welt, mit einem Wort: die Neigung zur Romantik.

Guttenbergs Getreue riefen für ihn zwar zu Demonstrationen auf. Aber die Demos waren nicht gut besucht. Es gab keine Massenschwüre auf freiem Feld, und Choralgesang in den Kirchen gab es auch nicht. Mit dem Freiherrn erlebten die Deutschen zwar eine Rückkehr des Körpers in der Politik. Aber ihre eigenen Körper wollten seine Anhänger dann doch nicht in Bewegung setzen. Der Wutbürger demonstriert auf der Straße. Der Sehnsuchtsbürger träumt zu Hause. Er träumt vom Ende des Streits. Davon, dass aller Zwist endlich in einer Einheit aufgehen möge. Er träumt von der blauen Nacht der Demokratie. Von der Überwindung des Politischen. Nachdem Hitler die Macht übernommen hatte, schrieb Sebastian Haffner: »Es war, man kann es nicht anders nennen, ein sehr verbreitetes Gefühl der Erlösung und Befreiung von der Demokratie.« Das war die deutsche Abscheu für die Sphäre des Politischen, die Haffner da beschrieb. Es hat sich daran nicht so viel geändert.

Mit der Überwindung des Politischen geht im romantischen Traum auch die Sehnsucht nach der Überwindung des Gesetzes einher. Denn einerseits wird das Gesetz ja nur in der als unvollkommen empfundenen Ära des Streits gebraucht. Und andererseits ist das Gesetz etwas für den Schwachen. Der Starke hat es nicht nötig. Daher rührt auch die Sehnsucht nach dem Überwinder des Gesetzes. Dem Mann, der die Regeln ungestraft brechen darf, die uns Sterbliche täglich knebeln. In diesem Sinne nahm es mancher Bürger Helmut Kohl nicht übel, als der sich über das Gesetz stellte und die Namen seiner geheimnisvollen Spender verheimlichte.

So war es bei Guttenberg und dem Plagiat. Die Leute liebten ihn nicht trotz, sondern gerade wegen seiner Regelverstöße. Die Verteidiger des Freiherrn verließen sich auf ein selbstgerechtes Volksempfinden. Sie schürten ein Murren entlang der Bruchlinie zwischen »Wir hier« und »Ihr da«. Es war das gleiche Murren, mit dem sich die Gemeinde der Gläubigen gegen die schlichte Wahrheit stemmte, dass jener andere Heilige des moralischen Prekariats, Thilo Sarrazin, in seinem Buch vor allem schlichten Blödsinn geschrieben hat.

Hunderttausende von Gefolgsleuten im Internet, die Springer-Presse und die Bundeskanzlerin redeten sich gegenseitig ein, dass Guttenbergs Unglaubwürdigkeit als Doktorand von seiner Glaubwürdigkeit als Politiker loszulösen sei. Das war nicht plausibel. Es musste sich auch beim glühendsten Verehrer des Freiherrn ein unangenehmes Störgefühl einstellen, ein leises Nagen, dass hier etwas nicht stimmte. Das ist ein Kennzeichen jenes sozialpsychologischen Zustandes, den man kognitive Dissonanz nennt. »Mir geht es um die Arbeit als Bundesverteidigungsminister. Die erfüllt er hervorragend, und das ist das, was für mich zählt«, machte sich die Kanzlerin Mut. Aber das Wissen darum, dass Guttenberg sich in Wahrheit in einer für einen Minister untragbaren Art und Weise verhalten hatte, ließ sich nicht so leicht aus der Welt schaffen. Umso heftiger die Angriffe der Guttenberg-Verteidiger auf dessen Kritiker. Aber es waren keine bösen Mächte am Werk, wenn Guttenberg sich von Teilen der Medien und der Politik heftig kritisiert sah. Es waren die einfachen Regeln des Anstands, die seinen Rücktritt forderten. Die Guttenberger brachten vor, dass es in Deutschland wichtigere Themen gebe als die falschen Fußnoten des Freiherrn. Und das war ja auch vollkommen richtig. Dazu schrieb Jürgen Kaube damals in der »Frankfurter Allgemeinen Zeitung«: »Es gibt auch Wichtigeres als Steuerhinterziehung, Fahren im angetrunkenen Zustand …, und was nicht noch alles. Soll man darum nicht sagen dürfen, worum es sich handelt?« Um Täuschung nämlich. Daran änderte auch die schiere Masse derer nichts, die mit dem »Bild«-Kolumnisten Franz Josef Wagner zusammen sagen: »Scheiß auf den Doktor.«

Seeßlen schrieb: »Er ist ein Volksheld auch in dem Sinne, dass er sich scheinbar ehrlich – ›Blödsinn‹ – zu seinem Verhalten bekennt: Ohne bescheißen kommt man zu nichts. Wesenszug dieses Populismus ist der Anti-Intellektualismus. Insofern geht es in der Zustimmung zum Bescheißen nicht nur ums Akzeptieren unehrenhaften Verhaltens, sondern auch um die Abwertung der akademischen Institutionen.

Paradoxerweise wird in dieser Hinsicht ein Guttenberg durch den Betrug erst richtig glaubwürdig, genau so, wie er als Freiherr erst richtig glaubwürdig wird, weil er diese Rolle wie in einer schlechten Vorabendserie des deutschen Fernsehens spielt. Er vereint die akademischen und aristokratischen Distinktionen mit der Präsenz eines Parvenü: Der Freiherr als Staubsaugervertreter oder umgekehrt.«

Das ist also, um es zusammenzufassen, eine Art fröhlicher Faschismus, dem da gefrönt wird. Aber, still, der Traumdeutsche will aus seinem Schlummer nicht geweckt werden: Die Hate-Mails, mit denen kritische Journalisten von Guttenberg-Anhängern überhäuft wurden, würden Bände füllen. Auch das hat eine lange romantische Tradition, diese Wut und diese Verachtung, die den Aufklärern entgegengebracht werden. »Ich hasse die Menschen, die mit ihrer nachgemachten kleinen Sonne in jede trauliche Dämmerung hineinleuchten«, ließ Ludwig Tieck seinen William Lovell sagen. Auch die Politromantiker von heute scheuen das Licht. Ebenso wie die Frage nach dem Grund für ihre Verehrung. Die Frage allein entlarvt den, der sie stellt, als Ungläubigen, als Unbekehrten. In seiner Studie über die Romantik schreibt Rüdiger Safranski über die absichtsvolle Grundlosigkeit des Gefühls: »Es geht allein um die Intensität, die umso größer ist, je weniger Grund sie hat. Wenn etwas begründet ist, gibt es einen rationalen Rückbezug, der immer etwas Abklärendes, Moderierendes hat.« Gerade in ihrer Grundlosigkeit begründet sich die Liebe. 1797 hat Schiller in seinen Xenien zum Nationalcharakter gedichtet: »Zur Nation euch zu bilden, ihr hofft es, Deutsche, vergebens / Bildet, ihr könnt es, dafür freier zu Menschen euch aus.« Es ist offenbar andersherum gekommen.

Guttenberg war – wie Sarrazin auch – eine »politische Schwarzmarktphantasie«, um noch einmal das Wort von Oskar Negt aufzugreifen. Man kann sich die Sehnsüchte der »Bild«-Leser nach dem »Dream-Team Guttenberg/Sarrazin« (Seeßlen) vorstellen. Aber die bürgerliche Gesellschaft, im Sinne der Gesellschaft der Citoyens, erwies sich als resilient. Eine populistische Partei blieb Deutschland erspart. Jedenfalls eine bösartige, wie sie die europäischen Nachbarn beinahe alle kennengelernt haben. Die deutsche Antwort auf den Druck des Populismus war, so paradox das klingen mag, die Piratenpartei. Da sind wir noch gut weggekommen.

Es war nur eine Frage der Zeit, bis irgendwann auch in Deutschland eine populistische Partei Erfolg haben würde. Die Nachbarn kannten das Phänomen schon lange: Von Marine Le Pen, die den Rassismus des Front National subtiler verkauft als ihr Vater und darum nur umso erfolgreicher ist, über den Holländer Geert Wilders, der im Internet eine »Meldestelle für Störungen durch Osteuropäer« eingerichtet hat, bis zu den homophoben Rechtskatholiken in Polen und den Antieuropäern in Dänemark und Finnland.

In Deutschland hat Sarrazin zwar eine Millionenleserschaft gefunden. Aber politisch fand die Islamophobie keinen wirksamen Niederschlag. Was den Populismus angeht, beschritt Deutschland einen Sonderweg: Die Piraten habe eine neue Partei der politischen Emanzipation geschaffen, nicht eine der Furcht. Angst musste das nur den etablierten Parteien machen.

Die Piraten entlarvten die Simulationen des Politikbetriebes. Sie weigerten sich, bestehende Spielregeln zu akzeptieren. Das war ein wohltuender Populismus, den sich die neue Partei da leistete. Wie in einem Reflex fragten die auf herkömmliche Politberichterstattung trainierten Journalisten sofort die Piraten-Standpunkte ab, vom Pflegegeld über die Frauenquote bis zum Nahostkonflikt. Aber der neue Parteichef Bernd Schlömer fragte zurück: »Muss jede Partei zu allen politischen Themenfeldern dezidierte Positionen vertreten? De facto haben selbst Volksparteien kein Vollprogramm.« Es war von Anfang an ein Missverständnis, von den Piraten sofort Antworten auf alle möglichen inhaltlichen Fragen zu verlangen. Diese Partei will ja mehr als Reformen. Sie will eine Reformation des politischen Prozesses.

Das Risiko der vernachlässigten Demokratie besteht darin, dass ihr auf Dauer die Demokraten ausgehen. Es kommen dann andere und nutzen ihre Chance. Die Piraten machten

Hoffnung, dass die Kräfte der Enttäuschung in Deutschland nicht ins Ressentiment fließen. Die Piraten sind naiv, idealistisch, romantisch. Umso besser. Sie sind eine deutsche Antwort auf die Politikverdrossenheit, die ein Risiko der modernen Gesellschaft ist. Diese Verdrossenheit findet ihre Ursache in einer moralischen Entkräftung des Systems. Die Institutionen funktionieren. Aber die Werte, für die die Institutionen stehen sollen, verlieren ihre Bedeutung. Die Wirklichkeit spaltet sich. In der DDR war dieser Prozess seinerzeit bis zum Grad der öffentlich verordneten Schizophrenie fortgeschritten. Und nur der Zusammenbruch konnte die Kluft zwischen Wort und Wahrheit schließen. So weit ist die neue Bundesrepublik noch nicht. Aber sie ist in den vergangenen Jahren ein gutes Stück in diese Richtung vorangekommen.

Ein Beleg dafür ist der Vorhalt, der den Piraten gemacht wurde: Es heißt, sie zementierten Merkels Macht und ebneten einer Großen Koalition den Weg. Warum? Weil es in einem 6-Parteien-Parlament für eine Ablösung der Kanzlerin keine Mehrheit gebe. Das ist Politzynismus. Wähler, die wählen wollen, dürfen nicht ignoriert werden. Wer mit solchen Argumenten gegen die Piraten vorgeht, folgt dem Kalkül genau jener wählerverachtenden Politarithmetik, gegen die früher die Grünen kämpften und gegen die sich jetzt die Piratenpartei wendet. Die sogenannten etablierten Parteien haben vergessen, dass Demokratie mehr ist als Machttechnik.

Ganz ohne Machttechnik allerdings geht es nicht. Das merken die Piraten dann auch ziemlich schnell. Es gab ein paar personelle Peinlichkeiten wie jene um den Piraten-Geschäftsführer Johannes Ponader: Der verstrickte sich in einen bizarren Streit mit der Bundesagentur für Arbeit über die Frage, ob er als ehrenamtlicher Geschäftsführer seiner Partei erlaubterweise Stütze vom Staat kassieren durfte. Die Tatsache, dass ein Vorstandsmitglied der Agentur an diesem Streit öffentlich teilnahm, war ungewöhnlich, die Tatsache, dass die Springer-Presse sich daran freute, war erwartbar. Aus Sicht der Piratenpartei war das dennoch nicht besonders glücklich. Und es wurde durch die schräge Spendenaktion nicht wirklich besser, die dann auch noch zugunsten Ponaders durchgeführt wurde. Ernster, weil von grundsätzlicherer Bedeutung, war der Konflikt um den Einfluss der politischen Führung der Partei.

Piratenchef Bernd Schlömer, von Beruf Personalreferent bei der Bundeswehr, der also ein bisschen Erfahrung mit großen Organisationen hat, gab Anfang 2013 bekannt, dass er mit den Prinzipien der Partei zwar brechen wolle – sie aber immerhin erweitern werde: »Ich werde ab nächster Woche unabhängiger von Parteibeschlüssen Stellung nehmen«, sagte er im Januar 2013. Das klingt nicht so weltbewegend – für die Piraten war es das aber.

Immerhin sind die Piraten mit einer neuen Form von Basisdemokratie angetreten: Onlinepolitik, digitale Partizipation, immer und überall und andauernd, Meinungsbildung als permanenter Prozess, Liquid Feedback, mit eigener Software. Ein Treffen mit Piratenpolitikern ist für jemanden jenseits des *digital divide,* der die autochthonen Netzbürger von den angelernten unterscheidet, eine sonderbare Sache: Alle haben buchstäblich die ganze Zeit irgendein Gerät in der Hand und twittern und posten und kommunizieren unablässig. Man muss sich an diese Virtualisierung der Gegenwart erst noch gewöhnen. Jedenfalls passt das nicht gut zum herkömmlichen Modell, in dem ein paar mehr oder weniger kundige Leute sich zusammensetzen, gegeneinander intrigieren, und daraus entsteht dann in einem geheimnisvollen Amalgamierungsprozess die Politik. In diese Richtung wollte Schlömer seine Partei bewegen: »Wir müssen mehr auf Köpfe setzen«, sagte er. Und bekam dafür selber ordentlich auf den Kopf.

Die Piraten haben dieselben Probleme, die die Grünen in ihren ersten Jahren hatten. Und wenn Schlömer ein Realo ist, dann ist zum Beispiel seine Schatzmeisterin Swanhild Goetze eher eine Funda, falls diese Wortbildung zulässig ist. Jedenfalls hat sie nach der wirklich schlimmen Niederlage der Partei bei den Wahlen in Niedersachsen fröhlich getwittert: »Endlich habe ich meine kleine, süße 2-Prozent-Partei wieder.« Man sieht, es geht um die Frage, ob die Piraten ein fröhlicher Verein von Amateuren sein wollen oder eine politische Partei im System der Bundesrepublik Deutschland. Wenn die Partei selbst die Frage nicht beantworten will, dann werden die Wähler das für sie erledigen.

Das Ergebnis ist offen. Aber eines ist sicher: Es wäre viel zu früh, die Piraten abzuschreiben. Und außerdem wäre es schade um eine Partei, deren prominentes Mitglied, Marina Weisband, das Ziel von Politik so beschreibt: »Politik hat das Ziel, alle Menschen möglichst glücklich zu machen.«

10 ZWEITES ZWISCHENSPIEL
EIN GESPRÄCH MIT WOLFGANG KRAUSHAAR

WOLFGANG KRAUSHAAR IST POLITIKWISSENSCHAFTLER AM HAMBURGER INSTITUT FÜR SOZIALFORSCHUNG.

JAKOB AUGSTEIN: *Herr Kraushaar, was würden Sie tun, wenn Sie zur Überzeugung gelangten, dass sich das System selbst nicht mehr an seine Gesetze hält? Oder es hält sich an die Gesetze – verletzt aber deren Geist.*

WOLFGANG KRAUSHAAR: Verzeihung, aber was Sie damit aufwerfen, scheint mir nichts anderes als die altbekannte Systemfrage zu sein. Sie wissen vermutlich, dass sie einst im Zentrum der 68er-Bewegung gestanden hat. Diese Frage ist nach ihrer Hochzeit in den siebziger Jahren dann immer weiter verblasst – obwohl mit der Durchsetzung der neoliberalen Ökonomie seit Mitte der achtziger Jahre die objektiven Gründe, sie zu stellen, eher zugenommen haben dürften. Der Neoliberalismus ist inzwischen ja geradezu zu einer normativen Voraussetzung des Politischen geworden. Man muss die Unterschiede zwischen den im Bundestag vertretenen Parteien schon etwas genauer betrachten, um in dieser Hinsicht fündig zu werden. Die sogenannte Systemfrage wird in unserem parlamentarischen System ja – wenn man einmal von Teilen der Linkspartei absieht, die in dieser Hinsicht ohnehin nicht als kreditwürdig gilt – gar nicht mehr gestellt.

A: *Darf man diese Frage mit Gewalt beantworten?*

K: Nein, das darf man nicht. Wenn Sie mich vor 40 Jahren gefragt hätten, wäre meine Antwort vermutlich eine andere gewesen. Die sogenannte Gewaltfrage ist allerdings noch immer ein schwieriges Thema. Unsere bürgerliche Demokratie wäre ja ohne den Einsatz von Gewalt nie entstanden. Die Französische Revolution und der Sieg der Alliierten anderthalb Jahrhunderte später waren nun mal mit einer entschiedenen Form der Gewaltanwendung verbunden. Ich glaube im Übrigen nicht, dass sich bei uns nach dem Zweiten Weltkrieg aus eigenen Kräften eine parlamentarische Demokratie entwickelt hätte. Mit anderen Worten, wir verdanken unser demokratisches System dem Einsatz von Gewalt. Das ist ganz unbestreitbar.

Der Parlamentarismus ist – auch wenn sich das vielleicht etwas pathetisch anhören mag – eine zivilisatorische Errungenschaft. Dazu gehören in elementarer Weise nicht nur die Gewaltenteilung und der Rechtsstaat, sondern auch eine von allen Bürgern allgemein akzeptierte Form der Gewaltfreiheit, die mit der Wahrnehmung des Gewaltmonopols durch den Staat einhergeht. Die meisten linken Bewegungen wollten das lange Zeit nicht akzeptieren. Das galt eine Zeitlang auch für mich, aber ich habe meine Position revidiert.

A: *Was ist das Gewaltmonopol?*

K: In einem demokratischen System ist allein der Staat legitimiert, die Anwendung physischer Gewalt für sich zu beanspruchen. Unterhalb seiner Schwelle gibt es kein Recht auf Gewalt. In der Wahrnehmung seiner Gewalthoheit ist der Staat allerdings dem allgemein geltenden Recht und Gesetz unterworfen.

A: *Dann ist die strukturelle Gewalt des Systems, die nicht dem staatlichen Monopol unterliegt, auch illegitim?*

K: Was meinen Sie damit? Ich glaube, hier wird etwas durcheinandergeworfen. Wenn wir so im Ungefähren diskutieren, wissen wir nicht, ob wir von einer akteursbezogenen Gewalt reden oder von einer strukturellen Gewalt, die angeblich in den Verhältnissen sedimentiert ist. Also, was meinen Sie damit?

A: *Ich meine jene Umstände, die einen Teil der Leute zu Beherrschten machen und ihnen die Möglichkeit nehmen, mit demokratischen Mitteln an diesen Umständen etwas zu ändern. Diese Leute sind ohnmächtig. Kann man sie dann nicht als Opfer von Gewalt beschreiben?*

K: Das würde ich ablehnen. Als Beschreibung ebenso wie auch als Teil einer Definition. Wer so argumentiert, der öffnet neben dem parlamentarischen Raum einer durch die Verfassung gedeckten Demokratie einen außerparlamentarischen Raum mit dem Versuch einer Legitimationsstiftung für eine vermeintlich bloß reaktive Form der Gewalt – die so oft beschworene »Gegengewalt«.

A: *Aber gibt es nicht gesellschaftliche Bereiche, in denen solche außerparlamentarischen Legitimierungsprozesse immer schon Teil des Systems waren? Nehmen Sie die Zentralbankpolitik: Die Deutschen waren immer stolz darauf, dass die Bundesbank dem demokratischen Prozess entzogen war, weil man der Demokratie nicht so weit traute, sich um das Geld kümmern zu können. Da haben wir auf Experten gesetzt, auf Philosophenkönige, die aus höherer Einsicht im Interesse des allgemeinen Ganzen handeln. Dann mussten wir aber feststellen: Das tun die gar nicht, die handeln auch nur im Interesse von Eliten. Was machen wir da?*

K: Dieses Problem ist schon vor über 50 Jahren von dem amerikanischen Soziologen C. Wright Mills beschrieben und analysiert worden – in seinem Buch »The Power Elite«. Mills war ein Vordenker der Neuen Linken; er ist leider sehr früh gestorben, schon 1962. Da hatte sich eine erneuerte, gegenwartsbezogene Linke, die ihm vorschwebte, noch gar nicht richtig formiert.

A: *Sonst hätten wir noch mehr von ihm gehört?*

K: Davon bin ich überzeugt. Er war einer der seltenen Fälle, in denen ein Soziologe selber zum politischen Vordenker geworden ist. In den fünfziger Jahren durchlief die Linke ja zwei wichtige Entwicklungen: zum einen die Entstalinisierung und zum anderen die Sozialdemokratisierung. Mills hat sich sehr mit dem Stalinismus wie dem Poststalinismus beschäftigt und mit dem Versuch der Linken, die kommunistischen Fesseln abzustreifen. Andererseits wandte er sich aber auch gegen die sozialdemokratische Anpassung an das Bestehende, wie das die SPD mit ihrem Godesberger Programm vorexerziert hatte. Diese beiden Gedankenströme prägten seinerzeit die Grundpositionen der Neuen Linken: Sich einerseits gegen den Sowjetkommunismus und andererseits gegen die Sozialdemokratisierung zu positionieren. Das war auch die Linie, die der SDS eingeschlagen hat, nachdem er 1961 aus der SPD rausgeworfen worden war.

Mills legte damals eine Analyse über die Verselbständigung von Machteliten in den USA vor. Sie erinnern sich vielleicht an Eisenhowers Warnung vor der immer unkontrollierbarer werdenden Macht des militärisch-industriellen Komplexes? Der US-Präsident und einstige Oberbefehlshaber der amerikanischen Besatzungstruppen im Nachkriegsdeutschland hatte in einer aufsehenerregenden Rede zur Amtsübergabe an seinen Nachfolger John F. Kennedy diesen mit dieser Warnung konfrontiert. Es gab also ein ausgeprägtes Bewusstsein von einer verhängnisvollen Machtfülle bestimmter Eliten in Wirtschaft, Militär und Politik nicht nur bei Soziologen und linken Kritikern, sondern sogar an der Spitze des amerikanischen Staates.

A: *Bei aller Macht war aber der militärisch-industrielle Komplex eingebettet in Staat und Gesellschaft. Die Finanzeliten, von denen wir heute sprechen, sind nicht mehr* *eingebettet – sie überwölben ihrerseits das System. Das ist eine andere Lage, oder?*

K: Ja, das trifft zweifelsohne zu. Die damalige Analyse hat insofern heute eine neue Qualität erlangt. Das ist auch – obgleich nicht nur – eine Konsequenz der Globalisierung. Nicht ohne Grund haben sich die Nationalstaaten dieser Machtfülle gegenüber bislang als hilflos erwiesen. Und auch die EU hat das nicht zu ändern vermocht; eher im Gegenteil, sie ist in diesen Krisenstrudel mit hineingerissen worden und in ihrem Bestand bedroht. Andernfalls wäre die Occupy-Bewegung nicht notwendig geworden. Es ist ja bemerkenswert, dass die vormals sozial orientierteren Kräfte – also in den USA die Demokraten unter Bill Clinton, in Deutschland die Sozialdemokraten unter Gerhard Schröder, in Großbritannien Labour unter Tony Blair – diese Entwicklung nicht nur fortgesetzt, sondern sie beschleunigt und radikalisiert haben. Und nicht vergessen werden sollte, dass die Grünen, solange sie Koalitionspartner waren, dies im Übrigen alles mit abgenickt haben. Zu dieser beängstigenden Entwicklung gibt es im arrivierten politischen System also keine relevanten Gegenpositionen mehr. Aus diesem Grund finden sich so viele Leute als Protestierende außerhalb des herkömmlichen Parteiensystems wieder. Weil sie den Eindruck haben, dass es innerhalb dieses Systems gar keinen Raum mehr gibt für ihr wachsendes Unbehagen, ihre grundsätzliche Kritik.

A: *Warum hat sich dann aber die Occupy-Bewegung so erbärmlich entwickelt?*

K: Das ist in der Tat ein Phänomen. Man muss sich einmal vorstellen, dass wir im Herbst 2011 in Deutschland Zustimmungsraten zur Occupy-Bewegung hatten, die zwischen 80 und 90 Prozent lagen. Eine derartige Mehrheit hatte hierzulande noch nie eine Protestbewegung hinter sich versammeln können. Das hat es wirklich niemals zuvor gegeben. Zumeist ist es ja so, dass die Bevölkerung bei zentralen Fragen eher gespalten ist. Das war zu Beginn der achtziger Jahre beim Nato-Nachrüstungsbeschluss, also in der Friedensbewegung, so, das war beim anderen großen Konfliktthema, der Atomenergie, so. Angesichts der Finanzkrise war das jedoch nicht mehr der Fall. Aber diese Bewegung war nicht dazu in der Lage, aus ihren Möglichkeiten etwas zu machen.

A: *Was hätte sie denn tun sollen?*

K: Auf dem Höhepunkt der Occupy-Bewegung hätte man beispielsweise einen Sternmarsch auf Berlin organisieren können. Dazu hätte man offensiv ein paar Kernforderungen stellen müssen: Die Trennung von Investment- und Geschäftsbanken, die Einführung der Kapitalmarktsteuer, ein Verbot von Spekulationen mit Lebensmitteln, vielleicht ein halbes Dutzend nahezu selbstevidenter Forderungen dieser Art – damit hätte man vor den Bundestag ziehen sollen. Dort wäre es vermutlich auch zu Reibereien gekommen, weil der Bundestag schließlich durch eine Bannmeile geschützt ist. Aber so eine Form von Protest halte ich noch für vertretbar. Das ist für mich nicht etwa gleichzusetzen mit einer illegalen Aktionsform.

Vermutlich wäre rasch der Vorwurf erhoben worden, hier läge eine Nötigung des Parlaments vor. Aber ich würde das nicht so sehen. Das hat nichts mit Gewalt zu tun, sondern mit zivilem Ungehorsam.

A: *Muss sich denn in der Demokratie die Kritik immer an die Gesetze halten?*

K: Ja. Wenn es Gründe gibt, der in einer Kritik zur Geltung gebrachten Position einen Gesetzesrang zu verschaffen, dann muss der Versuch unternommen werden, ein bereits vorhandenes Gesetz zu ändern oder aber ein neues einzuführen. Dafür gibt es parlamentarische Formen, um das umzusetzen. Und wenn diese sich als unzureichend erweisen sollten, dann bietet unsere Demokratie genügend Möglichkeiten, das in der Form des kollektiven und öffentlichen Protests vorzubringen. Und zwar in einer viel dramatischeren Weise, als das die Occupy-Bewegung bislang versucht hat. Sie hat ihr Potential leider nicht genutzt. Gefehlt hat es vor allem an der politischen Zuspitzung, insbesondere am richtigen Adressaten.

Das ist der zentrale Punkt, um den es mir geht. Die Probleme, die uns die Finanzmärkte eingebrockt haben, sind Probleme einer systematischen, die demokratischen Verhältnisse untergrabenden Deregulierung. Die Politik hat diese Probleme verursacht. Und nur die Politik kann sie auch wieder korrigieren. Sie können nicht korrigiert werden durch eine immer stärkere Ausweitung des Protests. Und schon gar nicht durch eine Verlagerung des Protests auf die Ebene der Gewalt. Die Legitimität des Protests steht und fällt mit dem Verzicht auf Gewaltaktionen.

A: *Lassen Sie uns mal das Modell des Gesellschaftsvertrags ansehen: Da gibt der Einzelne sein Gewaltrecht an den Staat ab im Tausch gegen Sicherheit. Hat er nie das Recht, es sich zurückzuholen?*

K: Niemand von uns hat jemals individuell so einen Vertrag abgeschlossen. Deshalb ist auch die Vorstellung irrig, ihn einseitig kündigen zu können. Es ist deshalb auch nicht möglich, aus diesem Modell im Umkehrschluss ein individuelles Recht auf Gewalt abzuleiten.

A: *Es gibt aber immerhin ein Recht auf Widerstand.*

K: Ja, das ist bei uns allerdings ein ziemlich sonderbares Recht. Ursprünglich gab es das im Grundgesetz ja gar nicht. Es wurde erst im Mai 1968 aufgenommen, im Zuge der damals verabschiedeten Notstandsgesetze. Damals musste ja die Verfassung geändert werden, um im Notstandsfall auch auf die parlamentarische Kontrolle verzichten und so die Gewaltenteilung aufheben zu können. Um die Kritiker dieser Regelung zufriedenzustellen, hat man sozusagen kompensatorisch das Widerstandsrecht eingeführt.

Im Kern ist das aber ein kastriertes Recht. Jeder Bürger hat nach Artikel 20, Abs. 4 des Grundgesetzes ein Recht auf Widerstand nur in dem Fall, in dem die Verfassungsordnung selbst gefährdet ist. Aber niemand weiß, wie das konkret aussehen soll. Soll etwa das Bundesverfassungsgericht darüber befinden, während schon die Panzer vor der Tür stehen?

A: *Trotzdem ist das mehr als nichts, oder?*

K: Ja, aber es ist kaum mehr als nichts. Denn niemand wird es vermutlich jemals konkret wahrnehmen können. Und im Übrigen dient es ja nur der Verteidigung der bestehenden Verfassung. Eine Revolutionierung der Verhältnisse lässt sich damit jedenfalls nicht rechtfertigen.

A: *Mich hat es dennoch immer sehr beeindruckt, dass der Begriff des Widerstands überhaupt in der Verfassung auftaucht.*

K: Darin stimme ich Ihnen zu, aber es ist seiner Einschränkung wegen ein problematischer, in seinem Kern vielleicht sogar irreführender Begriff. In einer ganz anderen Richtung hat Ulrike Meinhof unfreiwilligerweise die Problematik des Widerstandsbegriffs aufgezeigt. Sie hatte 1968 einen Artikel über den Unterschied zwischen Protest und Widerstand geschrieben. Sie bezog sich dabei auf die Rede des Black-Power-Aktivisten Dale Smith. Dieser hatte auf der Berliner Vietnam-Konferenz gesagt, protestieren sei in Wirklichkeit nichts anderes als zu spielen, Widerstand leisten bedeute dagegen, das eigene Leben einzusetzen. Wörtlich hatte er gesagt: »Man protestiert nicht gegen den Mord – man bemächtigt sich des Mörders und behandelt ihn so, wie er es verdient.« Damals war allen klar, worum es hätte gehen sollen: Um den US-Präsidenten Lyndon B. Johnson. Eigentlich hatte Smith dazu aufgerufen, Johnson umzubringen.

A: *Das hat Ulrike Meinhof eingeleuchtet.*

K: Ja, ganz offenbar. Sie hat damit gleichzeitig verraten, wie weit die irreführende Inanspruchnahme eines Rechts auf Widerstand reichen kann: Bis zur Rechtfertigung von Attentat und Mord. Und genau dahin hat die rechtsstaatlich abgekoppelte Verwendung des Widerstandsrechts durch die RAF später ja auch geführt.

A: *Wir haben erlebt, dass die hohen Zustimmungsraten von Occupy sich nicht in der Politik niedergeschlagen haben. Sie halten vom Widerstand nicht viel. Wie kann sich denn ein Gemeinwesen gegen seine Degenerierung wehren?*

K: Wir werden schnell darüber Einigkeit erzielen, dass wir zur Zeit eine Austrocknung der demokratischen Autorität des Souveräns erleben. Es existiert ein hohes Maß an Entfremdung zwischen den Wählern und der parlamentarischen Demokratie. Die Bürger sind unzufrieden mit den Parteien, nicht in jeder Hinsicht, aber in Fragen, die für sie von großer Bedeutung sind. Durch ihre Wahl wird ja nicht geklärt, welche Regierung entsteht und für welche Positionen sie eintritt. Es gibt ja keine unmittelbare Verpflichtung der Parteien gegenüber ihren Wählern. Daraus entsteht dann die Sehnsucht nach direkter Demokratie. Aber der Parlamentarismus ist demgegenüber defensiv eingestellt; das repräsentative System verträgt solche Elemente nur in einer vergleichsweise geringen Dosierung. Ich bin seit langem etwa gegen eine Ausweitung von Volksentscheiden. In Verbindung mit den neuen Technologien könnte das Konsequenzen haben, die wir uns noch gar nicht klarmachen.

A: *Sie sind kein Freund der Piratenpartei?*

K: Manche dieser Leute haben sehr beunruhigende Ideen. In Tunesien gibt es etwa einen Piraten-Politiker, der Slim Amamou heißt. Der saß unter Ben Ali noch im Gefängnis und war dann nach der Revolution eine Zeitlang Staatssekretär. Joachim Gauck hat ihm sogar mal einen Menschenrechtspreis verliehen. Und der hat neulich auf einer internationalen Konferenz der Piratenparteien in Prag angekündigt, dass das parlamentarische System in Tunesien durch eine Netzdemokratie ersetzt werden soll. Jeder könne dann immer über alles abstimmen. Das halte ich für sehr riskant. Die direkte Demokratie wäre – beinahe 250 Jahre nach Rousseau – nun auch in großen politischen Ordnungen wie Staaten technisch möglich geworden. Aber ist das auch wünschbar?

A: *Als Stefan-Raab-Demokratie, in der platte Ja-nein-Fragen von einem unvorbereiteten Publikum nach Lust und Laune entschieden werden, halte ich es auch nicht für wünschbar. Aber noch mal zur Gewalt: Sie sagen, begrenzte Regelverletzungen und zivilen Ungehorsam finden Sie bedenkenswert. Aber wo sehen Sie die Grenze?*

K: Die Grenze ist abstrakt nur schwer zu definieren. Eine Regelverletzung sollte ihre Grenze dort finden, wo die Legitimität der parlamentarischen Institutionen grundsätzlich in Frage gestellt wird. Das heißt, wer sich an die Bannmeile heranwagt und sie vielleicht verletzt, der darf nicht im Sinne haben, das Parlament abschaffen zu wollen. Die Legitimität des Parlaments muss ebenso respektiert werden wie seine Legalität. Trotzdem kann es aber eine Dramatisierung geben, eine Herausforderung, mit der den Parlamentariern gezeigt wird: Wir haben als Protestierende eine Legitimitätsressource, über die ihr nicht verfügt.

A: *Welche wäre das?*

K: Letztlich entstammt sie der des Volkes; dennoch aber

darf sie nicht im Sinne einer Autoritätsbeanspruchung des wahren, des eigentlichen Souveräns missverstanden werden. Die Protestierenden müssen für sich in Anspruch nehmen können, für eine übergroße Mehrheit der Bevölkerung zu sprechen, und im konkreten Fall darauf pochen, dass der Finanzmarkt diszipliniert wird und nicht dauerhaft an jeglicher parlamentarischen Kontrolle vorbeiagieren darf.

A: *Sie sind also der Meinung, dass man nicht jedes auf demokratische Art und Weise errungene Ergebnis akzeptieren muss. Die Demokratie ergibt nicht immer zu respektierende Ergebnisse?*

K: Ja, das ist ein naheliegender Gedanke, auch wenn er mir nicht unbedingt Freude bereitet.

A: *Aber wenn wir alle denkbaren Legitimationsquellen außerhalb unseres Systems außer Acht lassen – also den lieben Gott oder den Dalai Lama oder die Vereinten Nationen oder so –, dann müssen wir doch ohnehin jedes staatliche Handeln stets zirkulär rechtfertigen. Der Souverän muss sich immer selbst am Zopf festhalten.*

K: Ja. Aber er delegiert seine Macht ans Parlament. Und dieses delegiert seine Macht wiederum an die Regierung. Und dabei ist die Gewaltenteilung impliziert. Sie können diese mit verschiedenen Kontrollmechanismen versehene Delegation nicht rückgängig machen.

A: *Aber Ihre Occupy-Demonstranten holen sich doch ihre Souveränität zurück, wenn sie auf den Bundestag marschieren. Die sagen doch: Wir haben unsere Macht an euch delegiert, aber jetzt holen wir sie uns zurück.*

K: Nein, das ist falsch. Diese Protestler können keine Souveränität einfordern. Sie glauben vielleicht zwar, für das Volk sprechen zu können, sie können aber nur die Legitimationsdefizite des Souveräns einklagen. Das ist ein großer Unterschied. Wir reden über die Differenz von politischen Subjekten. Der legitime politische Akteur ist das Parlament. Und das kann nicht ersetzt werden durch demonstrierende Gruppen. Wie sollten die das rechtfertigen? Ich wäre hier sehr, sehr vorsichtig.

A: *Haben Sie Angst vor der Anomie?*

K: Die Anomie ist nicht einmal die wahrscheinlichste Konsequenz der Delegitimierung des Parlamentarismus. Ich denke eher an neue Ordnungen, die wir nicht wollen können: an undemokratische Ordnungen. Es gibt in Europa, nicht zuletzt im vergangenen Jahrhundert, einige historische Erfahrungen, die das auf eine geradezu mörderische Weise unter Beweis gestellt haben.

A: *Haben Sie selbst einmal an illegalen Aktionen teilgenommen?*

K: Ja, ich war nicht nur bei einer Hausbesetzung mit dabei, sondern habe auch die Ziele der damaligen Bewegung mitgetragen. Die Probleme, die es bereits vor vierzig Jahren im Frankfurter Westend gegeben hat, gibt es inzwischen in zahlreichen Großstädten und in beinahe jeder europäischen Metropole. Die Tatsache, dass es auf der einen Seite keine soziale Wohnungspolitik mehr gibt, die diesen Namen noch verdient, und andererseits Wohnungen und Häuser, Immobilien insgesamt, zu Spekulationsobjekten geworden sind, hat zu einer fatalen Situation geführt, die uns über Jahre, wenn nicht gar Jahrzehnte noch beschäftigen wird. Damals wurden die Bewohner aus den Prachtbauten aus der Gründerzeit vertrieben, um sie abzureißen und Platz für den Bau von Hochhäusern zu schaffen, in denen heute die Deutsche Bank und ironischerweise die Kreditanstalt für Wiederaufbau residieren, heute werden die Einwohner aus den Innenstädten der Großstädte gedrängt, um ihre Wohnungen in Luxusimmobilien oder Geschäftshäuser umzuwandeln. Auch hier haben Parteien und Parlamente völlig versagt. Es würde mich nicht wundern, wenn wir gerade in diesem Sektor ein starkes Anwachsen von Protesten beobachten könnten.

A: *Haben Sie selbst Gewalt erlebt?*

K: Das war unvermeidlich. In der sogenannten Folternacht vom 23. auf den 24. Februar 1974 bin ich nach der Räumung mehrerer besetzter Häuser mitten in der Nacht auf dem Frankfurter Polizeipräsidium von bewaffneten Zivilpolizisten in Handschellen gelegt und Hunderte von Metern durch unbeleuchtete Gänge gejagt worden. Andere Leute sind zusammengeschlagen worden, ein Schüler musste sogar sein eigenes Blut auflecken. Wenn man das einmal erlebt hat, dann hält man auch in einem Staat, den ich sonst so vehement verteidige, vieles für möglich. Sie können also davon ausgehen, dass ich in meinem Gedächtnis auch Erfahrungen gespeichert habe, mit denen man die Wahrnehmung des staatlichen Gewaltmonopols durchaus problematisieren könnte.

A: *Was halten Sie von der Unterscheidung zwischen Gewalt gegen Personen und gegen Sachen?*

K: Gar nichts. Hinter den vielbeschworenen »Sachen« stehen zumeist auch Personen. Aus diesem Dilemma kommen Sie nicht heraus. Ich habe mal Steine auf einen Wasserwerfer geworfen, der vergitterte Fenster hatte. Das ist leichtfertig gewesen. Auch wenn hinter oder neben dem Gefährt keine Polizisten standen, so hätte einer der Steine vielleicht doch zurückgeschleudert werden und vielleicht jemanden verletzen können.

Diese Form der gewaltsamen Zuspitzung von Konflikten, wie wir sie verfolgt haben, war mehr als nur problematisch, sie war falsch. Ich habe das in der 68er-Bewegung erlebt, mehr noch in der Hausbesetzerbewegung und dann auch in der

Anti-AKW-Bewegung oder in der gegen den Bau der Startbahn West am Frankfurter Flughafen. Es gab nicht wenig Akteure, die dachten, man könnte mit genügend Entschlossenheit den Bau eines Atomkraftwerks verhindern. Aber das war ein Irrtum. Ich habe mich in den siebziger Jahren von der Idee einer positiven gesellschaftlichen Veränderung, die durch Gewalt herbeigeführt werden kann, für immer verabschiedet.

A: *Aber Ihr Marsch auf das Reichstagsgebäude bliebe unter Umständen auch nicht ganz gewaltfrei?*

K: Dann wäre er abzulehnen! Auch eine Regelverletzung muss ohne Gewalt ablaufen. Wenn Sie auf den Reichstag marschieren, verletzen Sie möglicherweise eine Sphäre, genauer einen rechtlich definierten Raum, aber kein Objekt. Es macht einen Riesenunterschied aus, ob ich antrete, um den Reichstag plattzumachen, oder ob ich durch einen Aufmarsch meine Argumente gegenüber einem Parlament und einer Exekutive klarmachen will, die an einem Punkt offenbar systematisch versagen.

A: *Politisch ächten wir die Gewalt. Wir sind immer noch offen für den ästhetischen Aspekt der Gewalt. Warum sind wir so unempfänglich geworden für das Pathos der Revolution?*

K: Es hat bereits eine Revolution gegeben, die eine Demokratisierung der Verhältnisse eingeleitet hat.

A: *Die Französische? Stellvertretend für uns alle?*

K: Ja, nicht nur, aber in gewisser Weise schon.

A: *Und damit reicht es?*

K: Das müssten Sie beantworten. Wollen Sie auch heute noch eine Revolution? Wären Sie dafür bereit, andererseits so vieles von dem, was ich als Errungenschaften bezeichnet habe, aufs Spiel zu setzen?

A: *Gegenfrage: Wenn Leute Strommasten absägen würden und am Tatort findet man Zettel gegen den Finanzkapitalismus, dann würden diese Leute von der Polizei gejagt und von den Gerichten verurteilt, aber die Debatte über den Finanzkapitalismus würde eine andere Dringlichkeit bekommen, oder?*

K: Nein. Absolut nicht. Die gewünschten Effekte werden sich nicht einstellen. Und außerdem kann niemand die Gewalt kontrollieren. Das liegt in ihrem Wesen. Meine Idee der Regelverletzung bezieht sich auf den Ort der Legitimität, den Bundestag, und auf die Wahrnehmung der Legitimität durch die Exekutive. Das ist etwas ganz anderes, als Strommasten abzusägen. Mir scheint, Sie haben so etwas wie die Fokustheorie im Kopf.

A: *Was ist das?*

K: Deren Urheber ist niemand anderes als Che Guevara! Das war seine Idee von Revolution: Wenn die sozialen Widersprüche nicht extrem genug sind, dann sei es – so argumentierte er – die Aufgabe einer Avantgarde, durch Gewaltaktionen diese Widersprüche herauszukitzeln und zu verschärfen. Und damit bringt man sich selber in die Lage, gegen die verunsicherten Machthaber vorzugehen, die man sozusagen in einer offenen Feldschlacht nie besiegen könnte. Das beruht also vor allem auf dem Willen und der Entschlusskraft einer Handvoll von Revolutionären. Das ist purer Subjektivismus! Bei Marx ist die Gewalt noch als die Geburtshelferin neuer Gesellschaftsverhältnisse verstanden worden – aber nicht als ein Aktionsmodus, um neue Verhältnisse zu implementieren.

A: *Das verstehe ich nicht.*

K: Das ist aber wichtig. Marx ging es darum, dass sich ein gesellschaftlich bis dahin unterdrücktes Subjekt, die Arbeiterklasse, Geltung verschafft – bei der Fokustheorie ist das zweitrangig. Im Grunde genommen ist das Leninismus; es geht nicht mehr um die Unterdrückten, die Ausgebeuteten oder das Volk, sondern um die Handlungsfähigkeit der avantgardistischen Organisation. Lenin meinte, die Massen seien nur zu einem trade-unionistischen Bewusstsein in der Lage. Sie wollten also nicht mehr als Lohnerhöhungen, bessere Arbeitsbedingungen, kürzere Arbeitszeit usw., mehr interessiere die gar nicht. Darum bräuchte man also die Kaderpartei für die so oft beschworenen Massen. Das ist aber im Kern undemokratisch. Die Massen sind hier wieder einmal nur das, was sie schon unter dem Zaren waren: Objekt.

A: *Aber haben wir ein solches Kaderdenken nicht in unserem System eingebaut: die Medien funktionieren so, die Bundesbank funktioniert so, die Bundesregierung funktioniert so, wenn sie dem Bundesverfassungsgericht erklären will, dass sie den Bundestag nicht immerzu unterrichten kann, weil alles so schnell geht ... Machen die Eliten das Volk nicht andauernd zum Objekt?*

K: Gewiss, aber Eliten sind eben etwas anderes als Kader. Die Kader meinen, sie haben die Weisheit letzten Endes gepachtet, fühlen sich aber zu schwach, um allein zu handeln. Das stimmt so für die Eliten nicht. Die Politik ist in einem hohen Maße der öffentlichen Kontrolle ausgesetzt. Wir haben keine Kaderpolitik, trotz aller Probleme mit Lobbyismus und Klientelpolitik, die kaum zu bestreiten sind.

A: *Sie setzen Ihre Hoffnung auf die Politik. Das bedeutet, auf den Politiker. Aber woher kommt bei dem die Bewegung?*

K: Ach, lassen wir die Rede von *dem* Politiker. Den gibt es doch gar nicht. Das ist nichts anderes als eine Floskel, ein Klischee, mit dem Parteien und Parlamente diskreditiert werden sollen. Nehmen Sie doch einmal den Ausstieg aus der Kernenergie. Alle Argumente, die bis dahin dagegen vorgebracht worden waren, spielten im März 2011 plötzlich keine Rolle mehr.

A: *Wegen eines externen Ereignisses ...*

K: ... das sich dann noch auf der anderen Seite der Erdkugel abgespielt hat! Für mich ist der Kurswechsel der Bundesregierung in Reaktion auf die Reaktorkatastrophe von Fukushima ein schlagendes Beispiel dafür, wie Protestbewegungen in ihrer Ausstrahlung auf das parlamentarische System letzten Endes ein im eigentlichen Sinne revolutionäres, also umwälzendes Ergebnis erzielen können. Ohne die jahrelangen Aktivitäten der Anti-AKW-Bewegung hätte es kaum einen so eindeutigen Bewusstseins- und Einstellungswandel in der Bevölkerung geben können, die Angela Merkel und der Bundesregierung signalisiert haben, dass nun die Zeit für einen endgültigen Ausstieg gekommen sei. Wo sind die ganzen Lobbyisten der Energiekonzerne in dieser Situation eigentlich geblieben? Haben die sich weggeduckt, weil sie ohnehin keine Chance mehr für ihr Energiemodell sahen?

Noch einmal zur Occupy-Bewegung. Ich halte wirklich nichts davon, Banken oder Börsen zu besetzen. Das Problem sind weder die Börsen noch die Banken – sondern deren politische Kontrolle. Der Verzicht auf Gewalt ist ein hohes Gut, in der Politik wie in den Protestbewegungen. Es gibt zivilisatorische Errungenschaften, die einfach nicht zur Disposition gestellt werden sollten. Es kommt darauf an, die legitimen Protestpotentiale politisch zur Geltung zu bringen. Und dafür ist die Anti-AKW-Bewegung letzten Endes ein ziemlich gutes Beispiel.

A: *Aber wenn das Finanzfukushima nicht ausgereicht hat, den Kurswechsel herbeizuführen, was denn dann noch?*

K: Aus dieser Krise wurden in der Tat noch keine strukturellen Konsequenzen gezogen. Die Politik tut sich nach wie vor außerordentlich schwer, auch nur die dringlichsten Revisionen durchzuführen. Aber darum hat niemand die Legitimation, die Regeln zu brechen. Wir würden damit vieles aufs Spiel setzen und letztlich nur noch mehr verlieren, als etwas zu gewinnen.

TEIL 3 **REAKTION**

11 EMPÖRUNG

Im westlichen Teil des Bois de Boulogne, zur Route de Suresnes hin, ganz in der Nähe des großen Wasserfalls, der einst gebaut worden war, um die Bewässerungsprobleme des Parks zu lösen, steht ein Denkmal. Es wurde im Jahr 1946 eingeweiht und erinnert an 35 Mitglieder der Résistance, die hier am 16. August 1944 von deutschen Soldaten ermordet worden waren, keine zehn Tage vor der Befreiung der französischen Hauptstadt. Als Nicolas Sarkozy das Amt des Staatspräsidenten antrat, im Mai 2007, war seine erste Amtshandlung ein Besuch an diesem Denkmal. Der Präsident gedachte dort aber auch eines anderen Opfers der deutschen Gewaltherrschaft: Guy Môquet, 17 Jahre, als er starb, Kommunist. Môquet hatte zu einer Gruppe von kommunistischen Häftlingen gehört, die im Oktober des Jahres 1941 als Geiseln exekutiert worden waren. Am Tag von Sarkozys Amtsantritt las eine Schülerin den letzten Brief vor, den der Junge geschrieben hatte, bevor ihn die Deutschen erschossen. Sarkozy weinte und gab bekannt, dass dieser Brief von nun an am 22. Oktober eines jeden Jahres an allen französischen Oberschulen zu verlesen sei.

Inzwischen heißt der französische Präsident François Hollande. Erst der zweite Sozialist der Fünften Republik, nach François Mitterrand, der seinerzeit kurz »Gott« genannt wurde und den man folgerichtig für eine Ausnahme hielt. Die Geschichte von Sarkozy und Guy Môquet erzählt viel über den Unterschied zwischen der deutschen und der französischen politischen Kultur – und auch über das Paradox der Linken in Frankreich: Sie waren immer wichtig, aber selten erfolgreich. Wenn die gesamte politische Klasse ihre Identität auf Revolution und Résistance gründet, hat die Linke ein Problem, ihre

Daseinsberechtigung zu erklären. Wofür braucht man einen Sozialisten im Élysée-Palast, wenn der konservative Präsident die französische Jugend ermahnt, eines ermordeten Kommunisten zu gedenken? Auch auf Jean Jaurès und Léon Blum, die Gründerfiguren der französischen Linken, hat Sarkozy sich bereitwillig berufen. Es gibt in Frankreich eine Kultur des Protests, die von der politischen Ausrichtung unabhängig ist. Der politische Protest ist in Frankreich der Normalfall, während er in Deutschland verdächtig ist.

Frankreich ist das Land der Revolution. Das ist mehr als politische Folklore. Die Franzosen pflegen den Kult der Revolte. Gleichzeitig hatte es die Linke in Frankreich immer schwer. Denn eigentlich graut es den Wählern vor Veränderungen. Dennoch war Hollandes Wahl kein Zufall. Die Lust am Aufstand und die Furcht vor Veränderung passen in Frankreich ganz gut zusammen. Da brach so etwas wie ein vorrevolutionärer Frühling aus. Die Franzosen lehnten sich gegen die Feudalherrschaft der Bankiers und der Deutschen auf. Die einen bedrohen die *civilisation francaise* mit ihrem Zinsdiktat, die anderen mit ihrem Sparwahn. Hollandes Wahl war ein Signal der Empörung für ganz Europa. Die Banken und die Deutschen stellen eine Bedrohung ja nicht nur für Frankreich dar. Und es gehört zum französischen Selbstverständnis, sich als Wiege des modernen Humanismus zu empfinden. Den Mut zum Pathos kann sich die Republik leisten.

Unweigerlich muss ja die Tradition des Protests pathetisch werden, wenn sich jeder Bürger, der gegen eine Umgehungsstraße protestiert, in einer Ahnenreihe mit Revolutionsgardisten und Résistance-Kämpfern sieht. Allerdings hat der Soziologe Michel Crozier schon vor langer Zeit eine gewisse Unernsthaftigkeit in der französischen Freude am Widerstand festgestellt. Crozier ließ wenig gute Haare an der französischen

Gesellschaft, die ihm »blockiert« vorkam. Von einer *communauté délinquante* hat der amerikanische Soziologe Jesse Richard Pitts gesprochen. Das übersetzt man wohl am besten mit der »Gemeinschaft der Aufsässigen«. Es gebe da viel Vergnügen am Kampf, aber wenig Ausdauer, wenig Solidarität und wenig Mitsprache. Muss man sich die Franzosen so vorstellen wie die im fortwährend freundschaftlichen Streit liegenden Gallier aus den Asterix-Geschichten? Normalerweise geht es im zeitgenössischen französischen Widerstand darum, die Regierung in die Knie zu zwingen, nicht darum, sie abzulösen. *Baroud d'honneur* nennt man das in Frankreich, einen Kampf um die Ehre, nicht mehr.

Aber die Ehre ist schon eine Menge. Nehmen wir den Streik und die Demonstrationen aus dem Jahr 2010. Im Herbst protestierten damals Hunderttausende Franzosen gegen die geplanten Veränderungen am Rentengesetz. Straßen wurden blockiert, Raffinerien stillgelegt. Die Kosten der Streiks und Blockaden für die Volkswirtschaft wurden auf zwei bis vier Milliarden Euro geschätzt. War es das wert?, kann man fragen. Weil die Raffinerien danach ja ihre Produktion wieder aufnahmen und die neuen Rentengesetze doch in Kraft traten. Weil also der Streik nichts bewirkt hat. Hat sich das also gelohnt? Natürlich hat es sich gelohnt. Es war ein Akt der Selbstvergewisserung. Und es war eine Übung. Ein Training für den Notfall. Für den demokratischen Notfall, in dem Widerstand Pflicht wird. In Deutschland denkt man gar nicht mehr in solchen Kategorien. Wissen wir noch, wie man ein Benzindepot lahmlegt? Die Fähigkeit zur Aktion, wir kommen darauf noch zu sprechen, ist wichtig.

»Was bedeutet es, links zu wählen?«, fragte der Leitartikler der »Libération« nach Hollandes Wahl: »Es bedeutet, zu sagen, dass es trotz des Individualismus der gegenwärtigen Gesellschaft ein Wir gibt. Dass Ideen wie Gerechtigkeit, Gleichheit, Teilhabe und Solidarität im öffentlichen Leben verwirklicht werden können und müssen.« Es geht um die Lebendigkeit des Symbols und die Lebendigkeit der Phantasie.

Der Tatsachenmensch wird auf das unter Hollande steigende französische Haushaltsdefizit verweisen und auf François Mitterrand: Dessen Experiment des »Sozialismus in einem Land« musste nach drei Jahren abgebrochen werden, weil die Kapitalmärkte den Franc unter Druck setzten. Also frohlockte noch vor der Wahl Hollandes eine deutsche Zeitung: »Es leben die Ratingagenturen! Sie werden Frankreich auf Sparkurs halten, egal wer die Präsidentenwahl gewinnt.« Das ist der böse Zynismus der Hoffnungslosen.

»Politische Moral bildet sich im Zustand der Empörung«, sagt Oskar Negt. Wo landen wir, wenn wir auf unsere Empörungsfähigkeit verzichten? Wir hören dann auf, uns gegen die Entwürdigung zu stellen, die in den Verhältnissen liegt. Darum geht es bei der Empörung: um die Würde. Im Wort von der Indignation wird das deutlich, wie man die Empörung früher auch nannte. Darin ist zugleich die Unwürdigwerdung und das Entrüsten darüber enthalten.

»Indignez-vous« hatte Stéphane Hessel sein berühmt gewordenes Pamphlet genannt, »Empört euch!«. Oder eben auch: Werdet euch eurer eigenen Entwürdigung bewusst und wehrt euch dagegen. Was für ein Aufruf! Den hätten in Deutschland weder die Spötter noch die Verzweifelten hinbekommen. Die einen graben sich durch flotte Sprüche das Wasser ab, bevor es beim Gedanken ankommt. Bei den anderen ist die Wut zu einer trockenen Kälte erstarrt, aus der nichts Lebendiges mehr wachsen wird.

Mit welch junger Kraft kamen dagegen die Gedanken des alten Mannes aus Frankreich daher: »93 Jahre. Das ist ein bisschen wie die letzte Etappe. Das Ende ist nicht mehr fern.« Mit diesen Worten begann der schmale Text, der zuerst das Hexagon aufwühlte und dann den Rest des Kontinents. Stéphane Hessel war Diplomat und Dichter. Seine Schrift war kein Ruf an die Waffen. Hessel hatte das KZ Buchenwald überlebt, er hasste die Gewalt. Aber es war ein Aufruf zum Kampf.»Für eine Gesellschaft, auf die wir stolz sein können«, schrieb Hessel. Stolz ist ein wichtiges Wort im Leben der Nationen. Die Leute wollen stolz sein auf ihr Land. Und natürlich hat eine Gesellschaft eine Ehre, die sie gegen andrängende Zumutungen verteidigen muss. Die würdige Gesellschaft, sagte Hessel, sei diese: »Das Interesse der Allgemeinheit soll über dem Interesse des Einzelnen stehen, die gerechte Verteilung der Früchte der Arbeit soll wichtiger sein als die Macht des Geldes.«

Hessels Heft lag in Frankreich an den Zeitungskiosken neben der Kasse. Die Leute kauften es wie verrückt. Die Schrift eines Greises, der sie an ihr Gewissen erinnerte. An ihre Werte. Und der sie zur Empörung aufrief gegen ein System, in dem Gewissen und Werte wenig zählen.

Die Auflage von Hessels Schrift war für französische Verhältnisse so hoch wie die Auflage des unseligen Sarrazin-Buches. Auch dieses Buch handelte ja von der Sorge um die Gesellschaft. Auch diesem Buch lag eine Empörung zugrunde. Darin erschöpfen sich dann aber auch die Parallelen zwischen Thilo Sarrazin und Stéphane Hessel.

Der Deutsche empörte sich über die Ausländer: »Ich möchte nicht, dass das Land meiner Enkel und Urenkel zu großen Teilen muslimisch ist, dass dort über weite Strecken Türkisch und Arabisch gesprochen wird, die Frauen ein Kopftuch tragen und der Tagesrhythmus vom Ruf der Muezzins bestimmt wird. Wenn ich das erleben will, kann ich eine Urlaubsreise ins Morgenland buchen.« Der Franzose empörte sich über Ungerechtigkeit: »diese Gesellschaft der rechtlosen Ausländer, der Abschiebungen und des Generalverdachts gegenüber den Einwanderern, (…) diese Gesellschaft, in der die Renten unsicher werden, der Sozialstaat abgebaut wird und die Medien in den Händen der Reichen liegen, alles Sachen, die wir niemals akzeptiert hätten, wenn wir die wahren Erben der Résistance wären.«

Hessel gründete seinen Appell auf die Werte des französischen Widerstandes gegen die deutschen Besatzer. Wenn er sich um Frankreichs Zukunft sorgt, geht es um Gerechtigkeit. Sarrazins Sorge um die Zukunft Deutschlands drehte sich um Geld und Gene.

Die deutschen Zeitungen berichteten mit einer gewissen Zurückhaltung über Hessels Buch. Die Ehrfurcht vor einem, der aus dem KZ entkommen war, der an der Charta der Menschenrechte der Vereinten Nationen mitgearbeitet hat, verbietet Spott und Häme. Aber an ein so ungebrochenes Pathos wie das des alten Mannes ist unsere Öffentlichkeit nicht gewöhnt. Wir haben uns, wenn hierzulande das Thema Ungerechtigkeit aufkommt, an dystopische Visionen à la Sarrazin gewöhnt, an zynische Witze oder an teilnahmsloses Achselzucken. Hessel aber schenkte seinen Lesern den schönen Satz: »Ich wünsche jedem Einzelnen von Ihnen einen Grund zur Empörung. Das ist sehr wertvoll. Wenn etwas Sie empört, wie mich die Nazis empört haben, werden Sie kämpferisch, stark und engagiert.« Ein solches Pathos des politischen Engagements konnten in Deutschland zuletzt die Grünen zum Leben erwecken. Aber das ist dreißig Jahre her.

In Frankreich wurde ein Buch der Hoffnung zum Bestseller. In Deutschland ein Buch der Niedertracht. Die deutsche Empörung hatte etwas Böses, die französische etwas Befreiendes.

Wenn Hessel schrieb: »Mein langes Leben hat mir eine ständige Abfolge von Gründen zur Empörung geliefert«, dann sprach da der Citoyen. Aus Sarrazin sprach der Bourgeois. Im deutschen Wort vom Bürger fallen diese beiden gegensätzlichen Bedeutungspole ja zusammen, der Staatsbürger und der Besitzbürger. Ernst Bloch schrieb, dem Citoyen seien »Freiheit, Gleichheit, Brüderlichkeit inhärent aufgegeben«. Er steht immer noch unter dem Zeichen der Trikolore, »die von ihm fordert, stets so zu handeln, dass die Maxime seines Handelns das Prinzip einer allgemeinen Gesetzgebung werden könnte. Dieser von Kant formulierte kategorische Imperativ ist allerdings konsequent erst möglich in einer klassenlosen Gesellschaft, auf sie hin ist daher das offene Leitbild des Citoyen gerichtet, bei Strafe des gekommenen Bourgeois.« Bloch hat das in seinem Spätwerk »Experimentum Mundi« geschrieben, aber es hätte nicht anders geklungen, wenn er es früher geschrieben hätte. Der Marxist Bloch war sicher: Die eigentliche Apotheose des Citoyens steht noch bevor. »Erst in der klassenlos gewordenen Gesellschaft hätte der kategorische Imperativ seine ideologiefreie Wahrheit. Desgleichen muß das Ideal des Citoyen erst von den Hüllen des Bourgeois befreit werden, damit es als reifste Frucht antizipierter menschlicher Bebauung, nicht mehr zur Selbstverschönerung des Bourgeois brauchbar werden könnte. Was von der bürgerlichen Revolution her als sein Inhalt in ihm steckt, ist deshalb genau zu prüfen …« Diese »reifste Frucht« ist für den religiösen Marxisten der endlich erlöste Mensch. »Das Alte löst sich auf und das Neue will noch nicht werden«, hat Nietzsche geschrieben, »aber es soll und muß werden.«

Diese Art von Eschatologie ist im deutschen Diskurs dieser Tage selten geworden. Ein bisschen davon könnte uns nicht schaden.

Die Empörungsfähigkeit ist die Immunabwehr des politischen Systems. Wenn sie verlorengeht, verfällt der politische Körper. Frankreich verfügt über eine intakte Empörungsfähigkeit. Auch in Deutschland gibt es neuerdings wieder eine Empörung. Aber wir werden sehen, welcher Art sie ist. Und wir werden feststellen, dass sie schnell in Verdacht gerät, bei Linken und Konservativen gleichermaßen. Es findet jeder immer einen Grund, warum ihm ein Protest nicht passt. Und sei es nur eine allgemeine Schlechtlaunigkeit angesichts des Engagements der anderen. So wie beim Publizisten Wiglaf Droste, der die Empörung ein kostenloses Vergnügen von Wichtigtuern nannte. Aber Droste hatte ja schon im Wörterbuch des Gutmenschen tatkräftige Hilfe beim Abbau von Sinnstiftung geleistet.

Im Fall Wulff konnte man die Empörung der Journalisten tatsächlich von einer anderen Seite kritisieren. Jan Fleischhauer schrieb dazu diesen bedenkenswerten Satz: »Ein Franz Josef Strauß hätte es unter den herrschenden Moralnormen nicht einmal zum Kreisvorsitzenden gebracht. Wer das als Fortschritt betrachtet, sollte sich auch nicht beklagen, wenn seine Abgeordneten dann wie Buchhalter reden.« Das stimmt natürlich. Zumal wir mit einem wie Wulff ja gleich doppelt schlecht bedient waren, weil er mit Strauß nur noch die Neigung zum Geld gemeinsam hatte, aber weder Intelligenz noch Charisma. Ihre Kleinheit zeigten die Guttenbergs und Wulffs ja nicht in ihren Vergehen – denen in der Tat das Zeug zum großen politischen Skandal fehlte –, sondern erst danach, in ihrem Verhalten nach der Entdeckung. Guttenberg bestritt bis zuletzt, ein Plagiat begangen zu haben, und Wulff räumte immer gerade so viel ein, wie man ihm nachweisen konnte. Solche Politiker zerstören ihre Glaubwürdigkeit und überhaupt ihre Würdigkeit nicht durch die Tat, sondern nach der Tat.

Eigentlich ging es bei Wulff aber nur um die Frage, ob sich ein Präsident an die Gesetze halten soll. »Vielleicht wird ja von einem Bundespräsidenten viel zu viel erwartet«, schrieb Heribert Prantl: »Das Amt ist Projektionsfläche für viele Sehnsüchte – nach Lauterkeit, Ehrlichkeit und Vorbildlichkeit in der Politik. Das ist viel verlangt, vielleicht zu viel.« Aber man konnte durchaus der Auffassung sein, dass jene Journalisten nicht zu viel verlangten, die gerne einen anständigen Bundespräsidenten gehabt hätten. Jenseits aller überkomplizierten Metadebatten über Gesellschaft und Werte und Politik war die Sache am Ende nicht so schwierig: Ein Präsident soll sich an das Gesetz halten und ein bisschen Stress abkönnen. Das ist die durchaus überschaubare Mindestanforderung an das Amt. Einer, der das Parlament anlügt und Journalisten am Telefon bedroht, erfüllt diese Mindestanforderung nicht. Wie kann es sein, dass wir darüber überhaupt diskutieren mussten?

Aber wir mussten. Die Journalisten mussten feststellen, dass in den Foren des Internets die »Jagd auf Wulff« als Kampagne der Medien gegeißelt wurde: »Pressefreiheit verkommt zum Spektakel«, schrieb ein Zeitungsleser im Netz. Oder: »Wenn bestimmte Medien eine solche Macht entwickeln können, dass schon von der 2. Macht im Staate die Rede sein kann, dann könnten wir auch mal darüber nachdenken, Medien mit ähnlichen gesetzlichen und verfassungsrechtlichen Auflagen zu belegen wie den Staat.« Oder: »Breitbeinig Verhaltensweisen einzufordern, ohne sie selbst an den Tag zu legen und dafür die Generalabsolution ›Wir sind nur Journalisten, keine Politiker‹ vorzubringen, gleichzeitig aber eine derartige Macht auf sich zu vereinen, dass die Organe der Gewaltenteilung ihre Aufgaben ohne sie oder gegen sie kaum ausführen können – das alles ist höchst problematisch, wenn nicht sogar demokratiegefährdend.«

Vor allem die Rolle der »Bild«-Zeitung stieß den Lesern unangenehm auf. Ihnen entging nicht die Bigotterie, die darin lag, dem Präsidenten die berüchtigte Salamitaktik vorzuwerfen – und sie in der scheibchenweisen Veröffentlichung des vorliegenden Materials selber zu verfolgen. Das Problem war nur: Der Fall Wulff war zum Fall erst durch die Recherchen der »Bild«-Zeitung geworden. In dem Maße, in dem die anderen Zeitungen sich des Themas annahmen – und wie hätten sie das nicht tun können? –, mussten sie sich in das Gefolge von »Bild« begeben. Mit verheerendem Effekt auf die Leser, wie dieses Zitat zeigte: »Und so nimmt diese ganze ›Berichterstattung‹ die Form einer absurden Hetzkampagne an, und man bekommt selbst das Gefühl, von ›Bild‹ vor den Karren gespannt zu werden.«

Da fand eine unerwartete Solidarisierung mit der Politik statt, und es waren plötzlich die Medien, die in Rechtfertigungsdruck gerieten. Männer wie Wulff und Guttenberg wissen das und setzen darauf. Sie setzen auf den Sympathiebonus (Guttenberg) oder den Mitleidsbonus (Wulff) und machen ihrerseits den Medien Vorhaltungen. Der Präsident des Deutschen Bundestages, Norbert Lammert, blies ins gleiche Horn, als er die Medien wegen »ihrer offensichtlich nicht nur an Aufklärung interessierten Berichterstattung« kritisierte. In der Tat: Medien wollen Einfluss, Auflage, Geld, Ehre. Das sind die Triebkräfte. In der offenen Gesellschaft werden sie zum Guten eingesetzt: zur Kontrolle der Macht. Manchmal kann man mit der hehren Gesinnung von Journalisten rechnen, meistens sollte man mit ihrem Jagdeifer rechnen. Der Demokratie genügt das.

Das Problem ist, dass der Umgang, den unsere heutigen Politiker mit ihren Skandalen pflegen, nicht ohne Folgen bleibt. Sie sind selber durch die Schule des Zynismus gegangen, sie erziehen ihre Wähler dazu, und als Leser begegnen diese Menschen auch ihren Medien mit dem zynischen Blick: Sie glauben nichts mehr. Das Buch, das Guttenberg mit »Zeit«-Chef di Lorenzo veröffentlichte, war ein großer Schritt in diese Richtung, und das Interview, das Christian Wulff ARD und ZDF gab, ein weiterer. Es waren Beschädigungen des gesprochenen Wortes und der Form des journalistischen Gesprächs. Niemand kam dabei gut weg: die Politiker nicht, aber auch nicht die Journalisten, die sie befragten, und das Publikum, das folgen musste. Alle wurden mit hineingezogen.

Unsere Öffentlichkeit ist auf dem amerikanischen Weg. Wenn dort ein Popstar im Vollrausch die Freiheitsstatue besudeln würde, bekäme er nachher Besuch von zwei TV-Moderatoren und könnte sich in der Kunst der öffentlichen Selbstzerfleischung üben: Es tut mir so leid. Die Drogen. Der Ruhm. Es war alles zu viel. Aber jetzt habe ich in den Abgrund geblickt und kann euch zurufen: Macht es nicht so wie ich! Das war der Weg von Guttenberg und Wulff. Als er im ZDF gefragt wurde, ob er jetzt noch die Pressefreiheit verteidigen könne, sagte der Bundespräsident einfach: »Das habe ich ja gerade getan. Auf der Reise in die arabische Welt. Da habe ich den Studenten gesagt, wie schmerzhaft das sein kann, für die Betroffenen, für die Familien.« Weil ihm selber also die Presse schon mal auf den Leib gerückt ist und er versucht hat, sie sich vom Hals zu halten, ist er als Prediger der Pressefreiheit umso geeigneter.

Den »bittersten Schmerz« nennt Søren Kierkegaard die Reue und schreibt, sie »will nicht gesehen werden«. Das ist nicht die Haltung von Politikern des Schlages Wulff und Guttenberg. Die halten es lieber mit Nietzsche, der Gewissensbisse für eine Krankheit hielt und empfahl, niemals der Reue Raum zu geben: »Dies hieße ja, der ersten Dummheit eine zweite zugesellen.«

Das ist nur möglich, weil es Medien gibt, die im Notfall gerne aushelfen. Das Buch, das di Lorenzo gemeinsam mit Guttenberg veröffentlichte, war ein echter Freundschaftsdienst. »In Ihr Gesicht schleicht sich hin und wieder ein harter Zug ein«, sagte di Lorenzo beinahe besorgt, und Guttenberg nahm es gerne auf: »Ich bin durch das, was sich in diesem Jahr abgespielt hat, schwer gezeichnet.« Es ist nicht ungewöhnlich, dass die Medien an der Inszenierung der Politik zum Theater mitwirken. Was Guttenberg anging, musste man allerdings bei manchen Medien einen schweren Fall von Berlusconismus diagnostizieren, ein für Deutschland neues Phänomen, mit dem wir uns bereits beschäftigt haben.

Und wieder fällt einem Sloterdijks Zynismusdefinition ein. Es gibt einen Machtzynismus und einen Verzweiflungszynismus. Beiden gemeinsam ist die Hoffnungslosigkeit. Der eine tarnt sie als Pragmatismus, der andere als bitteren Spott. Dafür hat Tom Strohschneider, der spätere Chefredakteur des »Neuen Deutschlands«, einmal im Netz ein gutes Beispiel gegeben: »Es ändert sich im Grunde nichts, wenn im Schloss Bellevue jemand sitzt, der so aufrichtig ist, das Geld, das ich nicht habe, gar nicht anzunehmen«, schrieb Strohschneider. Ob Wulff oder ein anderer – für jene, die sich fremd fühlen, wo Geld, Politik und Medien sich zu Macht ballen, ist das ohne Bedeutung. Die Enttäuschung, die in diesem Gedanken wohnt, ist der Anfang vom Ende. Das System zerfällt. Das ist dann das, was nach der Postdemokratie kommt. Colin Crouch hatte noch geschrieben, dass der Ruf nach Rücktritt die letzte Illusion der Einflussnahme sei, die dem entmachteten Souverän bleibe. Aber wenn die Glut einmal ganz verloschen ist, mag der Souverän nicht mal mehr nach Rücktritt rufen. Wozu auch? Es wäre die Aufgabe der Regierung, die Menschen vom Gegenteil zu überzeugen. Aber Merkels Regierung hat sich vier Jahre lang immer mühsamer von einer Affäre zur nächsten geschleppt und sich gegenüber den Fragen der politischen Moral als sehr flexibel erwiesen.

Seit ihrem Amtsantritt verbrauchte diese Regierung mehr politische Substanz, als sie erzeugte. Das galt für die katastrophale Euro- und Europapolitik, für den deutschen Sonderweg in Libyen und für das innenpolitische Sittenbild einer gar nicht bürgerlichen Regierung, in der sich Selbstbediener und Lügner die Klinke in die Hand gaben. Die Wehrpflicht wurde abgeschafft, aber im konservativen Lager gelten die besten Tugenden junger Bundeswehrrekruten: Tarnen (Christian Wulff), Täuschen (Karl-Theodor zu Guttenberg, Annette Schavan) und Verpissen (Horst Köhler, Ole von Beust, Roland Koch). Merkel und ihre Männer schöpfen aus einem politischen und moralischen Reservoir, das andere vor ihnen gefüllt haben. Unerschöpflich ist dieses Reservoir nicht.

Wenn die Politik versagt, wenn die Medien unzuverlässig sind, muss sich die Zivilgesellschaft ihrer selbst bewusst werden. Sie muss feststellen, dass sie sich den Spott ebenso wenig leisten kann wie die Verzweiflung. Beides ist ein Luxus, der darauf setzt, dass ein anderer schon tragen wird, was weder der Witzbold noch der Weinerliche länger schultern mag: die Verantwortung. Da wollen sich dann welche etwas nicht mehr weiter zurechnen lassen. Und rechnen gleichzeitig damit, dass einer die Zeche schon zahlen wird. Dass sie selber am Ende zahlen, aber anders als gedacht, merken solche Verantwortungsflüchtlinge immer erst zu spät. Wir kommen weiter unten zum größten Problem jener Denkweise: Sie scheut vor den Freiheitsmöglichkeiten des eigenen Handelns zurück.

Und sie ist offenbar jederzeit bereit, die Entscheidungen jener zu diskreditieren, die sich ihrer Freiheit bedienen. Anders ist ja gar nicht zu erklären, mit wie viel Häme und Spott und

Verachtung dem Phänomen des sogenannten »Wutbürgers« in den Medien begegnet wurde. Das begann schon mit dem »Spiegel«-Essay von Dirk Kurbjuweit aus dem Oktober 2010. Kurbjuweit erfand das Wort. Und das ist für einen Journalisten eine der schönsten Sachen der Welt, ein Wort zu erfinden. Wörter sind wertvoll. Und treffende Wörter sind um so wertvoller. Aber Kurbjuweit erfand das Wort nicht, um dem Wutbürger ein Denkmal zu setzen, sondern ein Schandmal. Der Wutbürger wurde lächerlich gemacht in dem Augenblick, da er das Licht der Welt erblickte: »Der Wutbürger buht, schreit, hasst. Er ist konservativ, wohlhabend und nicht mehr jung. Früher war er staatstragend, jetzt ist er zutiefst empört über die Politiker.« Kurbjuweit war entschlossen, den Wutbürger fertigzumachen. Denn er packte die Anhänger des Populisten Sarrazin in den gleichen Wutbürgersack wie die Gegner des Stuttgarter Pharaonenbahnhofes, band den Sack zu und schlug dann ordentlich darauf herum. Ihm sei schon klar, schrieb Kurbjuweit, dass es Unterschiede zwischen den Bahnhofsbürgern und den Sarrazinisten gebe. Die interessierten ihn aber nicht so wie die Parallelen: »Es geht jeweils um Zukunftsvergessenheit. Der Wutbürger wehrt sich gegen den Wandel, und er mag nicht Weltbürger sein. Beide Proteste sind Ausdruck einer skeptischen Mitte, die bewahren will, was sie hat und kennt, zu Lasten einer guten Zukunft des Landes.«

Was Stuttgart angeht, hatte Kurbjuweit die Bilder der tatsächlich sehr wütenden Demonstranten vor Augen: wie sie da im Schlossgarten versuchten, die Bäume zu schützen, die für den Tiefbahnhof fallen sollten. Das waren keine Berufsdemonstranten oder gewohnheitsmäßigen Staatsverächter oder überhaupt irgendwelche üblichen Verdächtigen, wie man das von früher gewohnt war, als man jeden Demonstranten erst mal getrost als Kommunisten beschimpfen konnte. Das hier waren Stuttgarter Bürger, CDU-Wähler, durchaus gesetzte Herrschaften, die nicht wollten, dass mitten in ihrer Stadt der alte Bahnhof abgerissen, die Bäume gefällt und tiefe Löcher gegraben werden. Und das war kein Spaß. Der deutsche Staat ging gegen diese Demonstranten auch nicht anders vor, als er das in der Vergangenheit in Wackersdorf oder an der Startbahn West getan hatte: mit aller Härte. Aus der ganzen Republik waren Polizisten gekommen, um den Leuten ihre »Zukunftsvergessenheit« auszutreiben. Und die Stuttgarter Bürger lernten ihren Staat einmal von einer ihnen bis dahin ganz unbekannten Seite kennen.

Im Netz konnte man damals lesen, dass unter den Demonstranten auch der Krimi-Autor Wolfgang Schorlau war. Er habe so etwas noch nie erlebt, sagte er, wie die Polizei gegen Schüler vorgehe: »Ein Beamter hat einer etwa 15-Jährigen mit voller Wucht ins Gesicht geschlagen.«

Der Ingenieur Dietrich Wagner, der zu diesem Zeitpunkt 65 Jahre alt war, wurde von einem Wasserwerfer ins Gesicht getroffen. Aus beiden Augen blutend, wurde er von anderen Demonstranten vor der Polizei in Sicherheit gebracht. Das Bild wurde zu einem Fanal des Stuttgarter Aufstands. Wagner ist seit diesem Tag annähernd blind.

Die Unverhältnismäßigkeit dieses Einsatzes stand außer Frage. Das war kein gewaltbereiter Schwarzer Block, der sich da in den Stuttgarter Straßen zusammengerottet hatte – es waren buchstäblich alte Leute und Kinder, die von einer gereizten Staatsmacht zusammengeschlagen worden waren. Das konnte man auch alles so in der Zeitung lesen und sich im Fernsehen angucken. Dennoch begegnete die deutsche Öffentlichkeit dem Protest gegen Stuttgart 21 sonderbar verhalten. »Spiegel«-Autor Kurbjuweit gab die bundesweite Stimmung in seinem Essay geradezu vor: »Deutschland wird erstarren, wenn sich allerorten die Wutbürger durchsetzen.« Das war nämlich die Sorge: Wo enden wir, wenn jeder mitreden will und blockiert, was ihm nicht passt? Angela Merkel sah das auch so, als sie ihrer Befürchtung Ausdruck verlieh, »dass wir große Infrastrukturprojekte in diesem Land nicht mehr hinbekommen«. Der Journalist Gerhard Matzig schrieb sogar ein ganzes Buch gegen das Wutbürgertum: »Einfach nur dagegen. Wie wir unseren Kindern die Zukunft verbauen«. Matzig zitierte George Bernard Shaw: »Alte Männer sind gefährlich. Ihnen ist die Zukunft gänzlich gleich« und erklärte den demokratischen Protest kurzerhand zum demographischen Phänomen: Hier könnten wir die Zukunftsangst einer alternden Gesellschaft beobachten. Vom Erfolg der Idyllenpostille »Landlust« bis zu den »Guten Dingen« von Manufactum sah Matzig überall Anzeichen von Zukunftsangst.

Es waren Konservative, die sich in eine linke Protestkultur einreihten. Das stellte an die Flexibilität der deutschen Medien- und Politiköffentlichkeit zu hohe Anforderungen. Es war kurios zu beobachten, wie dieser neue Bürgerprotest weder auf der konservativen noch auf der linken Seite mit Wohlwollen begrüßt wurde. Denn so war es ja: Auch bei den Linken gab es angesichts des Wutbürgertums viel mürrische Häme.

Darum mochten sich die Konservativen mit dem Stuttgarter Protest nicht anfreunden, obwohl dessen Träger eigentlich aus dem konservativen Lager kamen. Und das wiederum war der Grund, warum der Protest auch bei den Linken im Land eher reserviert aufgenommen wurde: um Gottes willen keine Solidarität mit wohlhabenden Bürgersleuten, die sich durch eine Riesenbaustelle nicht die Aussicht ihrer auf den Hügeln der Stadt liegenden Luxusvillen verderben lassen wollten. Hermann L. Gremliza, von schräg-linksaußen kommend, hätte den Stuttgartern am liebsten ein Demonstrationsverbot erteilt, weil sie sich in der Vergangenheit nicht durch ein Leben im Widerstand die Lizenz zum Protest erarbeitet hatten: »Nein, sie haben nie demonstriert, nicht gegen Kriege und Berufsverbote, nicht gegen die Plutoniumwirtschaft, nicht gegen prügelnde Bullen, nicht gegen Faschisten, nicht gegen die jüngsten Rassenlehrer. Sie haben den Nazi Filbinger als ›Landesvater‹ verehrt, den Meyer-Vorfelder, der Baden-Württembergs Schüler ›Deutschland, Deutschland über alles‹ auswendig lernen ließ, als Kultusminister gern gesehen, sie haben beider Erben, den Oettinger und den Mappus, zu Ministerpräsidenten gewählt.«

Die deutsche Öffentlichkeit zeigte im Umgang mit Stuttgart 21 einige wahrhaft unschöne Reflexe und Mechanismen, die tief blicken ließen – und es war keine gute demokratische Kultur, die da zum Vorschein kam. Zur demokratischen Kultur gehört nämlich auch der Protest. Aber in Stuttgart konnte man sehen, wie der in Deutschland sogleich verdächtigt wird, von links und von rechts.

Da war es von geradezu sympathischer Offenheit, dass der »Spiegel«-Autor Kurbjuweit sich schon aus ästhetischen Gründen am Wutbürger stieß – er lässt ihn in seinem Text immerzu brüllen und hassen, und eigentlich beschreibt er ihn wie ein wildes Tier. Was für ein Unterschied dagegen Kurbjuweits Ideal vollendeter Bürgerlichkeit: Thomas Buddenbrook, der zwar bekanntlich am Ende von Thomas Manns Roman untergeht, das aber wenigstens mit Contenance und in tadelloser Haltung.

Im Rückblick freilich stellt sich heraus, dass Stuttgart 21 gar kein so gutes Beispiel für eine angebliche wutbürgerliche Zukunftsfeindlichkeit war. Die Stuttgarter Protestler hatten gar kein schlechtes Gespür für den Irrsinn des Bahnhofsprojekts. Im Dezember 2012 musste die Bahn einräumen, dass die Kosten nicht wie geplant 4,5 Milliarden Euro betragen würden, sondern eher bei 6,8 Milliarden Euro lägen – aber nicht mal brennende Bahnhofsfreunde hätten für diese Summe ihre Hand ins Feuer legen wollen.

Wer soll das bezahlen? Das Land Baden-Württemberg und die Stadt Stuttgart, beide in grüner Hand, teilten mit, man werde sich an die vertraglichen Zusagen halten, die die Vorgänger von der CDU gegeben hatten – aber eben nur das. Es werde kein Cent zusätzlich bereitgestellt: »Mir gäbet nix«, sagte der grüne Stuttgarter Oberbürgermeister Fritz Kuhn.

Ein Papier für den Bahn-Aufsichtsrat stellte im Frühjahr 2013 fest, dass der Bahnhof nicht mehr wirtschaftlich zu bauen sei, dass aber ein Ausstieg noch teurer werde: »Mit dem heutigen Kenntnisstand würde man das Projekt nicht beginnen, sehr wohl aber fortführen.« Das bedeutet, es wird weitergebaut, obwohl es unsinnig ist. Auch ein Infrastrukturprojekt muss sich aber an Rentabilitätskriterien messen, und hier wäre die »Eigenkapitalverzinsung negativ«, wie es in einem Papier des Bundesverkehrsministeriums hieß.

Spätestens das ist einer zum Effizienzdenken erzogenen Öffentlichkeit nicht mehr zu vermitteln: Warum soll man einen Bahnhof bauen, der sich nicht rechnet? Aus Spaß? Für das Prestige?

Früher hat man aus solchen Gründen gebaut. Gerhard Matzig gedachte in der »Süddeutschen Zeitung« wehmütig dieser Zeiten: »Die großen Bauherren und Architekten der Vergangenheit waren selten demokratisch legitimiert: Dennoch bewundern wir die Bauten der Kirche oder die Stadtgestaltungen der Fürsten.« Matzig, ein Architekturkenner, hatte sich aus seiner Sicht Sorgen um das wachsende Wutbürgertum gemacht und sich gefragt, wie es denn um das architektonische Niveau stehe, wenn bürgerliches Geschmäcklertum die Bauherrschaft übernimmt: »Wie bei den großen Infrastrukturvorhaben schon jetzt zu erleben, werden auch die kleineren Eingriffe in Zukunft mehr Diskussion, mehr Protest und auch mehr Teilhabe mit sich bringen. Das ist ein Schritt in Richtung eines demokratischeren Stadt-Verständnisses. Gut so. Eine Garantie für strukturellen Weitblick und anspruchsvolle Baukultur ist es aber nicht.« Es sei nämlich, schrieb der Architekturkritiker, der barocke Kern von Salzburg »nicht dem Trillern einer Bürgerinitiative zu verdanken – sondern der Geltungssucht eines Herrschers. … Oder der Eiffelturm in Paris. Gegen den Turm wehrte sich vor mehr als einem Jahrhundert halb Paris. Vorneweg: die intellektuelle Elite der Stadt. In einem ›Manifest‹ der Künstler und Denker war zu lesen: ›Wird die Stadt Paris sich wirklich den (…) geschäftstüchtigen Phantastereien einer Maschinenkonstruktion anschließen, um sich für immer zu schänden und zu entehren?‹«

Das wird schon alles so stimmen. Allein, heute geht es in den seltensten Fällen um den Bau eines neuen Eiffelturms oder eines weiteren Straßburger Münsters, dafür aber immerzu um neue Shoppingcenter und unsinnig teure Wohnklötze, die dem Prozess der Gentrifizierung eine ganz neue Dimension verleihen. Der »FAZ«-Redakteur Niklas Maak hat dazu geschrieben: »Die neuen Bauprojekte verdrängen nicht einfach nach guter alter Gentrifizierungsart das Einfache und Provisorische durch ein wohlhabendes bürgerliches Leben. Sie zombifizieren die Stadt: Sie lassen das, was sie verdrängten – die Ateliers, die kleinen Kunsträume, das Improvisierte, Provisorische – als wertsteigerndes, belebendes Bild wiederauferstehen. Die neue Stadt baut als Fiktion nach, was sie soeben verdrängt«. Das sind keine Gehäuse staatsmächtiger Repräsentation mehr, in denen sich irgendwann einmal auch das demokratische Gemeinwesen gerne einrichtet. Hier geht es einfach nur um eine Privatisierung des öffentlichen Raums – und eine Demokratisierung des schlechten Geschmacks. Da wäre man froh, wenn ein paar Bürger mal so richtig ausrasten und sich an irgendwelchen Fahrradständern anketten würden.

Den neuen deutschen Protestlern wurde vorgeworfen, dass sie nicht wegen der Finanzkrise auf die Straße gegangen waren, nicht wegen der Europapolitik oder Afghanistan oder sonst eines weltbewegenden Themas. Sondern dass sie tatsächlich von Angelegenheiten mobilisiert worden waren, die sie direkt angingen: Schulreformen, öffentliche Bauten, Fluglärm. Das war eine sonderbare Kritik. Und ihr lag ein sonderbares Verständnis von Demokratie, von Partizipation, ja von Öffentlichkeit überhaupt zugrunde. »Think globally, act locally«, erst bringt man den Leuten jahrzehntelang bei, dass sie global denken und lokal handeln sollen, weil das der einzig sinnvolle und befriedigende Weg der Partizipation sei – und wenn sie es dann wörtlich nehmen und sich daran halten, macht man ihnen den Vorwurf, nicht über ihren Tellerrand hinauszublicken. Der Göttinger Politologe Franz Walter und seine Mitarbeiter haben in ihrer Studie über die neuen Protestbewegungen übrigens herausgefunden, dass durchaus nicht jeder Bürger, der gegen eine Stromtrasse demonstriert, unter so einer Leitung leben würde. Die Leute sorgen sich um ihre Heimat. Und zwar in einem ganz unspektakulären Sinn des Wortes: »Heimat ist für sie etwas erstaunlich Unmittelbares. Heimat ist dort, wo man sich jetzt gerade wohlfühlt, ausschließlich ein gegenwärtiger, kein historischer Ort. Heimat ist, wo die Familie lebt, was für die Enkel erhalten werden soll.«

Verantwortung kann man nur für das übernehmen, auf das man auch Einfluss hat. Das ist eine Binsenwahrheit und eine Lehre aus der Geschichte der gesellschaftlichen Auseinandersetzungen, die die neuen Protestbürger besser verstanden haben als manche ihrer Kritiker in Zeitungen, Parteien und Verwaltungen. Aber ausgerechnet der Politgreis Heiner Geißler, der in der Stuttgarter Klemme als Mediator angeheuert worden war, der hatte begriffen, dass hier eine neue Qualität politischer Partizipation entstanden war.

Nachdem sich eine Mehrheit in einem Volksentscheid für das Bahnhofsprojekt ausgesprochen hatte, schrieb Geißler einen klugen Text in der »Süddeutschen Zeitung«:

»ABER MAN KÖNNTE auch ins Träumen kommen und sich zurückversetzen ins Jahr 1995. Vier Leute – ein Ministerpräsident, ein Bundesverkehrsminister, der Chef der Deutschen Bahn, ein Oberbürgermeister – fliegen im Hubschrauber über das 120 Hektar große, von Bad Cannstatt bis Stuttgart-Mitte reichende Gleisvorfeld des Haupt- und Sackbahnhofs und fassen einen kühnen und genialen Plan. Um die Gleise verschwinden zu lassen und Stuttgart in der Mitte neu zu erfinden, wird der Bahnhof um 90 Grad gedreht, acht Meter tiefer gelegt und in einen Durchgangsbahnhof in der Mitte einer ICE-Schnellstrecke Mannheim-Ulm-München inklusive Stuttgarter Flughafen verwandelt. Das Konzept wird der Öffentlichkeit vorgestellt. Es beginnt eine öffentliche Diskussion mit einer völlig neuen Form der Bürgerbeteiligung, einem gleichberechtigten Forum aus Projektbefürwortern und Projektgegnern, Ministerpräsident und Bahn-Chef an einem Tisch mit Grünen und Vertretern der Zivilgesellschaft mit totaler Transparenz an allen Sitzungstagen, übertragen vom Fernsehen, alle Positionen nachzuverfolgen im Internet. Es geht um Alternativen, zum Beispiel um einen Kombi-Bahnhof wie in Zürich oder die Trassierung durch das Fils- und Neckartal, um die Offenlegung der Kosten, begleitet von Informations- und

Diskussionsveranstaltungen im ganzen Land und empfehlenden Voten der Parlamente.

Dann erfolgt eine Volksabstimmung. Der Bahnhof, der eine Mehrheit bekommen hat, wird gebaut. Wegen der vorausgegangenen ausführlichen Information und der demokratischen Entscheidung des Volkes gibt es keine wesentlichen Proteste und Einsprüche mehr, der Bahnhof wird zehn Jahre später im Jahre 2008 eingeweiht und in Betrieb genommen. Nach diesem Verfahren haben die Schweizer den Gotthard-Tunnel gebaut. So hätte es auch in Stuttgart kommen können. Leider ist dies nur ein Traum. Real war nur der geniale Plan 1995. Aber in Stuttgart ist es halt so gelaufen, wie es in Deutschland funktioniert: elitäre politische und ökonomische Entscheidungen, Großdemonstrationen und Konfrontationen mit der Polizei, mehr als hundert Verletzte, zwei von ihnen Schwerverletzte, von denen einer erblindete.«

Geißler, der nichts mehr zu verlieren und kaum noch etwas zu gewinnen hat, hatte erkannt, dass der Stuttgarter Protest typisch war für eine neue Form bürgerlichen Engagements in Deutschland. Ziviler Ungehorsam, wenn auch in einer ziemlich deutschen Variante, aber immerhin. Es fehlte diesem Protest jeder sozialutopische Horizont. Es ging weder um den Frieden noch um die Gerechtigkeit. Es waren Bürger, die gegen den Staat auf die Straße gingen. Was ist ein CDU-Wähler, der demonstriert? Ein politisches Oxymoron. Es gab so etwas bisher nicht. In Stuttgart ging es gegen einen Bahnhof. In Hamburg gegen eine Schulreform. In Berlin gegen Flugrouten. Und überall ging es gegen die Politik. »Elitäre politische und ökonomische Entscheidungen«, schrieb Geißler, die Leute hatten es einfach satt. Und die Politik hatte es nicht mitbekommen. Ein

Prozess der Entfremdung und Entfernung, für den es Anzeichen auch im Verhältnis der Medien zu ihrem Publikum schon gegeben hat. Der Bürger, Staatsbürger, Besitzbürger, das spielt hier zunächst gar keine Rolle, misstraut dem System. Das ist neu. »Atomproteste und alternative Lebensstile sind aus der Öko-Nische herausgetreten, die APO 2.0 ist mehrheitsfähig geworden«, schrieb der Politikwissenschaftler Claus Leggewie. Und der Soziologe Oliver Nachtwey sprach gar von einem »Zeichen eines angestauten Unbehagens und einer tiefen Entfremdung – nicht nur von der repräsentativen Demokratie, sondern vom gesamten Projekt der liberalen Moderne«.

Es passte zu diesem neuen bürgerlichen Protest, dass es nur eine einzige Partei gab, die ihn einigermaßen glaubwürdig vertreten konnte, und nur eine, die davon profitierte: die Grünen. Denn die Mehrheitsfähigkeit von »APO 2.0« bedeutet eben auch, dass es nicht mehr linke, systemverändernde Kräfte sind, die den gesellschaftlichen Widerstand bündeln, sondern die neue bürgerliche Volkspartei der Grünen.

Denn die Grünen sind ja in den vergangenen Jahren vollends zum freundlicheren Gesicht des deutschen Bürgertums geworden. Die Partei hat damit zu sich selbst gefunden. In der politischen Repräsentation bürgerlicher Lebenswelten findet in Deutschland schon seit geraumer Zeit in Wahrheit eine Arbeitsteilung statt: Die Grünen sind für die Moderne zuständig, die CDU für das Ressentiment. Darum konnten die Grünen in Stuttgart gewinnen. Und darum führt die Union ihren Wahlkampf im Zweifel immer noch auf dem Rücken von Asylbewerbern.

Als Ende Oktober 2012 der Winter nach Berlin kam, konnte man das erleben, direkt am Brandenburger Tor. Da nahm die Polizei den Asylbewerbern, die dort schon tagelang ausgeharrt hatten, die Decken weg. Es hieß, der »Einsatz von Übernachtungsutensilien« verstoße gegen geltendes Recht. So ging eine CDU-geführte Behörde gegen die Ärmsten der Armen vor. Das passte. Denn einige Wochen zuvor hatte Merkels Innenminister Friedrich den Kampf gegen angeblichen Asylmissbrauch für sich entdeckt. Er wollte Sinti und Roma daran hindern, nach Deutschland zu flüchten. Das erinnerte daran, dass trotz allen Geredes von der »modernisierten Union« CDU und CSU immer noch jederzeit das ausländerfeindliche Ressentiment mobilisieren können, wenn es sinnvoll erscheint.

Für das fröhliche Bürgertum sind inzwischen die Grünen zuständig. Nachdem er in Stuttgart die Wahl zum Oberbürgermeister gewonnen hatte, sagte Fritz Kuhn: »Unser Denken hat sich in Herz und Verstand großer Teile des Bürgertums breitgemacht und ist dort schon hegemonial.« Es ist der Teil des Bürgertums, der auf Familie setzt, auf Alltagsmoral, auf ein modernes bürgerliches Selbstverständnis.

Die Grüne Claudia Roth musste gar nicht übertreiben, als sie einmal sagte: »Zur Union fällt mir Mappus ein, fallen mir Plagiate ein, fällt mir die Art und Weise ein, wie sie mit Griechenland in der Eurokrise umgehen. Das ist alles andere als bürgerlich und anständig.« Das ist das Problem der Union: Von den Plagiatoren Guttenberg und Schavan über den Schnäppchenjäger Wulff bis zum Innenminister Friedrich, der seinen Wahlkampf auf dem Rücken von Sinti und Roma führen will, hat die Union vergessen, was sich gehört. Ausgerechnet Sinti und Roma: Im Oktober war ein Mahnmal eingeweiht worden, um an die deutschen Verbrechen an diesen Volksgruppen zu erinnern. Angela Merkel hatte versprochen, dass Deutschland sich für die Rechte der Sinti und Roma einsetzen werde. Die Kanzlerin hatte wörtlich gesagt: »Es ist eine deutsche und eine europäische Aufgabe, sie dabei zu unterstützen, wo auch immer, innerhalb welcher Staatsgrenzen auch immer sie leben.« Nur nicht innerhalb der deutschen Grenzen. Merkel hat ein Herz für Zigeuner, solange sie schön bei sich bleiben. Wehe, sie kommen auf die Idee, das Versprechen in Deutschland einlösen zu wollen. Dann redet Innenminister Friedrich vom »Missbrauch unseres Systems« und will mit vereinfachter Abschiebung und neuen Visaregeln die Flucht der Verfolgten aus Serbien und Mazedonien stoppen.

Mit solcher Politik macht die Partei Punkte bei einer Schicht, die die Wahlforscher schon zu Beginn des neuen Jahrhunderts in der Union entdeckt hatten, wie man einen Hausschwamm im Keller entdeckt: »Ungebildete, hedonistisch disponierte junge Männer der Unterklasse«. Seitdem ist es damit nicht besser geworden. Unter Angela Merkel hat sich die Partei darauf verlegt, gleichzeitig das Sicherheitsbedürfnis der Kleinbürger zu bedienen und die Kapitalinteressen von Banken und Industrie. Sie hat die bürgerliche Mitte vernachlässigt. Drei Wurzeln nährten nach dem Krieg die Union: das Konservative, das Liberale und das Soziale. Angela Merkel ließ die konservative und die soziale Wurzel verkümmern. In Wahrheit fand unter ihrer Führung eine Entbürgerlichung der CDU statt.

Friedrich Engels prägte 1848 den paradoxen Begriff der »konservativen Revolution«. Eine solche hat stattgefunden. Die Grünen waren die Revolutionäre. Sie haben, wie der Soziologe Heinz Bude formulierte, einen Konservatismus ohne Ressentiments erfunden.

Für die Grünen gibt es die neue Beliebtheit allerdings nicht kostenlos. Sie müssen sich auf einiges gefasst machen. Als bürgerliche Volkspartei werden die Grünen einen entsprechend weiten Bogen zu spannen haben. Sie müssen den Bürger in seiner ganzen Widersprüchlichkeit vertreten: Einerseits will er die Energiewende, andererseits aber nicht in seinem Vorgarten. Aber es gibt keine andere Partei, die bessere Chancen hat, sich erfolgreich dieser bürgerlichen Dialektik zu stellen, als die Grünen. Keiner fällt es leichter, die Einsicht zu verstehen, die man aus dem Protest gegen Stuttgart 21 ziehen musste: Die Politik muss in Deutschland ein neues Verhältnis zum Bürger finden. Verfahrenslegitimität bringt offenbar nicht mehr automatisch politische Legitimation mit sich.

Nach der Volksabstimmung über Stuttgart 21 hat Heiner Geißler gesagt: »Der sogenannte Wutbürger entpuppte sich in Wirklichkeit als der moderne Aufklärer. Durch Befreiung von der selbstverschuldeten Unmündigkeit machten sich diese Menschen fähig zum selbständigen Denken und der Bildung eines eigenen Urteils, unabhängig von Behörden und formalen Parlamentsentscheidungen.«

Damit ist die deutsche politische Kultur noch weit von der französischen entfernt. Aber sie hat Fortschritte gemacht.

12 AKTION

Die Deutschen lieben den Protest nicht. Feste Wurzeln halten den Untertan an seinem Platz. Angst, Pflicht, Vernunft – der Gehorsam kommt in mannigfacher Verkleidung daher. Aber am Ende ist es immer der Gehorsam, durch den der Deutsche sich auszeichnet. Wer nach den Wurzeln dieses Gehorsams graben will, der kann zum Beispiel Schillers »Glocke« lesen. Der Text wird heute an den Schulen nicht mehr auswendig gelernt. Zum Glück. Das Gedicht ist endlos lang und das Versmaß mühsam. Aber es ist vielsagend:

> *Der Meister kann die Form zerbrechen*
> *Mit weiser Hand, zur rechten Zeit,*
> *Doch wehe, wenn in Flammenbächen*
> *Das glühnde Erz sich selbst befreit!*
> *Blindwütend mit des Donners Krachen*
> *Zersprengt es das geborstne Haus,*
> *Und wie aus offnem Höllenrachen*
> *Speit es Verderben zündend aus;*
> *Wo rohe Kräfte sinnlos walten,*
> *Da kann sich kein Gebild gestalten,*
> *Wenn sich die Völker selbst befrein,*
> *Da kann die Wohlfahrt nicht gedeihn.*

In diesen Zeilen spiegelt sich das deutsche Verhältnis zur Freiheit: Nur der »Meister« darf die herrschenden Verhältnisse anrühren, »mit weiser Hand, zur rechten Zeit«, das ist der zulässige Weg der Reform. Aber wehe, die Leute nehmen ihr Schicksal selber in die Hand! Dann haben wir Revolution, wie in Frankreich, und die Tore der Hölle werden geöffnet. Bei

Schiller ziehen »Würgerbanden« umher, die Weiber werden zu Hyänen »und treiben mit Entsetzen Scherz« – hier lassen schon die berüchtigten »Flintenweiber« der Freikorpsliteratur grüßen. Denn nur der sittlich entgrenzte Pöbel kann ja auf die Idee kommen, die Frauen zu bewaffnen.

Wann gab es in Deutschland den letzten großen Protest? Das letzte Raunen, das durch die Menge ging? Die letzte echte Beunruhigung? Das war im Jahr 2003 der Streik der IG Metall in Ostdeutschland und ein Jahr später die Protestwelle gegen die sogenannten Hartz-IV-Reformen. Diese kurzen zwei Jahre, in denen es eine lebendige Opposition gegen den Umbau des westdeutschen Sozialsystems gab, sind schnell in Vergessenheit geraten. Die Ereignisse dieser beiden Sommer spielen heute keine Rolle mehr. Dabei war vor allem der Streik und sein Scheitern ein Wendepunkt. Und vielleicht ist das Vergessen, das sich darübergelegt hat, ein Zeichen dafür, wie vollkommen diese Wende vollzogen wurde.

Am 28. Juni 2003 gab der damalige IG-Metall-Chef Klaus Zwickel bekannt, dass die Verhandlungen für die Einführung der 35-Stunden-Woche in Ostdeutschland gescheitert waren. Vier Wochen lang hatte der Streik der IG Metall gedauert und endete schließlich ohne Ergebnis. Er wurde einfach abgebrochen. Das hatte es seit 1954 nicht gegeben. Aber damals war es nur um eine Lappalie in Bayern gegangen. In diesem Sommer jedoch war vor den Augen des ganzen Landes die einst mächtige und gefürchtete IG Metall mit ihrer zentralen, identitätsstiftenden Forderung nach der 35-Stunden-Woche gescheitert. Man muss sich das noch einmal vor Augen führen. Denn soziale Utopie, das war über 100 Jahre lang eine Utopie der Arbeitswelt. »Weil die Form dieser abstrakten Arbeit eine derart prägende, alle Bereiche penetrierende Kraft entfaltet hat, konnten sich auch die utopischen Erwartungen auf die Produktionssphäre richten, kurz: auf eine Emanzipation der Arbeit von Fremdbestimmung«, hat Jürgen Habermas geschrieben. Es ging immer um die Arbeit, und das angenommene Subjekt der Revolution war immer die Arbeiterklasse. Arbeitsbedingungen, Arbeitslohn, Arbeitszeit – darum drehte sich der ganze Reigen der Resolutionen und Revolten.

Der Streik der IG Metall war ein Desaster. Es war vielleicht das Ende der herkömmlichen Arbeiterbewegung in Deutschland. Jetzt wurde offenbar, dass die alte arbeitsgesellschaftliche Utopie des organisierten Klassenkampfes endgültig ihre Strahlkraft eingebüßt hatte. Schon zuvor mochte man den Zustand der Arbeiterbewegung nicht als gut bezeichnen. Aber diese Niederlage gab ihr den Rest. Nicht einmal 10 000 Arbeiter hatten vier Wochen im Osten des Landes gestreikt, und in dieser kurzen Zeit war die Machtlosigkeit der Gewerkschaften enthüllt worden, ihre Mitgliederschaft gespalten und die Öffentlichkeit entfremdet. In England war es Mitte der achtziger Jahre das Scheitern eines landlähmenden Streiks von 130 000 Bergarbeitern gewesen, der immerhin ein volles Jahr gedauert hatte, an dem die Gewerkschaftsbewegung zugrunde gegangen war. In Deutschland brauchte es dafür offenbar weniger Aufwand. Jenseits des Kanals war die alte Arbeiterbewegung mit einem Knall untergegangen, bei uns mit einem Wimmern. Das lag auch an der Rolle der Medien. Wann war überhaupt jemals eine Aktion einer Gewerkschaft in Deutschland auf so einhellige Ablehnung gestoßen?

Im März 2003 hatte Gerhard Schröder in einer berühmt gewordenen Regierungserklärung seine sogenannte Agenda 2010 verkündet. »Wir werden Leistungen des Staates kürzen, Eigenverantwortung fördern und mehr Eigenleistung von jedem Einzelnen abfordern müssen. ... Der Umbau des Sozialstaates und seine Erneuerung sind unabweisbar geworden. Dabei geht es nicht darum, ihm den Todesstoß zu geben, sondern ausschließlich darum, die Substanz des Sozialstaates zu erhalten. Deshalb brauchen wir durchgreifende Veränderungen.« Das große Umsteuern hatte begonnen, der Kurswechsel, die Vollendung der neoliberalen Wende, die unter Kohl nur angekündigt worden war. Die Gewerkschaften, noch nicht gebrochen, spürten die Gefahr. Im Frühjahr brachen in Baden-Württemberg erste Tarifauseinandersetzungen auf. Es ging um mehr Lohn, aber vor allem ging es um eine besorgniserregende Entwicklung: die Zunahme der Leiharbeit. Sie gefährdete den Einfluss der Gewerkschaften und überhaupt die organisierte Vertretung der Interessen von Arbeitnehmern. Die Gewerkschaften forderten darum, dass die Betriebsräte ein Recht auf Mitsprache bei der Einstellung von Leiharbeitskräften haben sollten: »Wir wollen, dass die Menschen in ihren Betrieben fest verankert sind mit Rechten und Pflichten für beide Seiten«, sagte ein IG-Metall-Funktionär damals. Aber das waren Worte aus einer alten Zeit, in der das Wünschen noch geholfen hat – und vor allem das Kämpfen. Auf beides konnten die Gewerkschaften nicht mehr zählen.

Der große Streik von 2003, war das ein Streik der Verzweiflung oder einer der Selbstüberschätzung? Die Arbeitslosigkeit hatte im Vorjahr bei 10,8 Prozent gelegen. Das war der gesamtdeutsche Durchschnitt der Lohnabhängigen. Im Osten, wo die IG Metall ihren Arbeitskampf ausfechten wollte, lag die Quote nahe bei 20 Prozent. Die IG Metall setzte zunächst in Sachsen an und dehnte den Arbeitskampf dann auf Ostberlin und Brandenburg aus. 13 Jahre nach der Herstellung der staatlichen Einheit Deutschlands wollte die Gewerkschaft eine Gerechtigkeitslücke schließen. Die Arbeitszeit der 310 000 Beschäftigten in der ostdeutschen Metall- und Elektroindustrie sollte schrittweise von 38 Stunden auf 35 gebracht werden, auf das Niveau der Kollegen im Westen. Was in der Stahlindustrie noch möglich war – eine Vereinbarung mit den Arbeitgebern, dass die Arbeitszeit im Osten bis 2009 auf das Westniveau sinken sollte –, schlossen die Arbeitgeber der Metallbranche aus. Und dabei blieben sie einfach. Damit hatte die IG Metall nicht gerechnet – und auch nicht mit dem Widerstand, auf den der Streik in der Öffentlichkeit treffen würde.

Der »Spiegel« nannte den Streik »absurd und gefährlich«, die »Süddeutsche« sprach von »Irrsinn«, das »Handelsblatt« von »Anmaßung« und die »Zeit« von »Machtspielen zum falschen Zeitpunkt«. Das Bild der Gewerkschaften in der Öffentlichkeit war vollkommen gekippt – und in der IG Metall hatte man das nicht mitbekommen.

Nachher, als schon alles zu spät war, sagte der zweite Gewerkschaftschef Jürgen Peters: »Manche Dinge schätzten wir völlig falsch ein, vor allem die Stimmung in der Bevölkerung. Wir dachten, eine 78-prozentige Streik-Zustimmung der IG-Metaller ist auch ein Spiegelbild der Gesellschaft. Pustekuchen! Wir lagen völlig daneben.« In der Tat, die Gewerkschaften galten als Blockierer: Ladenschluss, Agenda 2010, Hartz IV – zu allen sogenannten Reformen hatten die Gewerkschaften nein gesagt. Sie hatten damit ihre Aufgabe erfüllt, sich um die Interessen der Arbeitnehmer zu kümmern. Das Problem war nur: Die Arbeitnehmer selber definierten ihre Interessen inzwischen anders. Arbeitszeitverkürzung im Osten? Im Juni veröffentlichte der Mitteldeutsche Rundfunk (MDR) eine Umfrage, nach der 70 Prozent der Befragten bereit wären, für den Erhalt ihres Arbeitsplatzes auch länger als bisher zu arbeiten. Der MDR sorgte auch für eine Umfrage, nach der ebenfalls 70 Prozent der Auffassung seien, der Streik schade dem Wirtschaftsstandort Ostdeutschland. Es kommt eben immer darauf an, wie man fragt.

Das Allensbacher Institut für Demoskopie fand damals heraus, dass nur noch 14 Prozent der Befragten den Gewerkschaften eine Rolle als »Reformmotor« zutrauten. »In der Bevölkerung herrscht inzwischen ein Bild von den Gewerkschaften als machtvollen Institutionen vor, die sich mehr der Vergangenheit verpflichtet fühlen als der Gegenwart oder der Zukunft«, fasste die Allensbach-Forscherin Renate Köcher die Ergebnisse zusammen. Und beinahe die Hälfte der Bevölkerung sei davon überzeugt, dass es der offiziellen Vertretung der Arbeitnehmerschaft nur noch um eigene Interessen ging.

Aber Manipulation muss man den Umfragen oder ihren Auftraggebern hier nicht mal vorwerfen: Sehr wahrscheinlich ist es, dass die Leute vom anschwellenden Bocksgesang des Neoliberalismus in Medien und Politik längst entsprechend instruiert waren und von ganz allein den Gewerkschaften, die dachten, im Interesse der Werktätigen zu handeln, eine Absage erteilten. Richtig schlimm wurde es, als die IG Metall ein Werk in Brandenburg bestreiken ließ, in dem Getriebe für deutsche Autos hergestellt wurden.

Die Automobilindustrie hat sich daran gewöhnt, dass ihre Zahnräder besonders eng ineinandergreifen. Lagerhaltung gibt es kaum noch. Wenn es irgendwo in der Produktionskette zu Reibungsverlusten kommt, gerät das ganze Räderwerk schnell ins Stocken. Es dauerte nur ein paar Tage, und bei BMW in Bayern standen die Bänder still: Materialmangel. Nicht ganz 10 000 Streikende im Osten bedrohten annähernd 60 000 Beschäftigte im Westen mit Kurzarbeit. Die IG Metall hatte gedacht, wenn sie den Hebel auch im Westen anlegt, würde dessen Wirkung umso größer. So war es auch: Aber der Hebel flog der Gewerkschaft ins Gesicht. Der Westen verhielt sich nämlich nicht solidarisch mit den streikenden Kollegen im Osten. Im Gegenteil. Die Kollegen im Westen kochten vor

Wut. Erich Klemm, Chef des Daimler-Betriebsrats, des wahrscheinlich wichtigsten Betriebsrats in Deutschland, nannte IG-Metall-Chef Peters öffentlich einen »tarifpolitischen Geisterfahrer«.

10 000 BMW-Mitarbeiter wurden in die Kurzarbeit geschickt. Die Bundesanstalt für Arbeit gab bekannt, dass daraus Kosten in Höhe von rund 1,7 Millionen Euro entstehen würden. BMW selber verkündete, weitere 900 000 Euro an Sozialversicherungsbeiträgen zahlen zu müssen. Außerdem wurde im Detail vorgerechnet, dass BMW durch den Streik in Brandenburg ein Umsatzminus in Höhe von rund 38 Millionen Euro pro Tag zu verkraften hatte.

Und so trat der für eine Gewerkschaft schlimmste denkbare Fall ein: Die Öffentlichkeit – und auch Betriebsräte und BMW-Arbeiter gehören zur Öffentlichkeit – bezog nicht Position für die streikenden Arbeiter, sondern für die bestreikten Betriebe.

Als es im Jahr darauf zu den großen landesweiten Protesten gegen Hartz IV kam, zeigten die Gewerkschaften, dass auch sie gelernt hatten. In Berlin und Leipzig fanden sich Zehntausende zu sogenannten Montagsdemonstrationen zusammen. Der Name war kein Zufall, sondern sollte an den friedlichen Protest gegen das DDR-Regime erinnern. Aber ausgerechnet der Chef des Deutschen Gewerkschaftsbundes Michael Sommer sah die Proteste weniger in den Kategorien der demokratischen Tradition als vielmehr in denen der Bedrohung: »Wir alle haben große Sorgen, dass in einzelnen Städten von extremen politischen Kräften versucht wird, die Demonstrationen zu unterwandern.« Man müsse aufpassen, dass die Montagsdemonstrationen »nicht in die Hände von Feinden unserer Demokratie« fielen.

Der Mann musste sich nicht sorgen. Es ist nichts geschehen. Die Leute haben einfach irgendwann aufgehört zu demonstrieren. Ein paar haben weitergemacht und sind immer noch dabei. In Hamburg oder Bottrop. Jeden Montag, manchmal nur noch jeden zweiten. Da kommen einige Handvoll Demonstranten zusammen mit alten geklebten Transparenten. Auf irgendeinem zentralen Platz oder am Bahnhof. »Hartz IV, und der Tag gehört dir«, zischt ihnen dann ein Passant zu, aber eigentlich kümmert das alles niemanden mehr. Hin und wieder schreibt eine Zeitung einen Artikel darüber – aber das dient dann nur dem Zweck, das Scheitern dieser Proteste und das Vergessen, in das sie geraten sind, für alle sichtbar festzustellen.

Es hat seit dem Jahr 2003 keine große Gewerkschaft mehr eine echte Machtprobe gesucht. Nur noch die kleinen. Das ist interessant. Die großen Gewerkschaften lebten stets von der Utopie der besseren Arbeitsgesellschaft, vom Pathos des Klassenkampfs, von dem gedanklichen Vorrat also, der bekanntlich in unserer globalisierten Moderne nichts mehr wert ist und niemanden mehr begeistert. Sie waren Säulen der sozialen Marktwirtschaft und Stützen des rheinischen Kapitalismus. Bis der Kapitalismus aufhörte, rheinisch zu sein, und von den großen Gewerkschaften kaum mehr als große Erinnerungen übrig waren. Solche Erinnerungen, wie sie der Rentner Heinz Budarek hatte, jene Figur aus der großartigen Schimanski-Folge »Schicht im Schacht« aus dem Jahr 2008. Der Mann saß vor dem Fernseher und sah sich weinend Bilder von den Streiks an, mit denen einst gegen die Schließung von Zechen und Stahlwerken protestiert wurde. Das waren Bilder aus einer Zeit, als die Arbeit zwar weniger wurde, aber noch reichlich Solidarität vorhanden war.

Die kleinen Gewerkschaften funktionieren ganz anders. Streikposten kennen die nur aus dem Fernsehen. Sie kümmern sich wenig um den Klassenkampf. Aber dafür umso mehr um ihre Mitglieder. Und das machen die kleinen Gewerkschaften sehr effizient. Sie haben einen denkbar schlechten Ruf bei den Arbeitgebern, bei den großen Gewerkschaften, in der Öffentlichkeit. In Wahrheit haben die kleinen Gewerkschaften die Logik des Neoliberalismus in den Arbeitskampf übertragen. Und sie sind damit geradezu unheimlich erfolgreich. So sehr, dass sich die Stimmen mehren, die ihr Verbot fordern. Eine Arbeitnehmerorganisation, die die Arbeitgeber tatsächlich das Fürchten lehrt, das ist heute gar nicht mehr vorgesehen.

Was ist eine große Gewerkschaft? Die IG Metall mit immer noch 2,2 Millionen Mitgliedern ist groß. Verdi mit zwei Millionen ist groß. Selbst die Lehrer-Gewerkschaft mit 263 000 Mitgliedern oder die Gewerkschaft Nahrung Genuss Gaststätten mit rund 200 000 Mitgliedern sind große Gewerkschaften im Vergleich zu den kleinen. Die Gewerkschaft Deutscher Lokführer hat 34 000 Mitglieder, die Gewerkschaft der Flugsicherung 3800 und die Vereinigung Cockpit 8800 Mitglieder. Das sind zusammen nicht mal 50 000 Arbeitnehmer. Das ist lächerlich. Und dennoch sind diese drei Gewerkschaften viel mächtiger als ihre großen Geschwister. Warum? Weil sie ihre Macht nutzen.

Lokführer, Fluglotsen und Piloten kontrollieren den Verkehr und den Transport im Land. Vor allem die Lokführer. Ein paar Handvoll Lokführer können innerhalb von Stunden die Bundesrepublik Deutschland buchstäblich lähmen. Die Bahn transportiert an einem Tag mehr Menschen als die Lufthansa im ganzen Jahr. Im Luftverkehr ist die notwendige Zahl der streikbereiten Fluglotsen sogar noch geringer. Wenn in Frankfurt und München die Männer in den Türmen streiken, ist Schluss mit Globalisierung: Die Manager können ihre Tagestrips nach London vergessen und die Urlauber ihren Ausflug nach Mallorca. Kontrolle über den Verkehr ist Kontrolle über das Land. Darum waren diese Funktionen früher in staatlicher Hand. In grauer Vorzeit hielt man alle infrastrukturellen Aufgaben für öffentliche Aufgaben. Das ist altmodisches Denken. Längst arbeiten bei Bahn und Flugaufsicht keine Beamten mehr. Das entspricht dem neoliberalen Credo der Privatisierung. Allerdings darf dann auch gestreikt werden.

Lokführer, Piloten und Fluglotsen haben von diesem Recht in der Vergangenheit umfänglich Gebrauch gemacht oder wenigstens damit gedroht. Die Öffentlichkeit treibt das jedes Mal zur Weißglut.

Ein paar Zitate?

»**WENN JEDE BERUFSGRUPPE** nur für sich kämpft, schadet das am Ende allen.« (»Zeit«)

»**WAS FÜR UNNÜTZEN ÄRGER** sich unsere Gesellschaft doch immer wieder leistet. … Dann würde wieder die Frage hochkommen, ob eine kleine Gruppe mit einem Streik so großen Schaden anrichten darf.« (»Welt«)

»**WIEDER EINMAL BLITZT** die Macht einer Berufsgruppe auf, die sich zu den sogenannten Funktionseliten zählen darf, die also über die Möglichkeit verfügt, mit minimalem Streikaufwand maximalen Schaden anzurichten.« (»Handelsblatt«)

»**WIE VIELE PRIVILEGIEN** dürfen sich kleine Berufsgruppen sichern, die mit einem Ausstand weite Teile des Wirtschaftslebens lahmlegen können? Muss die Macht sogenannter Spartengewerkschaften gesetzlich beschränkt werden, wie es Bundesarbeitsministerin Ursula von der Leyen befürwortet?« (»Spiegel«)

»**WIEDER NIMMT DIE** kleine Gewerkschaft der Lokomotivführer Millionen Menschen in Geiselhaft, um ihre Ziele durchzusetzen. Sie hat unbefristete Streiks beschlossen – wissend, dass die gesamte Volkswirtschaft Schaden zu nehmen droht.« (»Spiegel«)

»**ALL DIESE MENSCHEN** nehmt Ihr Lokführer in Geiselhaft auf den Bahnsteigen der Geister-Bahnhöfe. Die Geiseln frieren, sie hüpfen, dass ihnen warm wird, ihre Gesichter kriegen Verzweifeltes. Sie sind Gefangene der Lokführer. Arbeitskampf muss sein, sagt der Verstand – aber warum auf dem Rücken einer frierenden Sekretärin, der die Beine blau anlaufen. Vielleicht kriegt sie auch noch eine Bronchitis.« (»Bild«)

Dabei verhalten sich diese Gewerkschaften absolut marktkonform. Sie vertreten Arbeitnehmer, die für den Staat wichtig sind – und die sich das entsprechend bezahlen lassen wollen. Diese Gewerkschaften sorgen dafür, dass Angebot und Nachfrage in ein vernünftiges Gleichgewicht kommen. Die Gesellschaft will, dass die Züge fahren? Dann soll sie entsprechend dafür bezahlen. Es ist das Rätsel der deutschen Gewerkschaftsbewegung, warum es nur diese kleinen Verbände sind, die ihre Aufgabe ernst nehmen und sich gegen das deutsche Lohndumping stellen. Die Gesellschaft braucht ja nicht nur Lokführer. Sie braucht Krankenschwestern und Müllfahrer und Automechaniker und Callcenter-Mitarbeiter und Reinigungspersonal und Volksschullehrer und Zeitungsredakteure und Stahlarbeiter und und und … Für all diese Berufsgruppen gilt in Wahrheit das Gleiche wie für die Lokführer: Wir können nicht auf sie verzichten. Es dauert ein bisschen länger, bis sich die Auswirkungen bemerkbar machen, wenn alle Automechaniker streiken würden. Aber nicht sehr lange.

Das Problem – siehe die Reaktionen der westdeutschen Metaller im Jahr 2003 – ist die mangelnde Solidarität der Arbeitnehmer untereinander. Diese Solidarität ist in einer kleinen, homogenen Gewerkschaft einfacher herzustellen als in einer großen heterogenen.

Die kleinen Gewerkschaften haben die Prinzipien des Neoliberalismus beherzigt: Preismechanismus und Egoismus. An die Stelle eines historischen Klassenbewusstseins ist das wohlverstandene Eigeninteresse getreten. Es ist kurios, dass die Journalisten gar nicht bemerken, dass sie den kleinen Gewerkschaften ausgerechnet jene Prinzipien vorwerfen, nach denen das Wirtschaftsleben der gesamten Gesellschaft umgebaut wurde. Die kleinen Gewerkschaften verhalten sich, wie sich jedes Unternehmen verhält: Sie denken an sich selbst zuerst. Nur Linke würden auf die Idee kommen, dem Daimler-Konzern vorzuwerfen, er nehme mit seiner Politik der Auslagerung von Produktion ins kostengünstigere Ausland die deutsche Wirtschaft und Gesellschaft in Geiselhaft. An die Gewerkschaften als organisierte Interessenvertretung stellt man jedoch ohne weiteres höhere Ansprüche als an Industrieunternehmen. Dabei verfolgen sie beide das gleiche Ziel: Gewinnmaximierung.

Der Bedeutungsverlust der großen Gewerkschaften und der Erfolg ihrer kleinen Geschwister sind die sichtbaren Zeichen einer tieferen Entwicklung. Das System, in dem in Deutschland Löhne und Gehälter ausgehandelt werden, ändert sich. Davon bleibt auch die konflikthafte Form dieses Aushandelns nicht unberührt: der Arbeitskampf. Das sind nicht eben Meldungen, die Schlagzeilen machen, keine Geschichten, die für helle Aufregung bei Facebook und Twitter sorgen – aber als das Bundesarbeitsgericht im März 2012 die sogenannten »Unterstützerstreiks« unter bestimmten Umständen legalisiert hat, da war das tatsächlich ein wichtiger Tag für die deutschen Arbeitsbeziehungen. Das Gericht stärkte dadurch die Gewerkschaften. In Stuttgart hatten die Fluglotsen im Jahr 2009 für ein paar Stunden die Arbeit niedergelegt, um die streikenden Vorfeldarbeiter zu unterstützen. Die Fluggesellschaften hatten auf Schadensersatz geklagt – sie argumentierten, der Lotsenstreik sie rechtswidrig gewesen, weil er gar nicht den Lotsen selbst, sondern deren Kollegen gedient habe. Ein solcher Streik sei vom Streikrecht nicht mehr gedeckt, das im Grundgesetz ausdrücklich festgehalten ist. Das Arbeitsgericht wehrte die Klage ab. Im Jahr 2007 hatte es schon einmal eine ähnliche Entscheidung gegeben. Damals erklärte das Gericht einen Solidaritätsstreik unter bestimmten Bedingungen sogar dann für rechtens, wenn er über die Grenzen eines Tarifgebiets hinausreicht. Diese Entscheidungen waren deshalb so bedeutsam, weil sie dem Streikrecht der Gewerkschaften einen neuen Charakter verliehen: Der Streik wurde politisiert. Und das geht ganz gegen die herkömmliche deutsche Auffassung vom Arbeitskampf.

Der Streik muss in Deutschland immer einem tariflich zu regelnden Ziel dienen: Lohnhöhe, Arbeitsbedingungen, all das, was die Tarifparteien untereinander abmachen können. Das ist der Inhalt des Artikels 9, Absatz 3, der »das Recht zur Wahrung und Förderung der Arbeits- und Wirtschaftsbedingungen, Vereinigungen zu bilden«, festhält.

Diese Einschränkung ist keine Kleinigkeit. Die Linkspartei zum Beispiel verdient sich die Aufmerksamkeit deutscher Verfassungsschützer unter anderem deshalb, weil ihr der Artikel 9 des Grundgesetzes nicht ausreicht. Sie setzt sich für ein echtes politisches Streikrecht ein. Beflissen führt zum Beispiel der nordrhein-westfälische Verfassungsschutzbericht für das Jahr

2011 auf: »Allerdings beruft sich ›DIE LINKE‹ im Programm (neben Marx und Engels) ausdrücklich auch auf Rosa Luxemburg. Für Luxemburg waren politischer Streik und Generalstreik geeignete Mittel, um die parlamentarische Demokratie auszuhebeln. Vor diesem Hintergrund entsteht der Eindruck, dass ›DIE LINKE‹ außerparlamentarischen Politikformen einen höheren Stellenwert einräumt als der parlamentarisch-repräsentativen Demokratie.« Es geht um die Frage, ob eine Gewerkschaft für politische Ziele streiken darf. Wenn es um einen Militäreinsatz geht oder um die Kernkraft oder um eine Rentenreform, soll dann eine Gewerkschaft die Mittel des Arbeitskampfes einsetzen dürfen? Friedrich Ebert rief zum Generalstreik auf, um dem Kapp-Putsch zu begegnen. Aber das ist lange her. In Deutschland wäre das heute nicht erlaubt.

Regelrecht verboten ist der politische Streik allerdings nicht. Es gibt kein Gesetz dagegen. Es ist nur so, dass die Arbeitsgerichte seit den frühen fünfziger Jahren solche Streiks für ungesetzlich erklärt haben, und eine Gewerkschaft, die dem zum Trotz zum politischen Streik aufriefe, könnte zum Schadensersatz verpflichtet werden. Das wäre der Ruin. Es wurde bereits erwähnt, wie viel so ein Streik ein Automobilwerk kosten kann.

Die meisten europäischen Länder haben allerdings mit politischen Streiks kein Problem – nur eine Handvoll Staaten macht eine Ausnahme, darunter Deutschland. In der repräsentativen Demokratie sollen politische Entscheidungen in den Parlamenten gefällt werden, nicht auf der Straße, das ist das Argument gegen den politischen Streik. Das wäre ein starkes Argument, wenn die repräsentative Demokratie tatsächlich so funktionieren würde. Sie funktioniert aber anders:

Anfang 2013 wurde der Verdacht laut, dass die Versicherungslobby an einem Gesetzentwurf mitgeschrieben habe, der es ihr erlauben würde, weniger Geld an ihre Kunden auszuschütten. Ein paar Wochen zuvor war bekannt geworden, dass die Apothekenlobby einen Informanten im Bundesgesundheitsministerium gehabt haben soll, der Interna über kommende Gesetze verraten haben könnte. Seit geraumer Zeit gibt es Kritik an der Praxis mehrerer Ministerien, ihre Gesetzentwürfe von Anwaltskanzleien erarbeiten zu lassen, die auch für die jeweils betroffenen Wirtschaftsunternehmen arbeiten. Am erstaunlichsten aber ist die Praxis der »Leihbeamten«, das sind Konzernvertreter, die den Ministerien bei der Ausarbeitung der Gesetze helfen, aber weiterhin von ihren Unternehmen bezahlt werden. Hans Leyendecker, der Rechercheur der »Süddeutschen Zeitung«, schrieb darüber einmal: »Das war kein heimliches Programm, sondern hieß ›Crossing over‹ – schlanke Verwaltung, schlanker Staat. Auch wechselten Beamte für einige Zeit in die Wirtschaft. Nur böse Kritiker zeigten Unbehagen. ›Der gekaufte Staat‹ lautete der Titel eines 2008 erschienenen Buches, in dem zwei Mitarbeiter des TV-Magazins ›Monitor‹ darüber informierten, wie sich Konzernvertreter in den Ministerien ihre Gesetze selbst schrieben.«

Das sind nur ein paar der bekannt gewordenen Fälle. Von wie viel anderen werden wir nie erfahren? Wer unter diesen Umständen den Arbeitnehmern den politischen Streik mit der Sorge um die parlamentarische Demokratie verbietet, will ihnen in Wahrheit die Waffengleichheit verwehren.

Es ist ein Zeichen für die Schwäche der Gewerkschaften, dass sie es aufgegeben haben, für diese Waffengleichheit überhaupt einzutreten. Sie sind längst selbst Opfer jener Wahrnehmungsverzerrung geworden, die die Interessen der Wirtschaft mit denen der Menschen verwechselt. Dieser Verzerrung erliegen regelmäßig auch jene Zeitungen, die die kleinen Gewerkschaften als unsolidarische Wirtschaftsschädlinge diskreditieren. Da zeigt sich das gleiche Muster wie seinerzeit im Umgang mit dem Metallerstreik im Osten: Es geht darum, jeder Solidarisierung mit den Streikenden vorzubeugen. Das ist kein erklärtes Ziel, das ist nicht einmal ein bewusstes Ziel. Journalisten gehen nicht morgens zur Arbeit und nehmen sich vor: Heute untergraben wir das Klassenbewusstsein. Es liegt in der Natur der Arbeit der Medien in unserer Öffentlichkeitsdemokratie, dass die Journalisten diese Aufgabe erfüllen. Sie tun es bereitwillig und von selbst. Sie sind davon überzeugt, dass solche Streiks den Unternehmen schaden und damit der Wirtschaft und damit dem Land und damit den Leuten. Sie haben die Posten, die sie haben, weil sie davon überzeugt sind. Abweichende Meinungen in ein sich selbst erzeugendes und sich selbst verstärkendes System zu bringen ist sehr schwierig, wenn es geschieht, dann eher aus Zufall.

Ein Denken aus früherer Zeit, »wir« gegen »die« – das gibt es nicht mehr. Der süßeste Traum des Kapitalismus ist Wirklichkeit geworden: Man muss die Medien nicht verbieten und die Arbeitnehmer – um gar nicht erst das Wort Arbeiter zu gebrauchen – nicht niederkartätschen. Wenn es darauf ankommt, beweisen sie, dass sie ihre Lektion gelernt haben. Ein Interessengegensatz zwischen denen, die ihre Arbeit geben, und denen, die sie nehmen – denn das gebräuchliche Begriffspaar Arbeitnehmer und Arbeitgeber stellt ja eine kuriose Verdrehung der Tatsachen dar –, wird nicht mehr wahrgenommen.

DGB-Mann Sommer hatte bei den Hartz-IV-Protesten um die »Demokratie« gefürchtet – aber die blieb von all diesen Protesten völlig ungerührt und unberührt. Die Hartz-Proteste, die über keine institutionalisierte Struktur verfügten – außer den selbstgeklebten Plakaten hatten sie eigentlich gar keine Struktur –, gingen ebenso spurlos am System vorbei wie im Jahr zuvor das letzte Aufbäumen der IG Metall. Weder die Hartz-

Demonstranten noch die Gewerkschaften hatten dem, was man getrost den hegemonialen Diskurs nennen kann, irgendetwas entgegenzusetzen.

Norberto Bobbio hat geschrieben: »Der Hauptgrund, weshalb ich in bestimmten Zeitabschnitten meines Leben das Bedürfnis verspürte, mich mit Politik zu beschäftigen und manchmal, wenngleich seltener, politisch aktiv zu werden, lag immer in dem Unbehagen angesichts des Schauspiels der ungeheuerlichen, ebenso jedes Maß übersteigenden wie ungerechtfertigten Ungleichheiten zwischen Reichen und Armen, zwischen denen, die auf der sozialen Leiter oben, und denen, die unten stehen, zwischen denen, die Macht besitzen, das heißt die Fähigkeit, das Verhalten anderer zu bestimmen, … und denen, die sie nicht besitzen.« Man kommt an der Erkenntnis nicht vorbei, dass in Deutschland in all den Jahren der zunehmenden Ungleichheit nur eine kleine, verschwindende, zu vernachlässigende Minderheit der Menschen von solch einem »Unbehagen« erfasst wurde. War das erträgliche Maß noch nicht erreicht? Oder verschieben sich die Maßstäbe für das Erträgliche immer mehr?

Die Antwort lautet: Wir sind die, die Max Weber noch im Schoß der Zukunft schlummern sah. Für uns ist eine »rein technisch gute und das heißt: rationale Beamten-Verwaltung und -Versorgung der letzte und einzige Wert«. Wir sind die Fellachen, von denen der große Soziologe spricht, und im »Gehäuse jener Hörigkeit« haben wir uns gemütlich eingerichtet.

Wir verharren in einer halb freiwilligen, halb angelernten Friedfertigkeit. Das nennt Weber den »Pazifismus der sozialen Ohnmacht«. Aber es ist nicht nur das. Es ist auch das Vergessen. Man hat uns das Vergessen gelehrt. Warum spielt die Erinnerung an den Streik von 2003 und die Hartz-IV-Proteste keine Rolle mehr? Weil wir keinen Ort mehr für dieses kollektive Gedächtnis haben. Die Medien sind nicht der Ort. Die Gewerkschaften sind es nicht mehr. Wo soll die Erinnerung an eine Bewegungen ohne Ergebnis bewahrt werden? An einen gescheiterten Versuch des Aufbegehrens? Auch aus dem Scheitern könnte ja ein Mythos werden. Aber wir vergessen sogar, dass man aufbegehren kann. Margaret Thatchers berühmtes »There Is No Alternative« ist schon lange als rituelle Beschwörungsformel erkannt, ein magisches Wort, ein Exorzismus gegen das alternative Denken. Es ist ein Mantra, das man sich immer wieder vorsagen muss, bis es eines Tages wirkt: Es gibt keine Alternative.

Aber wer dennoch aufbegehrt und eine Alternative zur Diskussion stellt, wird mit dem schlimmsten Fluch versehen, über den das System verfügt: dem Vergessen.

»Mit dem Sozialismus ist, nach dem Nationalsozialismus, der andere machtvolle Utopieversuch des Jahrhunderts gescheitert. Was damit endet, ist der mehr als zweihundert Jahre alte Glaube, dass sich die Welt nach einem ausgedachten Bilde von Grund auf ändern lasse. Zersprungen sind all die scharfsinnigen Träume über die Menschheitszukunft, die aus der Welt ein riesiges Schlachthaus gemacht haben. Der Aufruhr der zurückliegenden Jahre war, über seine vordergründigen Anlässe hinaus, vor allem ein Aufruhr gegen den Terror der Ideen und die Befreiung, die endlich kam, eine Befreiung zur Realität.« Da war eine ungeheure Erleichterung zu spüren in diesen Worten, die der kluge Konservative Joachim Fest im Jahr 1991 aufschrieb. Das war jetzt endlich das »Ende der Geschichte«. Endlich kein Grund mehr, sich mit der Vorstellung einer anderen Welt herumzuschlagen. Endlich ein Ende mit allen »Abgrenzungsrealitäten«. Dass es gar keinen anderen Weg gäbe, das muss man den Leuten erst einbläuen. Von allein glauben sie das nicht. Sie verlieren von allein auch nicht ihr

Gerechtigkeitsempfinden. Es braucht Zeit, den Menschen das abzutrainieren. Aber es geht. Die Leute gewöhnen sich an alles. Nach 30 Jahren neoliberaler Dauerberieselung sind bestimmte Begriffe erfolgreich neu besetzt worden: der Begriff des Öffentlichen vor allem, der jetzt etwas Defizitäres hat, etwas Lächerliches, etwas Armseliges. Öffentlicher Rundfunk, öffentlicher Park, das klingt alles ungefähr so angenehm wie öffentliche Toilette. Wir haben uns daran gewöhnt, die Komposita zu schätzen, die sich mit Privat bilden oder mit Elite. Bei einer Privatschule wissen die Eltern, dass kein Unterricht ausfallen wird. Bei einer öffentlichen Schule können sie vom Gegenteil ausgehen.

Es haben sich manche Spaßvögel darüber lustig gemacht, dass die Leute in Stuttgart besonders heftig um die von Fällung bedrohten Bäume gekämpft haben. Was ist ein Baum im Vergleich zu einem Bahnhof? Ein Baum ist ein Symbol dafür, dass die Dinge einem nie ganz gehören. Man kann ein Haus besitzen und auch ein Stück Land. Aber man kann einen Baum nicht wirklich besitzen. Und wer einen Baum fällt, der nimmt der Gemeinschaft etwas weg. Ein Baum ist damit gleichzeitig auch ein Symbol für all das, was man den Leuten schon genommen hat. Der Baum ist groß und sichtbar. Aber das meiste, was die Leute verloren haben oder was sie als bedroht empfinden, ist gar nicht sichtbar: die Selbstbestimmung, die Würde, die Freiheit, die Wahl, die Chancen. Kein Wunder, dass die Leute um ihre Bäume kämpfen.

Zum Symbol werden Dinge aber nur, wenn es etwas zu Symbolisierendes gibt. Die Unzufriedenheit muss groß geworden sein, damit sie sich an der Fällung eines Baumes entlädt. Es muss eine gesellschaftliche Entwicklung an einem Umschlagpunkt angekommen sein. Die Finanzkrise war dieser Umschlagpunkt. Sie hat bei den Leuten das Gefühl erschüttert, selber Herr ihres Schicksals zu sein. Sie hat eine Prämisse der westlichen Demokratien als Lüge entlarvt. Keineswegs sind wir Herr unseres Schicksals.

Stuttgart 21 reihte sich darum ein in die lange Linie eines neuen Protests. Was Fest noch als »Befreiung zur Realität« ausgeben konnte, hat sich als Täuschung erwiesen. Mit dem Sturz des Ostblocks wurden wir keineswegs vom »Terror der Ideen« erlöst. Wir wurden im Gegenteil zu Sklaven einer einzigen Idee gemacht. Es ist eine mächtige Herrschaft, die von dieser Idee ausgeübt wird. So mächtig, dass sie es kaum nötig hat, sich in ihrer wahren Gestalt zu zeigen. So mächtig, dass sie den Staat und die meisten seiner Institutionen längst vollkommen durchdrungen hat. Alles bei Aufrechterhaltung des demokratischen Scheins. Allein, mit Demokratie hat diese Idee nicht sehr viel zu tun.

Das ist keine Übertreibung. Es ist ein Symptom unserer Krankheit, dass wir uns für gesund halten. Aber wie gesund ist eine Demokratie, in der dieses hier möglich ist:

Im Februar 2013 meldete die Deutsche Presse-Agentur: »›Blockupy‹-Teilnehmer entschädigt – Die hessische Polizei hat Teilnehmern der sogenannten ›Blockupy‹-Proteste in Frankfurt je 500 Euro Schmerzensgeld gezahlt, weil die Demonstranten zu Unrecht stundenlang in Gewahrsam genommen worden waren. Das berichtete ein Polizeisprecher am Montag in Frankfurt und bestätigte damit einen Bericht des Hessischen Rundfunks. Grundlage der Zahlungen war ein Urteil des Gießener Amtsgerichts. Bei den sogenannten ›Blockupy‹-Protesten hatten im vergangenen Mai mehr als 20 000 Menschen friedlich gegen die Finanzbranche demonstriert. Der großangelegte Polizeieinsatz und das Demonstrationsverbot der Stadt waren von den Organisatoren der Proteste als unverhältnismäßig kritisiert worden.«

Das war der deutsche Rechtsstaat in seiner ganzen ehrfurchtgebietenden Effizienz. Die Leute wollen demonstrieren. Der Staat unterbindet das. Die Demonstranten werden eingesperrt. Und nachher bekommen sie als Entschädigung dafür, dass man sie ihrer Grundrechte beraubt hat, Geld. Alles im Rahmen des Gesetzes. Denn es gibt auch ein Gesetz dafür, was zu geschehen hat, wenn das Gesetz gebrochen wurde. Und in Wahrheit sollten wir froh sein darüber. Denn stellen wir uns vor, es gäbe solche Gesetze nicht? Wo würden wir da enden? Aber sind wir froh darüber, dass alles seine Ordnung hat? Das ist eine sonderbare Ordnung, die eine Bedrohung sieht, wo Menschen ihre Rechte wahrnehmen, und diese dann bezahlen will, eigentlich kaufen. Weil man mit 500 Euro auch Grundrechte kaufen kann. Immerhin, die Demonstranten können sich nicht beklagen. Sie wurden nicht misshandelt. Sie müssen keine Nachteile fürchten. Man hat sie aus Sicherheitsgründen für eine Weile aus dem Verkehr gezogen und sie dann dafür entschädigt. Das ist perfekt.

Dieser Rechtsstaat kann einem wirklich unheimlich sein. Er erstickt den Protest in Rechtsförmigkeit. Er hat eine Strategie im Umgang mit der Abweichung gefunden, die so klug und effizient und so unendlich wirksam ist, dass man beinahe sprachlos dem Wunder solcher Rechtsstaatlichkeit gegenübersteht.

In Stuttgart hat man freilich gesehen, dass der Rechtsstaat auch anders kann. Und es ist ja keineswegs immer die Gewalt, die die Gegengewalt gebiert. Jener Ingenieur, der sein Augenlicht verlor, dem hat man eine Gewalttätigkeit nicht vorwerfen können. Manchmal kommt die Gegengewalt auch gleich von Anfang an und ist dann nichts weiter als Gewalt, Staatsgewalt.

Aber ganz gleich, ob der Staat die Demonstranten kauft oder verprügelt oder, was die häufigste Variante ist, einfach ignoriert – er schätzt sie nicht. Er misstraut ihnen. Er diskreditiert sie. Der amerikanische Ethnologe David Graeber hat beschrieben, wie die Globalisierungsgegner von Seattle wahlweise als Kinder reicher Eltern mit Treuhandfonds oder als gewaltbereite Chaoten verunglimpft worden waren. Jeder Widerstand ist dem Staat verdächtig. Dem Gesetz ist Folge zu leisten. Das Gesetz hat recht. Wer es ändern will, dem stehen die entsprechenden Verfahren zur Verfügung. Zwar ist das Recht auf Demonstration Teil des Verfahrens. Aber es ist ein widerwillig zugestandenes Recht. Es widerspricht der Ideologie des Gehorsams, die immer noch viel stärker ist als das Ideal der Verantwortung. Der gehorsame Mensch ist froh darüber, dass er im demokratischen Rechtsstaat die eigene Verantwortung so einfach und mit gutem Gewissen an Parlament und Polizei delegieren darf. Weil dieses Denken dem deutschen Wesen immer noch eingewoben ist, haben wir die größte Krise des Kapitalismus beinahe wie in einem Traum erlebt. Die Katastrophe des Vertrauens, die Vernichtung der Werte, der materiellen und der ideellen, das ist alles sonderbar spurlos an Deutschland vorübergegangen. Ja, wir haben einen neuen Protest erlebt, und natürlich war das ein politischer Protest, denn unpolitischen Protest gibt es gar nicht. Aber er war nicht gerade reich an revolutionärem Willen im Sinne von: dem Willen nach einem umwälzenden Fortschritt. Nach einer allgemeinen, gemeinschaftlichen Bewegung nach vorne, nach einer Abkehr von bisherigen Irrwegen, nach einer Flucht aus der beklemmenden Enge einer gescheiterten Wirklichkeit. Und wann wäre die Zeit für einen solchen Schritt gewesen, wenn nicht jetzt?

Und gerade jetzt wurde er verpasst. Kein Wunder. Was die Demokratie angeht, hat in Deutschland von jeher die Realo-Fraktion die Nase vorn. Es ist bezeichnend, dass selbst der Politikwissenschaftler Franz Walter, Leiter des Göttinger Instituts für Demokratieforschung, in seiner Studie warnt: »Gerade die deutsche Gesellschaft liefert historisch vor allem für die Jahre 1925 bis 1932 deutliche Hinweise darauf, dass ›Organisation und Aktivierung‹ von Bürgervereinigungen jenseits von Staat und Parteienwesen keineswegs, wie es in der Tradition von Alexis de Tocqueville heute weithin gern axiomatisch unterstellt wird, zur Stabilisierung von Demokratie und Zivilität beitragen müssen. … Die Zivilgesellschaft, also der von Bürgern selbst organisierte Raum zwischen Staat und Individuen, ist nicht allein ein Gewächshaus für löbliche Tugenden.«

Man misstraut der Zivilgesellschaft, sobald sie erwacht.

Da passt es, dass in dieser Zeit der verpassten Chance ausgerechnet die Grünen als einzige Partei den politischen Profit dieser Baisse unseres Kapitaldemokratismus einstreichen. Irgendeinen Profiteur gibt es immer. Aber die Grünen gewannen, weil sie beides verkörpern, Revolution und Restauration. Gleichzeitig. Und glaubwürdig. Das schafft sonst keine Partei.

Nur die Grünen können sowohl glaubhaft an der Seite der Demonstranten stehen als auch an der Seite derer, die die Demonstrationen verbieten wollen. Ein deutscher Grüner ist immer beides zur gleichen Zeit, Citoyen und Bourgeois. In Frankfurt regieren die Grünen gemeinsam mit der CDU. Deren Ordnungsdezernent hatte umfangreiche Verbote erlassen, als die Kapitalismuskritiker im Frühjahr 2012 ankündigten, auf die Frankfurter Banken zu marschieren. Die Grünen nannten das »bedauerlich« – und beließen es dabei. Nachher fragte man den Chef der Frankfurter Grünen, Omid Nouripour, ob diese Situation nicht eine Zerreißprobe für die Koalition gewesen sei. Und er sagte: »Ich sehe hier keine Zerreißprobe. Bei den Grünen gab es schon immer eine lebendige Diskussion und keinen Einheitsbrei. Das war bei der OB-Wahl so, und das gilt auch für Blockupy.« Schließlich sei es hier um die Abwägung verschiedener Rechtsgüter gegangen: »Das eine ist das grundsätzlich verbriefte Recht auf friedliche Demonstrationen, das andere die allgemeine Sicherheit, auch die der Unbeteiligten.«

Nouripour konnte ganz entspannt darauf verweisen, dass die Gerichte, bis hinauf zum Bundesverfassungsgericht, den Verboten stattgegeben hatten. Rechtsstaatlich also alles in Ordnung. Es war interessant, dass dieser Grüne so argumentierte: Er sagte, die Gerichte würden »in Deutschland traditionell sehr selten Demonstrationen untersagen« – das insinuiert, dass hier also gute Gründe vorgelegen haben müssen und man wegen der Verbote kein allzu schlechtes Gewissen haben sollte. Er kam gar nicht auf die Idee, in dem Verbot der Gerichte einen Hinweis auf die besondere Dringlichkeit der Demonstrationen zu sehen. Er kam gar nicht darauf, dass die Banken, um die es hier ging, vom Staat vielleicht nicht nur vor dem Bankrott geschützt werden, sondern auch vor den Bürgern. Dass sie nicht nur *too big to fail* sein könnten, sondern auch *too big to trouble*.

»Antikapitalismus« schrieb die Polizei in Frankfurt an die Stelle, wo auf dem Formblatt der Grund zur Festnahme einzutragen ist. Und ein Auftritt des Anthropologen und Anarchisten David Graeber, der aus seinem Buch »Schulden« vorlesen wollte, wurde vom Staatsschutz verboten.

Jedes System schützt sich selbst, so gut es kann. Wo ist der Unterschied, ob jemand wegen »Antikapitalismus« festgesetzt wird oder wegen »Antisozialismus«? Auch die Sicherheitsorgane der DDR bekamen ihr Gehalt dafür, mit den Mitteln des ostdeutschen Rechtsstaats gegen Systemfeinde vorzugehen. Das westdeutsche System hat jedoch ohne Zweifel die wirkungsvollere Strategie im Umgang mit der Abweichung entwickelt. Es ist um so vieles geschmeidiger als sein gescheiterter Vetter aus dem Osten. Das ist keine neue Erkenntnis. Sie war nur in Vergessenheit geraten. Herbert Marcuse veröffentlichte seinen »One-Dimensional Man« schon 1964. Er behauptete darin, dass die »traditionellen Mittel und Wege des Protests« unwirksam geworden seien, weil der moderne Kapitalismus gelernt habe, auch den Protest zu integrieren. Marcuse sagte, der herkömmliche Protest sei sogar gefährlich, weil er dazu beitrage, die »Illusion der Volkssouveränität« aufrechtzuerhalten. Das ist ein außerordentlich gefährlicher Gedanke. Wir werden darauf noch zu sprechen kommen.

Was in Frankfurt Blockupy hieß, war ein Zitat der amerikanischen Occupy-Bewegung: Besetzung und Blockade der Finanzzentren. In Frankfurt ging es um die Banken und, noch empfindlicher für das System, um das Herz des kontinentalen Geldwesens, die Europäische Zentralbank. Da zeigte sich der neue Realismus dieser Demonstranten: Die Politik war gar nicht mehr ihr Adressat. Und in Frankfurt stellte sich auch der neue Typus dieser sozialen Bewegung vor, der aus der Finanzkrise erwachsen war. Der Soziologe Oliver Nachtwey, der dabei war, schrieb: »Auf der Demonstration liefen die Bankenkritiker von Occupy zusammen mit Attac, Kernkraftgegnern, Anarchisten, Tierschützern, Sozialisten, Gewerkschaftsjugendlichen und einem überraschend großen Kontingent von Stuttgart-21-Gegnern, die zeigten, dass sie keineswegs nur die Probleme vor ihrer Haustür beschäftigen.«

Nachtweys Beobachtung war dennoch eher ungewöhnlich. Zwar hat man sich inzwischen daran gewöhnt, von den »neuen Protestbewegungen« zu sprechen und Stuttgart 21 und Occupy in einem Atemzug zu nennen. Es gibt aber neben der Gemeinsamkeit des neuen zivilen Ungehorsams erhebliche Unterschiede im Personal. Junge Leute, Männer und Frauen, haben die Occupy-Proteste getragen. Stuttgart 21 und die Demonstrationen gegen Stromleitungen oder Windparks haben einen ganz anderen sozialen Hintergrund: männlich, älter, geregeltes Einkommen, technische Berufe. Man kann das in Walters Gesellschaftsstudie nachlesen – die übrigens mit Mitteln des Ölmultis BP erstellt wurde. Die neuen Demonstranten haben jede Menge Zeit, keine (kleinen) Kinder, eine gute Ausbildung, sie sind sozial abgesichert. Die Bezeichnung »bürgerlich« trägt der neue Protest also nicht zu Unrecht.

Es ist bemerkenswert, dass solche Gruppen sich in Stuttgart vor die Wasserwerfer der Polizei stellten. Eher dem erwarteten Demonstrationsmuster ihrer Generation gehorchten dagegen jene jungen Leute, die in Frankfurt, Düsseldorf, Hamburg, Berlin und sogar in Kiel ihre Protestlager aufschlugen, vor den Börsen, den politischen Zentren, in den Einkaufsstraßen, und dort blieben sie einfach. Die Polizei räumte nach und nach diese Camps, das letzte, in Hamburg, trotzte noch Anfang 2013 seiner Auflösung.

Aber gemeinsam war all diesen Menschen, dass sie ihren Körper in die Politik einbrachten. So wie die Demonstranten im Wendland es tun, die sich in den Castor-Demonstrationen an die Gleise anketten, oder wie es die Demonstranten von Mutlangen in den achtziger Jahren taten, die sich auf die Zufahrtsstraßen der Pershing-II-Depots setzten und sich von der Polizei wegtragen ließen – da war ja auch, wir erinnern uns, Walter Jens dabei, der damals immerhin schon 60 Jahre alt war.

Das sind bedeutungsvolle Handlungen in der politischen Auseinandersetzung. Denn im digitalen Zeitalter müssen wir mit dem Verschwinden des Körpers rechnen. Die Liquid Democracy der Piraten will geradezu mit Absicht ohne den Körper auskommen. Die Abwesenheit des Körpers ist Bestandteil eines grundlegenden Piraten-Konzepts: der Plattformneutralität. »Körperliche Auseinandersetzungen sind nicht plattformneutral«, sagt die Piraten-Denkerin Marina Weisband, »ich kann zum Beispiel aus gesundheitlichen Gründen nicht so gut stundenlang draußen herumlaufen wie andere.« Aber ohne den Körper fehlt der Politik etwas. Das letzte Argument. Der höchste Einsatz. Der Körper ist gleichzeitig das stärkste Symbol und die stärkste Realität. Und der Körper ist das einzige Kapital, das auch den Kapitallosen zur Verfügung steht. Wir werden uns am Ende dieses Buches im Rahmen der Überlegungen zur Gewalt in der Politik noch mehr mit dem Körper beschäftigen. Hier genügt diese Feststellung: Es hat einen Grund, warum unser politisches Herrschaftssystem auf den Ausschluss des Körpers dringt, und es hat einen Grund, sich dagegen zur Wehr zu setzen. Der Körper muss Teil der politischen Auseinandersetzung sein. Eine »plattformneutrale« Politik gibt es nicht.

13 SABOTAGE

Im November 2012 fuhren 200 Arbeiter mit Bussen nach Köln und belagerten die deutsche Zentrale des Ford-Konzerns. Sie kamen aus der belgischen Stadt Genk, die mitten in einem alten Kohlerevier liegt. Die letzte Mine hatten dort in den achtziger Jahren ihre Schächte geschlossen. Ford betreibt ein großes Werk in Genk, als größter Arbeitgeber der Stadt. Dieses Werk soll aufgegeben werden, alle 4500 Arbeitsplätze werden verlorengehen und noch 5000 weitere bei Zulieferern, die daran hängen. Das sind 9500 Arbeitsplätze – in einer Stadt mit 65 000 Einwohnern.

Die protestierenden Arbeiter blockierten die Ford-Zentrale, sie zündeten Reifen an, warfen mit Feuerwerkskörpern und prügelten sich mit den Kölner Polizisten und der eilends aus Düsseldorf herbeigerufenen Verstärkung. Einige Arbeiter stürmten das Firmengelände und schmissen dort Fensterscheiben ein.

Die Unternehmensleitung von Ford reagierte nach den Regeln des souveränen Herrschaftsdiskurses: Sie äußerte Verständnis für die Verärgerung der belgischen Beschäftigten, kritisierte aber die Form des Protests. »Natürlich verstehen wir auf der einen Seite, welchen Einfluss unser europäischer Geschäftsplan auf die Menschen hat«, erklärte Ford Deutschland: »Auf der anderen Seite sind wir enttäuscht darüber, dass einige der Protestierenden sich gewaltsam Zugang zum Werksgelände verschafft haben.«

Die Manager konnten sich so verhalten, weil sie sich nicht wirklich bedroht sahen und weil sie die Mehrheitsmeinung der Öffentlichkeit auf ihrer Seite wussten. Sie gebrauchten die Gewalt der Demonstranten als Argument der Diskreditierung.

Die Überlegenheit des Konzerns spiegelt sich in dem Wort »Enttäuschung« wider. Das klingt still und ernst und zivilisiert. Kein Hass, kein Konflikt, keine Wut, keine Angst. Stattdessen Enttäuschung. Das genügte schon. Aber was hatten die Arbeiter getan? Sie hatten die objektiv nicht bestehende »Plattformneutralität« der politischen Verhältnisse auf die einzige Art ausgeglichen, die ihnen zur Verfügung stand: durch den Einsatz ihres Körpers und durch den Einsatz körperlicher Gewalt.

Das ist ein Tabubruch. Die Gewalt in der Politik ist zum Tabu geworden. Und die Abschottung der Gesellschaft gegen die Gewalt wird immer dichter. Das Körperliche ist ungebildet und roh und etwas für einfache Leute. Je weiter Wissensgesellschaft und Digitalisierung voranschreiten, desto weiter entfernen wir uns vom Körper und damit auch von der Gewalt. Denn sobald der Körper ins Spiel kommt, hat auch die Gewalt ihren Auftritt. Wir sprechen zwar von verbaler Gewalt oder psychischer Gewalt. Das sind, in ihren jeweiligen Zusammenhängen, auch sinnvolle Begriffe. Aber ihrem Wesen nach ist die Gewalt an den Körper gebunden, und seine Gegenwart öffnet ihr Potential. Bei einer Demonstration stehen die Körper der Demonstranten denen der Polizisten in Gegnerschaft gegenüber, und auch wenn es nicht zu Auseinandersetzungen kommt, sind diese doch als Möglichkeit, ja, als Wahrscheinlichkeit immer gegenwärtig. Der Demonstrant macht sich zum möglichen Opfer von Gewalt und zum möglichen Täter. Er bringt also das Gewicht des Risikos in die politische Auseinandersetzung.

Man muss sich das klarmachen: Jedes massenhafte, persönliche, öffentliche Erscheinen birgt das Risiko der Gewalt, aktiv und passiv, zufügend und erleidend. Es besteht deshalb kein prinzipieller Unterschied zwischen potentieller und aktueller Gewalt. Unsere Ächtung der Gewalt gilt nur graduell, nicht absolut – auch wenn wir uns daran gewöhnt haben, das zu glauben.

Denn wer die Gewalt aus der politischen Auseinandersetzung vollständig entfernen wollte, müsste Demonstrationen verbieten und dürfte nur noch die elektronische Akklamation zulassen. Die digitale Welt wendet sich vom Körper ab. Beinahe mit Ekel, so wie ihn der nur virtuell existierende, körperlose Agent Smith im »Matrix«-Film empfindet: »Vor allem den Geruch! Falls so was existiert. Ich bin seiner sozusagen überdrüssig! Ich kann riechen, wie Sie stinken, und jedes Mal, wenn ich es rieche, fürchte ich mich infiziert zu haben. Es ist abstoßend, finden Sie nicht!?«

Aber ohne persönliche Präsenz und das gesprochene Wort, die in der zusehends körperlosen Welt der Digitalisierung nicht mehr vorgesehen sind, leidet der politische Streit. Denn die Entkörperlichung der Politik würde nur denen nutzen, die es nicht nötig haben, demonstrieren zu gehen, um ihre Interessen durchzusetzen. Wem nützt also die allgemeine Ächtung der Gewalt in der politischen Auseinandersetzung? Die konventionelle Antwort lautet heute: uns allen. Die zumindest in Westeuropa langsam, aber stetig voranschreitende Befriedung der politischen Auseinandersetzung wird als zivilisatorischer Fortschritt empfunden. Seit dem Terror der Roten Armee Fraktion (RAF) stellte sich die Gewaltfrage für die deutsche Öffentlichkeit unter anderen Vorzeichen. Und spätestens seit dem Gründungsparteitag der Grünen in Karlsruhe im Jahr 1980 galt sie als beantwortet: Ökologisch, sozial, basisdemokratisch und gewaltfrei, lautete das Motto der politischen Kräfte, die den Weg von der außerparlamentarischen Opposition ins Herz des Systems genommen hatten. Innenpolitisch hält man seitdem von politischer Gewalt nichts mehr. Außenpolitisch sieht das bekanntlich anders aus.

Die deutsche Öffentlichkeit glaubt nicht mehr an legitime Gewalt im innenpolitischen Streit und nicht an die Unterscheidung zwischen Gewalt gegen Personen und gegen Sachen. Wir glauben stattdessen an das unbedingte und geradezu heilige Gewaltmonopol des Staates.

Nur am gesellschaftlichen Rand bekennt man sich noch zur Gewalt, bei Neonazis, Hooligans und Links-Autonomen. Aber dort hat die Gewalt mit Politik oft genug nicht viel zu tun, sondern mit Selbstinszenierung und absichtsvoller Abgrenzung zur Mehrheitsgesellschaft. Die Gewalt ist da kein Mittel für irgendeinen Zweck, sondern eine Geste. Wenn wir in Deutschland an politisch motivierte Gewalt denken, erinnern wir Älteren uns sofort an die Terroristen der RAF. Und das ist keine gute Erinnerung: Mord, Antisemitismus, verquaste Ideologie – die deutschen Linksextremen waren ihren Nazi-Eltern, von denen sie sich so sehr unterscheiden wollten, nur allzu ähnlich. Wir misstrauen der Gewalt zunehmend. Das ist auch Zeichen des sozialen Fortschritts, weil Gewalt, wie gesagt, etwas für Arme ist. Wir sind der Meinung, dass sich diskreditiert, wer Gewalt anwendet. Auch der Staat muss sich heute mehr als früher rechtfertigen, wenn er von seinem Gewaltrecht Gebrauch macht. Der Blinde von Stuttgart und die Prügelpolizisten, auch sie haben den baden-württembergischen Regierungschef Mappus sein Amt gekostet.

Die Presse leidet immer noch unter einer kognitiven Verzerrung, wenn es um Polizeigewalt geht. Die Wahrscheinlichkeit, dass in den Medien die Demonstranten als die Schuldigen und Auslöser der Gewalt bezeichnet werden, ist viel größer, als dass übermäßige Staatsgewalt kritisiert wird. Von der zögerlichen Verfolgung solcher Gewalt durch Gerichte und Staatsanwaltschaften ganz zu schweigen. Aber dennoch kann man die These wagen, dass die Öffentlichkeit heute der staatlichen

Gewalt beinahe ebenso skeptisch gegenübersteht wie der nichtstaatlichen. Man kann das als Zeichen einer zunehmenden Friedfertigkeit sehen. Wir wissen von der Gewalt in allen Teilen der Welt, wir kennen die Bilder, wir wollen das nicht bei uns, von keiner Seite.

Im Mai 1967 hielt der Germanistikstudent Peter Schneider im Auditorium Maximum der Freien Universität Berlin diese Rede:

»WIR HABEN IN aller Sachlichkeit über den Krieg in Vietnam informiert, obwohl wir erlebt haben, dass wir die unvorstellbarsten Einzelheiten über die amerikanische Politik in Vietnam zitieren können, ohne dass die Phantasie unserer Nachbarn in Gang gekommen wäre, aber dass wir nur einen Rasen betreten zu brauchen, dessen Betreten verboten ist, um ehrliches, allgemeines und nachhaltiges Grauen zu erregen.

Wir haben vollkommen demokratisch gegen die Notstandsgesetze demonstriert, obwohl wir gesehen haben, dass wir sämtliche Ränge des Zivildienstes aufzählen können, ohne irgendeine Erinnerung wachzurufen, aber dass wir nur die polizeilich vorgeschriebene Marschrichtung zu ändern brauchten, um den Oberbürgermeister und die Bevölkerung aus den Betten zu holen. Wir haben ruhig und ordentlich eine Universitätsreform gefordert, obwohl wir herausgefunden haben, dass wir gegen die Universitätsverfassung reden können, so viel und so lange wir wollen, ohne dass sich ein Aktendeckel hebt, aber dass wir nur gegen die baupolizeilichen Bestimmungen zu verstoßen brauchen, um den ganzen Universitätsaufbau ins Wanken zu bringen. Da sind wir auf den Gedanken gekommen, dass wir erst den Rasen zerstören müssen, bevor wir die Lügen über Vietnam

zerstören können, dass wir erst die Marschrichtung ändern müssen, bevor wir etwas an den Notstandsgesetzen ändern können, dass wir erst die Hausordnung brechen müssen, bevor wir die Universitätsordnung brechen können.
Da haben wir den Einfall gehabt, dass das Betretungsverbot des Rasens, das Änderungsverbot der Marschrichtung, das Veranstaltungsverbot der Baupolizei genau die Verbote sind, mit denen die Herrschenden dafür sorgen, dass die Empörung über die Verbrechen in Vietnam, über die vergreiste Universitätsverfassung schön ruhig und wirkungslos bleibt.
Da haben wir gemerkt, dass sich in solchen Verboten die kriminelle Gleichgültigkeit einer ganzen Nation austobt.
Da haben wir es endlich gefressen, dass wir gegen den Magnifizenzwahn und akademische Sondergerichte, gegen Prüfungen, in denen man nur das Fürchten, gegen Seminare, in denen man nur das Nachschlagen lernt, gegen Ausbildungspläne, die uns systematisch verbilden, gegen Sachlichkeit, die nichts weiter als Müdigkeit bedeutet, gegen die Verketzerung jeder Emotion, aus der die Herrschenden das Recht ableiten, über die Folterungen in Vietnam mit der gleichen Ruhe wie über das Wetter reden zu dürfen, gegen demokratisches Verhalten, das dazu dient, die Demokratie nicht aufkommen zu lassen, gegen Ruhe und Ordnung, in der die Unterdrücker sich ausruhen, gegen verlogene Rationalität und wohlweisliche Gefühlsarmut – dass wir gegen den ganzen alten Plunder am sachlichsten argumentieren, wenn wir aufhören zu argumentieren und uns hier in den Hausflur auf den Fußboden setzen. Das wollen wir jetzt tun.«

Damals lernten die Studenten den zivilen Ungehorsam und ihre Nazi-Eltern das Fürchten. Aber das ist bald ein halbes Jahrhundert her. Heute sitzen die Studenten im Flur, weil die Seminarräume überfüllt sind. Niemand würde auf die Idee kommen, man könnte das System dadurch beeindrucken, dass man sich irgendwohin setzt. Schon die Sitzdemonstranten von Mutlangen, die 1983 noch wegen Nötigung angeklagt und verurteilt worden waren, wurden im Nachhinein vom Bundesverfassungsgericht rehabilitiert: Sitzen, so stellten die Richter 1995 fest, ist keine Gewalt und darum keine Nötigung. Alle können sich mehr oder weniger überall hinsetzen und machen sich dann vielleicht einer Ordnungswidrigkeit schuldig. Und alle können heute alles sagen und begehen damit vielleicht eine Geschmacklosigkeit. Wenn sich Leute über Tabus beklagen, tun sie das, weil sie sich beklagen wollen, nicht wegen der Tabus. Wo gibt es denn welche? Es gibt nur noch das Tabu der Gewalt.

Wir sind sehr frei. Aber diese Freiheit hat einen schalen Beigeschmack bekommen. Hier weht nicht der frische Wind der Möglichkeiten. Freiheit bedeutet Freiheit der Wahl. Freiheit bedeutet auch Freiheit der Handlung im Zustand der Verantwortung für die Folgen. So gesehen kennen wir gar keine Freiheit: Wir haben nicht die Wahl, und es traut uns auch niemand zu, die Verantwortung zu tragen.

»Da haben wir gemerkt, daß sich in solchen Verboten die kriminelle Gleichgültigkeit einer ganzen Nation austobt« – in diesem Satz zitierte der Student Schneider einen schwerwiegenden Gedanken der modernen Gesellschaftsanalyse, den Gedanken der »repressiven Toleranz«. Herbert Marcuse hatte dieses Wort 1965 in seiner »Kritik der reinen Toleranz« geprägt:

»Toleranz wird auf politische Maßnahmen, Bedingungen und Verhaltensweisen ausgedehnt, die nicht toleriert werden sollten, weil sie die Chancen, ein Dasein ohne Furcht und Elend herbeizuführen, behindern, wo nicht zerstören.« Wer in einer von repressiver Toleranz geprägten Gesellschaft seine Rechte ausübt – das Recht der Wahl, der freien Rede, der unabhängigen Presse –, stärkt diese Gesellschaft, weil er durch seine Handlungen Zeugnis ablegt für »das Vorhandensein demokratischer Freiheiten …, die in Wirklichkeit jedoch längst ihren Inhalt verloren haben. In einem solchen Fall wird die Freiheit zu einem Instrument, die Knechtschaft freizusprechen.«

Marcuse schrieb, dass »unterdrückte und überwältigte Minderheiten« ein »›Naturrecht‹ auf Widerstand« hätten, außergesetzliche Mittel anzuwenden, sobald die gesetzlichen sich als unzulänglich herausgestellt hätten. Er hatte die Schwarzen aus dem Stadtteil Watts vor Augen, jener Gegend von Los Angeles, in der es 1965 zu einem kleinen Bürgerkrieg gekommen war – das Wort Aufstand oder Unruhe trifft es nicht mehr. Sechs Tage dauerten die Kämpfe, 34 Tote und über 1000 Verletzte waren ihre Folge. »Wenn sie Gewalt anwenden, beginnen sie keine neue Kette von Gewalttaten, sondern zerbrechen die etablierte«, schrieb Marcuse.

Taugt dieser Gedanke heute noch etwas? Leben wir in einer »repressiven Gesellschaft«, in der die Gewaltanwendung gerechtfertigtes Mittel ist, ein anders nicht behebbares Übel zu bekämpfen? Wir scheuen uns, unsere eigenen Verhältnisse in solchen Kategorien zu denken – Knechtschaft.

Im Jahr 2008 wurden in Frankreich Betonplatten auf die Schienen gelegt und Eisenkrallen in die Oberleitungen der Züge gehängt. In Deutschland würde man in solchen Fällen von Anschlägen sprechen, in Frankreich benutzte die Presse das Wort »Sabotage«. Das ist der treffendere Begriff. Er ermöglicht nämlich eine Differenzierung, von der man in Deutschland nichts mehr wissen will: die Unterscheidung zwischen der

Gewalt gegen Personen und der Gewalt gegen Sachen. Die deutsche Studentenbewegung hielt noch daran fest, daran, dass Gewalt gegen Sachen manchmal zu rechtfertigen sei, Gewalt gegen Personen aber niemals. Der Linksextremismusexperte Wolfgang Kraushaar sagt, die Unterscheidung sei bald hinfällig geworden: »Vor, hinter und neben den Objekten standen häufig Polizeikräfte, die einen dazu zwangen, zu entscheiden, ob eine offensive Aktion abzubrechen oder trotz zu erwartender gewaltsamer Auseinandersetzungen durchzuführen sei. Um zu legitimieren, was in einem solchen Falle passieren könne, bediente sich APO-Anwalt Horst Mahler der Metapher vom ›platzenden Autoreifen‹. So wie ein Wagenlenker immer damit rechnen müsse, daß ein platzender Reifen einen Unfall und damit einen Personenschaden verursachen könne, so müsse sich auch ein Revolutionär darüber im klaren sein, daß es im Zuge seiner Handlungen zu ›Personenschäden‹, also auch zu Verletzten und zu Todesopfern kommen könne. Das gehöre in gewisser Weise zum revolutionären Berufsrisiko.« Nun ist dieser Mahler, der vom menschenverachtenden linken Wahn in den menschenverachtenden rechten Wahn fiel, kein guter Kronzeuge, ganz gleich für welches Argument.

Und die gewalttätige deutsche Studentenbewegung bis hin zur RAF mit ihrer schrecklich-traurigen Geschichte taugt auch nicht gerade als Vorbild, außer für den Absturz in eine paranoid-sinnlose Wahnwelt aus Gewalt und (Selbst-)Zerstörung. Solche Bewegungen zeichneten sich vor allem durch ihre kalte Amoralität aus. Im Mai 1967 ging in Brüssel ein Kaufhaus in Flammen auf, über 300 Menschen starben. Es war ein Unglück, kein Anschlag. Die Berliner Kommune 1 veröffentlichte daraufhin eine Reihe berühmt gewordener Flugblätter. Im ersten hieß es: »Ein brennendes Kaufhaus mit brennenden Menschen vermittelte zum erstenmal in einer europäischen Großstadt jenes knisternde Vietnamgefühl (dabei zu sein und mitzubrennen), das wir in Berlin bislang noch missen müssen. Skeptiker mögen davor warnen, ›König Kunde‹, den Konsumenten, den in unserer Gesellschaft so eindeutig Bevorzugten und Umworbenen, einfach zu verbrennen. ... Sosehr wir den Schmerz der Hinterbliebenen in Brüssel mitempfinden: wir, die wir dem Neuen aufgeschlossen sind, können, solange das rechte Maß nicht überschritten wird, dem Kühnen und Unkonventionellen, das, bei aller menschlichen Tragik, im Brüsseler Kaufhausbrand steckt, unsere Bewunderung nicht versagen.«

Die französischen Saboteure der Gegenwart zündeten jedoch keine Kaufhäuser an. Im Jahr 2008 wurden Züge zum Stehen gebracht, es gab Verzögerungen im Fahrplan, es gab entnervte Reisende, wütende Bahnfunktionäre, und die Sicherheitsbehörden waren alarmiert. »Diese Leute wollten die SNCF (die französische Eisenbahngesellschaft) angreifen, weil sie ein Symbol des Staates ist und weil sie wussten, dass ihre Handlungen ein starkes Medienecho hervorrufen würden«, sagte die damalige Innenministerin Michèle Alliot-Marie. War das Terrorismus? Oder Vandalismus? Jugendlicher Leichtsinn? Vorstufen der Anomie? Es waren politische Aktionen, also Handlungen. Sabotage ist eine aktive Form des zivilen Ungehorsams.

Die Saboteure, daran zweifelte in Frankreich niemand, hatten das inzwischen weithin bekannt gewordene Manifest »Der kommende Aufstand« gelesen. Es war von einem »Unsichtbaren Komitee« verfasst und wurde später über das Internet verbreitet. Das war ein staunenswertes Stück politischer Lyrik oder romantischer Theorie. Es beginnt mit den Worten: »Unter welchem Blickwinkel man sie auch betrachtet, die Gegenwart ist ausweglos.« Und endet mit der Frage: »Wie werden wir uns wiederfinden?« Diese Frage wurde in der deutschen Fassung vielleicht darum in Versalien gesetzt, weil in ihr das ganze Anliegen des Textes zusammenläuft: Wie entkommen wir uns selbst, wenn wir die geworden sind, die der Kapitalismus aus uns gemacht hat? Es ist die Kehrseite jenes Satzes, den die Terroristin Gudrun Ensslin über die Richter gesagt hat, die sie verurteilten: »Sie sind wie alle, die in diese Gesellschaft integriert sind. Sie können nicht tun, was sie wollen, denn sie wollen nur das, was sie sollen.«

Dem Text des Komitees war – wie seinerzeit Marcuses Werk über die repressive Toleranz – eine bürgerkriegsähnliche Eruption vorangegangen. In einer Pariser Vorstadt wähnten sich Ende 2005 zwei Jugendliche, die aus Einwandererfamilien stammten, von der Polizei verfolgt. Sie flüchteten und überwanden dabei den Zaun einer Transformatorenstation. Dort gerieten sie in die Anlagen und wurden von Stromschlägen tödlich getroffen. Von Clichy-sous-Bois, woher die Jungen kamen und wo sie starben, breitete sich der Aufruhr in kurzer Zeit über das ganze Land aus.

Daraufhin verfassten die »Unsichtbaren« ihren Text, als innere Anleitung und Aufforderung zum Aufstand gegen das System. Hier sollten die Brücken abgebrochen werden. Der Protest der Globalisierungskritiker oder der politische Kampf der Grünen, das hielten die »Unsichtbaren« alles für eitlen Tand, der doch nur das System stärkt und stützt, anstatt es zu reformieren oder zu ersetzen. Die Ökologie wurde als »stahlhartes Lächeln des neuen grünen Kapitalismus« verspottet. Stattdessen wurde die Vision eines neuen Leben entworfen und ein lustvoll-paradoxer Anarchismus gefeiert: »Organisationen sind dort überflüssig, wo man sich organisiert.« Also nieder mit dem Geld, mit dem Kredit, mit der Arbeit! Nieder mit der Polizei, mit der Ordnung. Nieder auch mit den Gewerkschaften und ihrer »Mikrobürokratie«, »deren Berufung es ist, die Kämpfe einzugrenzen«. Ein neues Leben abseits der Städte, auf dem Land, im Schoß neu entstehender Kommunen. Das ist der reine Rousseau, der da aus den »Unsichtbaren« spricht. In seinem »Émile« heißt es: »Die Stadt ist der Schlund, der das Menschengeschlecht verschlingt. Nach einigen Generationen geht die Rasse zugrunde oder entartet. Sie muß sich erneuern, und immer ist es das Land, das dazu beiträgt. So schickt eure Kinder dorthin, wo sie sich sozusagen selbst erneuern und wo sie inmitten der Felder die Kräfte gewinnen, die man in der ungesunden Luft einer übervölkerten Stadt verliert.« Man darf vermuten, dass die »Unsichtbaren« diesem Rat gefolgt sind. Es gab da eine Kommune, in dem kleinen Ort Tarnac im Limousin, das ist mitten in Frankreich, dort, wo *La France profonde* am tiefsten ist, da vermutete die Polizei den Hort dieses kommenden Aufstands, den Sitz der unsichtbaren Autoren und Basis der Eisenbahnsaboteure. Aber es ließ sich nichts beweisen.

In Deutschland fand das Manifest – wie zu erwarten – keine gute Aufnahme. Wir hatten das ja schon, der Deutsche, egal welcher politischen Couleur, misstraut der Revolte. Zu viel Gewalt und Romantik, zu wenig Theorie und Analyse. Nils Minkmar schrieb in der »FAZ« klug und gründlich über das Manifest. Minkmar, mit deutschem und französischem Pass, zeigte in seinem Text eine Mischung aus Sympathie, Faszination und Furcht – am Ende aber überwog die Furcht: »Nach dem Gewaltmonopol des Staates, nach dem Privateigentum und ohne öffentlichen Nahverkehr blüht höchstens ein sehr kurzer Sommer der Anarchie. Die unsichtbaren linken Militanten überschätzen ihre Kraft: Eine kollabierende öffentliche Ordnung würde nicht von Deleuze lesenden Kommunarden verbessert, sondern durch eine Mafia regiert. Wenn die Züge nicht mehr fahren, folgt nichts Besseres. Nach dem kommenden Aufstand kommen die schwarzen Geländewagen.«

Die »taz« stieß sich daran, dass »sich dieser Linksradikalismus in seinen Vorurteilen gegen Kapitalismus und westliche Demokratien, gegen dekadente Großstädte, Beschleunigung und Digitalisierung von Arbeit und Leben mit der rechtsradikalen Zivilisationskritik trifft«. Dem Autor fiel sogar noch eine Analogie zum Islamismus und dem Terrorfürsten Osama bin Laden ein. Und regelrecht genervt reagierte der Revolutionsprofi Kraushaar: »Warum müssen die Apologeten eines radikalen Stils immer wieder auf denselben Gestus, dieselbe Haltung, die ewiggleichen Metaphern hereinfallen? Warum ist der Flirt mit der nackten Zerstörungsgewalt immer noch so chic? Und welche untergründige Sehnsucht bricht sich in diesem Faszinosum Bahn?«

Wenn man das alles liest, fällt einem das Zitat des zu Unrecht in Vergessenheit geratenen Ludwig Marcuse ein – des nicht verwandten Namensvetters des berühmten Herbert –, mit dem Oskar Negt sein Buch »Nur noch Utopien sind realistisch« einläutet: »Das Traurige an unserer Zeit ist aber nicht, was sie nicht erreicht, sondern was sie nicht versucht. Im Versuchen aber liegt der echte Idealismus.«

Die deutschen Kritiker der »Unsichtbaren« zeigen sich als lauter Tatsachenmenschen, die ein politisches Manifest mit der Betriebsanleitung eines Flachbildfernsehers verwechseln und dann mit dem Programm unzufrieden sind. Vielleicht lag Jürgen Kaube näher an der Wahrheit, als er in der »FAZ« sein Gefühl äußerte, es handele sich hier »überhaupt nicht um eine Theorie, sondern um Jugendliteratur«. Es geht nämlich fehl, den bukolischen Utopisten aus der tieffranzösischen Provinz wahlweise den Vorwurf der Anomie oder der Idiotie entgegenzuhalten.

Die Anomie, das ist ja gerade der Zustand, in den der moralisch gescheiterte Kapitalismus die Gesellschaft führt. Die bürgerkriegsähnlichen Zustände in Frankreich oder die Aufstände in England, von denen am Anfang dieses Buches bereits die Rede war, sind nicht die Folge einer von Linksradikalen angezettelten Unordnung. Sie sind die Überdruckexplosionen eines hasserfüllten und sinnentleerten Systems, das – zumindest aus der Sicht der Aufständischen – Glaubwürdigkeit und Anspruch auf Loyalität verloren hat. Plünderer sind reaktionär, nicht revolutionär. Sie folgen der Logik des Systems, anstatt sie zu brechen. Sie füllen sich die Taschen mit den Waren, die ihnen die Werbung verheißt und die ihnen der Markt verwehrt. Sie lösen sich selbst ein uneingelöstes Versprechen ein. »Wir können uns die Gestalt unserer Tragödie ausmalen«, hatten wir zu Beginn mit Blick auf den Zusammenbruch von Tottenham und Brixton geschrieben. Denn diese Aufstände waren eine Reaktion auf einen bereits erfolgten Zusammenbruch, den des Rechts, den der Verantwortung, den der Moral. Sie waren eine Warnung.

War das Manifest der »Unsichtbaren« ideologisch? Natürlich. Widerstand ist immer ideologisch. Aber das hier war eben nicht das militaristische Denken der Roten Armee Fraktion, das voll von Selbstüberschätzung und bar jeden Mitleids war und das darin dem braunen Schoß glich, aus dem es gekrochen war. Es war eine verzweifelte Sehnsucht, deren Kraft in Anarchie mündet, wie wir es aus dem 1973 gedrehten Film »Themroc« kennen. Da spielt Michel Piccoli einen vom Produktionswahn zerrütteten Pariser Lohnempfänger, der kaputtmacht, was ihn kaputtmacht, und sich auf den Weg in den menschlichen Urzustand begibt, Inzest und Kannibalismus inklusive. Der Film war ein politisches Zeichen, keine Anleitung zum Verzehr von Polizisten.

Diesen Urzustand hatte der »natürliche Mensch«, von dem Thomas Hobbes schrieb, einst gegen den Zustand der Ordnung des Staates eingetauscht. Er hat den Gesellschaftsvertrag geschlossen. Er unterwirft seine Freiheit dem Leviathan des Staates und erhält dafür Schutz und Chance auf Wohlstand. Das ist ein Vertrag zu beiderseitigen Lasten. Wenn eine Partei ihn kündigt, wird er hinfällig. Der Staat, der weder den Wohlstand seiner Bürger mehr schützen kann noch ihre Moral vertritt, verwirkt den Anspruch auf Gehorsam und Loyalität. Der Staat, der nur wenige Tage braucht, um Milliardenbeträge für die Rettung der Banken bereitzustellen, aber viele Jahre, um die Finanztransaktionssteuer einzuführen, ist dabei, diesen Anspruch zu verwirken.

»Take what you can, give nothing back«, sagt Jack Sparrow. Das ist die Moral der Piraten, nach der die Finanzkapitäne handeln, in deren Händen unser aller Schicksal ist. Und wir werfen den Plünderern von Tottenham Straftaten vor und den TGV-Saboteuren Terrorismus. Im Sozialismus war es üblich, dass die Theorie und ihre Wirklichkeit auseinanderklafften. Daran ist das System zerbrochen. Jetzt ist der Kapitalismus dran. Die Kluft wird immer größer. Eine offene Gesellschaft tut sich damit schwer. Den dauerhaften moralischen Notstand verkraftet sie nicht. Sie zeigt Risse und bricht.

Die Aufstände in London und Paris waren solche Risse. Die Politik weiß das. Als auch einmal in Berlin ein Kabelkasten der S-Bahn in Brand gesetzt wurde – mit verblüffendem Erfolg, tagelang waren ganze Linien lahmgelegt –, da sagte der Regierende Bürgermeister Klaus Wowereit, es gebe keinerlei Ideologie, die solche Taten rechtfertigen könne. Und der Grüne Volker Beck nannte die Täter »einen losen, wirren Haufen von Chaoten«. Er sehe »weder Hinweise auf eine verfestigte Organisationsstruktur noch auf einen ideologischen Unterbau«. Das war der Versuch, sich die Sache vom Leib zu halten: Keine Ideologie? Dann handelt es sich um einen nicht satisfaktionsfähigen Protest! Weggetreten! Da sah der Grüne Beck plötzlich ziemlich grau aus. Er konnte sich nicht vorstellen, dass Widerstand, der aus der Wurzel kommt, ohne »verfestigte Organisationsstruktur« und »ideologischen Unterbau« auskommt. Immerhin stand wenigstens in dieser Frage einmal eine rot-rot-grüne Koalition fest zusammen. Halina Wawzyniak, die damalige Vizevorsitzende der Linken, erklärte: »Wer Sprengsätze wirft und Brandsätze hinterlegt, ist nicht links, sondern ein Straftäter. Gewalt ist grundsätzlich kein Mittel der Politik, auch keines linker Politik.«

Das muss man als Politiker sagen. Eigentlich müsste man aber mit der Linken eine Debatte darüber führen, wo die Gewalt anfängt, von wem sie ausgeht und was sie bewirkt. Man müsste mit ihr über Johan Galtungs berühmtes Konzept von der strukturellen Gewalt sprechen: »Gewalt liegt dann vor«, sagt der norwegische Friedensforscher, »wenn Menschen so beeinflusst werden, dass ihre aktuelle somatische und geistige Verwirklichung geringer ist als ihre potentielle Verwirklichung.« Man müsste darüber streiten, ob das nur ein gefährliches Konzept ist oder auch ein hellsichtiges – oder beides. Denn wo landen wir, wenn jeder narzisstisch gestörte Konsum- und Kapitalismuskritiker zur Bombe greift und sich dabei auf Galtung beruft oder auf Marcuse oder auf die »Unsichtbaren« oder auf was auch immer? Wie man eine gesellschaftspolitische Theorie bewertet, hängt sehr stark mit dem Grad der Wahrscheinlichkeit zusammen, die man ihrer Realisierung beimisst. Die wirksamsten Ideen können die sein, die niemals realisiert werden. Es kann zu einem Wirkungsparadoxon kommen: Was tun wir, wenn die Anwendung von politischer Gewalt in die Irre führt, aber der Verzicht darauf auch? Auch die »Unsichtbaren« müssen sich hier verheddern: »Es gibt keinen friedlichen Aufstand. Waffen sind notwendig: Es geht darum, alles zu tun, um ihren Gebrauch überflüssig zu machen. Ein Aufstand ist mehr ein Ergreifen der Waffen, ein ›bewaffneter Bereitschaftsdienst‹, als ein Übergehen zum bewaffneten Kampf.« Das klingt nicht sehr überzeugend. Und bevor man zur Gewehrausgabe schreitet, hätte man das gerne noch ein bisschen genauer gewusst. Dieser Gedanke dagegen hat es in sich: »In Wahrheit stellt sich die Frage des Pazifismus ernsthaft nur für denjenigen, der die Feuerkraft besitzt.« Die politische Gewalt zeichnet sich durch eine eigenartige Dialektik aus. Man kann nur auf sie verzichten, wenn man über sie verfügt. Aber wie soll man sich das vorstellen? Soll der Staat sich einer oppositionellen Gruppe gegenüber in einer Rolle wiederfinden, wie sie die Nato gegenüber dem Warschauer Pakt einnahm? In einem komplizierten, spieltheoretischen Geflecht aus Drohung und Mäßigung, aus Berechenbarkeit und Autonomie? Das wäre das Ende des Staates, wie wir ihn kennen.

Man sollte sich nicht darüber wundern, dass die Dinge im Nebel liegen. Nach dem Konkurs des Sozialismus, nach dem scheinbaren Siegeszug des Neoliberalismus, der aber in seinen offensichtlichen moralischen Kollaps mündete, stehen wir mit leeren Händen da. Der französische Philosoph Alain Badiou hat gesagt: »Es geht uns ähnlich wie dem jungen Marx: Das Kapital ist an der Macht, die Probleme der Gesellschaft eskalieren, aber es ist keine Bewegung mit umwälzender Tendenz in Sicht. Also muss man suchen. Das Unvorhergesehene. Fernab vom Staat.«

Fernab vom Staat blühen in den Nischen die Träume. Hoffentlich tun sie das. Aber was haben in Frankreich die Eisenkrallen auf der Oberleitung bewirkt? Ist das Staatsdefizit gesunken? Sind mehr Lehrer eingestellt worden? Wurde die Arbeitslosigkeit bekämpft? Sind Mütter und Väter zu besseren

Eltern geworden und die Menschen zu besseren Bürgern? Was ist der Sinn solcher Aktionen? Man kann diese Fragen stellen. Aber man sollte sich durch das Ausbleiben von Antworten nicht ins Bockshorn jagen lassen. Nicht jede Frage, die sich nicht beantworten lässt, beschreibt einen sinnlosen Zusammenhang. Denn worin liegt zum Beispiel der Sinn, zur Wahl zu gehen? Das ist das berühmte Partizipationsparadox. Jeder Bürger weiß, dass seine Stimme am Ergebnis nichts ändert. Dennoch tut jeder Bürger gut daran, sich zu beteiligen. Denn der Wahlakt des Einzelnen konstituiert das Ganze.

Gilt das dann auch für diese Akte der Sabotage? Es wird kein Zusammenhang herzustellen sein zwischen einem stehengebliebenen Schnellzug auf freier Strecke und einer politischen Maßnahme, einer wirtschaftlichen Entwicklung, einer sozialen Gesetzgebung. Aber wie, muss man sich fragen, wird das gesellschaftliche Klima beeinflusst, wenn sehr viele Züge an sehr vielen Tagen auf freier Strecke stehenbleiben? Ist es denkbar, dass die Sabotage eine Funktion hat? Dass sie die Abgrenzungsrealität darstellt, die dem System abhandengekommen ist? Dass sie ein Zeichen dafür ist, dass es eine Alternative gibt? Eine Erinnerung daran, dass es Menschen gibt, die eine solche Alternative suchen, davon träumen? Das wäre eine wertvolle Erinnerung, und zwar sowohl für jene, die sogleich die Polizei in Marsch setzen, um die Saboteure der Gerechtigkeit zuzuführen, als auch für jene anderen, die im Stillen wünschen, der Staat möge sich ihrer nie bemächtigen. Die Sanktion muss sich rechtfertigen, die Justiz muss sich rechtfertigen. Jeder politische Akt gewinnt im Augenblick seiner Bekämpfung an Bedeutung. Das gilt wenigstens für die offene Gesellschaft. Es gibt kein Entkommen aus dem ehernen Gesetz der Mediendemokratie.

Der Student Schneider und seine Generation hatten erkannt, dass man die Regeln der Gesellschaft brechen muss, wenn man die Gesellschaft ändern will. Innerhalb der Regeln reproduziert sich die Gesellschaft nur immer aufs Neue. Damals war es ein Regelbruch, sich auf den Fußboden zu setzen. Heute liegt die Sensationsschwelle deutlich höher. Die Saboteure von Frankreich haben sich die Eisenbahn ausgesucht. Wenn die Züge stehen, fragen die Leute: »Warum?«

Die protestierenden Ford-Arbeiter aus Belgien haben niemanden gestört. Darum konnte es sich der Konzern leisten, ihnen nur seine »Enttäuschung« mitzuteilen. Darum konnte es sich auch die Polizei leisten, auf die Auflösung der, streng genommen, verbotenen, weil nicht angemeldeten Versammlung zu verzichten. Diese Arbeiter kratzten nicht einmal an den vereinbarten Regeln des überaus flexiblen Kritikkapitalismus, in den wir eingebettet sind. Sie spielten die ihnen zukommende Rolle des wütenden Mobs und ließen ein bisschen körperliche Gewalt aufleuchten, wie man es von einfachen Leuten erwarten kann, die von den Verwicklungen der globalisierten Moderne nichts verstehen. Und der Konzern spielte seine Rolle: sehr zivilisiert und bedacht, ein bisschen enttäuscht zwar, aber doch gnädig – denn auf Anzeige wurde verzichtet. Diese Arbeiter waren im Rahmen des Protests steckengeblieben. Was wäre eigentlich geschehen, wenn sie zum Widerstand übergegangen wären?

Im Mai 1968 erschien in der Zeitschrift »Konkret« ein Artikel, der mit folgenden Worten begann: »Protest ist, wenn ich sage, das und das passt mir nicht. Widerstand ist, wenn ich dafür sorge, dass das, was mir nicht passt, nicht länger geschieht. Protest ist, wenn ich sage, ich mache nicht mehr mit. Widerstand ist, wenn ich dafür sorge, dass alle andern auch nicht mehr mitmachen.« Dieses Zitat hatte die Autorin vom Internationalen Vietnamkongress mitgebracht, der im Februar an der Berliner Technischen Universität stattgefunden hatte. Der Redner hieß Dale A. Smith und war Delegierter des »Student Nonviolent Coordinating Committee« (SNCC), einer Bürgerrechtsorganisation, die ursprünglich von weißen und schwarzen Studenten gegründet worden war und sich dem gewaltlosen Kampf gegen den amerikanischen Rassismus widmete. Irgendwann hörte der Kampf auf, gewaltlos zu sein, die weißen Studenten wurden rausgeworfen und der Name in »Student National Coordinating Committee« geändert, das erlaubte gleichzeitig mehr Beinfreiheit und die Beibehaltung des zum Markenzeichen gewordenen Akronyms. Smith hatte auf dem Kongress über den Vietnamkrieg gesprochen, der nicht nur ein Krieg gegen die Vietnamesen sei, »sondern gegen uns und den Rest an Menschlichkeit, der noch in uns steckt«. Smith forderte Mitgefühl durch Mitleid – und zwar buchstäblich, also durch Mitleiden: »Solange Eltern um ihre Kinder in Vietnam weinen, sollten auch Eltern in den USA um ihre Kinder weinen.«

Er wollte den Übergang vom Wort zur Tat. Zu diesem Zweck erklärte er den aufmerksam zuhörenden Deutschen den Unterschied zwischen Protest und Widerstand:

»PROTESTIEREN HEISST, sich gegen etwas aussprechen, heißt bekanntmachen, dass man eine bestimmte Tat eines anderen nicht schätzt. Protestieren ist ein intellektueller Akt … Protestieren heißt spielen. Man nimmt an einer Demonstration teil, hört die Rede an, trägt Transparente und geht nach Hause, um sich im Fernsehen zu sehen. Es gibt viel Spielzeug in den Spielen des Protestes. Widerstand leisten heißt dagegen, nein sagen ohne nähere Erklärung … Widerstand leisten, das heißt, das Leben so einsetzen, wie du es verstehst, gegen das Leben, wie sie es verstehen, und alles Notwendige tun, um ihre Definition in allen ihren Teilen zerstört zu sehen.

…

Protestieren bedeutet, die Unmenschlichkeit eines anderen zu verabscheuen. Widerstand leisten heißt, die Unmenschlichkeit zu unterdrücken und die Menschlichkeit triumphieren zu lassen.«

Die Autorin, die diese Gedanken begeistert und voll Zustimmung in ihrem »Konkret«-Artikel verarbeitete, hieß Ulrike Meinhof, und wir wissen, was sie mit solchen Lehren angefangen hat. Sie schrieb: »Die Studenten proben keinen Aufstand, sie üben Widerstand. Steine sind geflogen, die Fensterscheiben vom Springer-Hochhaus in Berlin sind zu Bruch gegangen, Autos haben gebrannt, Wasserwerfer sind besetzt worden, eine BILD-Redaktion ist demoliert worden, Reifen sind zerstochen worden, der Verkehr ist stillgelegt worden, Bauwagen wurden umgeworfen, Polizeiketten durchbrochen – Gewalt, physische Gewalt wurde angewendet.« Und wir wissen auch, wo diese Gewalt endete: Die Morde an Siegfried Buback und seinen beiden Begleitern, die Entführung Hanns Martin Schleyers, bei der vier Menschen erschossen wurden, und die spätere Ermordung des Arbeitgeberpräsidenten. Die Ermordung Jürgen Pontos. Die Entführung der Lufthansa-Maschine »Landshut«. So viele Verbrechen und so viele Opfer. Die RAF war für 33 Morde verantwortlich, 21 ihrer Mitglieder kamen selbst ums Leben.

Es kann nicht schaden, sich diese Taten noch einmal vor Augen zu führen, bevor man sich in eine Debatte über die Gewalt in der politischen Auseinandersetzung begibt. Man sollte die Gefahren kennen: Es droht die Anomie der schwarzen Geländewagen, von der »FAZ«-Feuilletonchef Minkmar sprach.

Und es droht der Terror der Selbstgerechten, den Deutschland in seinem Herbst erlebt hat. Diese Drohungen, Anomie und Terror, schützen das Tabu der politischen Gewalt und umgeben es mit mächtigen, unüberwindbaren Mauern. Weil stets das anomische, terroristische Armageddon wartet, wo der gesellschaftliche Protest, den viele unterstützen, zum gesellschaftlichen Widerstand wird, den alle ablehnen. Aber ist das wirklich so?

Man kann sich der Frage von einer anderen Seite nähern: Was wurde eigentlich aus Occupy? Der Amerikaner David Graeber ist ganz zufrieden. Für ihn hat die Revolution bereits begonnen. Es handle sich nicht um eine Machtübernahme im Handstreich, sondern um eine große, weltweite Transformation der Vernunft – die letzte große Weltrevolution sei jene von 1968 gewesen, die auch niemanden an die Macht gebracht und dennoch alles verändert habe: »Revolutionen sind also ein globales Phänomen. Was sie wirklich ändern, ist die fundamentale Auffassung von dem, worum es in der Politik geht. Im Gefolge einer Revolution werden Vorstellungen, die man bis dahin ausschließlich mit randständigen Spinnern verbunden hatte, im Handumdrehen zur akzeptierten Basis der Diskussion.« Eine erfolgreiche Revolution mündet in einen Paradigmenwechsel. Darum sei Occupy erfolgreich gewesen. Occupy habe die Art verändert, wie wir den Kapitalismus sehen, sagt Graeber. Die Ausläufer dieser Bewegung werden in die Fasern des Systems eindringen und es von innen heraus reformieren. Graeber ist Optimist. Das ist eine hilfreiche Eigenschaft, wenn man Vordenker einer globalen, kapitalismuskritischen Jugend ist.

Aber es spricht einiges dafür, dass die Wahrheit eine andere ist. Am 9. August 2007 brach die Finanzkrise aus, wie ein Vulkan ausbricht – erwartet von einigen Experten, überraschend für alle anderen. Sechs Jahre danach gibt es in Deutschland und in Europa immer noch keine Finanztransaktionssteuer, mit der die Geschwindigkeit, die Rentabilität und die Anzahl der weltweiten Finanzgeschäfte reduziert werden könnten. Erst scheiterte der Versuch, alle 27 EU-Länder zu einer solchen Steuer zu bewegen. Dann gelang es nicht, wenigstens die 17 Eurostaaten auf dieses Ziel zu einigen. Schließlich fanden sich immerhin elf europäische Länder für das Projekt zusammen, darunter auch Deutschland. Und dann fiel der FDP ein, dass sie das Konzept nicht mittragen könne. Der FDP, die zwar zu diesem Zeitpunkt noch in der Bundesregierung war, die aber kaum mehr als fünf Prozent der deutschen Wähler repräsentierte, von ihrem politischen Gewicht im europäischen Maßstab ganz zu schweigen. Der deutsche Finanzminister plante also seinen nächsten Etat sicherheitshalber ohne diese Steuer, die wie kein anderes Instrument zum Symbol für den staatlichen Kampf gegen die Zerstörungskraft der Massenvernichtungswaffen an den Finanzmärkten geworden ist. Es hätte keinen besseren Beweis für die Machtlosigkeit der Staaten gegeben. Denn immer wird es eine FDP geben.

Was hätte Occupy daran ändern können? Im Herbst 2011 hatte die Occupy-Bewegung in Deutschland Zustimmungsraten, die zwischen 80 und 90 Prozent lagen. Wann hat jemals eine Protestbewegung eine derartige Mehrheit hinter sich versammeln können? Weder die Friedensbewegung noch die Anti-Atom-Bewegung waren in ihren Zeiten so populär wie die Wut auf die Banken und die Finanzindustrie. Das war ein ungeheures politisches Potential. Aber es wurde nicht genutzt. Die Occupy-Bewegung hat nichts aus ihren Möglichkeiten gemacht. Noch einmal der Hamburger Politikwissenschaftler Wolfgang Kraushaar:

»**AUF DEM HÖHEPUNKT** der Occupy-Bewegung hätte man beispielsweise einen Sternmarsch auf Berlin organisieren können. Dazu hätte man offensiv ein paar Kernforderungen stellen müssen: Die Trennung von Investment- und Geschäftsbanken, die Einführung der Kapitalmarktsteuer, ein Verbot von Spekulationen mit Lebensmitteln, vielleicht ein halbes Dutzend nahezu selbstevidenter Forderungen dieser Art – damit hätte man vor den Bundestag ziehen sollen. Dort wäre es vermutlich auch zu Reibereien gekommen, weil der Bundestag schließlich durch eine Bannmeile geschützt ist. Aber so eine Form von Protest halte ich noch für vertretbar. Das ist für mich nicht etwa gleichzusetzen mit einer illegalen Aktionsform. Vermutlich wäre rasch der Vorwurf erhoben worden, hier läge eine Nötigung des Parlaments vor. Aber ich würde das nicht so sehen. Das hat nichts mit Gewalt zu tun, sondern mit zivilem Ungehorsam«.

So einen Marsch hat es nicht gegeben. Kraushaars Berliner Kollege Peter Grottian sagt: »Der Occupy-Aufbruch war in Deutschland eventorientiert, aber kopf- und konzeptlos.«

Kraushaar ist ein Gegner der politischen Gewalt. »Es gab nicht wenig Akteure, die dachten, man könnte mit genügend Entschlossenheit den Bau eines Atomkraftwerks verhindern. Aber das war ein Irrtum. Ich habe mich in den siebziger Jahren von der Idee einer positiven gesellschaftlichen Veränderung, die durch Gewalt herbeigeführt werden kann, für immer verabschiedet.« (Siehe das Gespräch auf Seite 197.) Aber das Risiko einer Eskalation am Reichstagsgebäude hätte er für vertretbar gehalten. Politisch motivierte Gewalt ist in der demokratischen Auseinandersetzung immer eine graduelle Frage. Zwischen der Nichtkörperlichkeit der digitalen Demokratie und dem

Bürgerkrieg aller gegen alle liegt ein Spektrum der fließenden Übergänge. Es gibt auf diesem Spektrum einen Punkt, wo ein Quantum mehr an Gewalt in eine neue Qualität der Politik umschlägt. Occupy hat sich, wie die belgischen Ford-Arbeiter, an die Regeln gehalten – und blieb darum wirkungslos. Das ist ein Paradox des politischen Protests im modernen Kapitalismus: Wenn er sich an die Regeln hält, bleibt seine Wirkung schwach. Wenn er die Regeln bricht, verliert er seine Akzeptanz. Die politischen Bewegungen müssen den Versuch unternehmen, die bestehenden Regeln zu strapazieren und die Akzeptanz des Widerstands zu erweitern.

Alain Badiou hat im Zusammenhang mit der Frage, was von unserer Demokratie zu halten ist, geschrieben: »Um überhaupt an das Reale der Gesellschaft heranzukommen, muss man sich von ihrem Wahrzeichen verabschieden. Man wird der Welt, in der wir leben, nur dann gerecht, wenn man das Wort ›Demokratie‹ einmal beiseitelässt und das Risiko eingeht, kein Demokrat zu sein und damit tatsächlich von ›aller Welt‹ missbilligt zu werden. Denn ›alle Welt‹ ist – bei uns – ohne jenes Wahrzeichen nicht zu denken. ›Alle Welt‹ ist demokratisch.« Was wäre, wenn man diesen Gedanken auf die Gewalt ausdehnte?

14 ENDE

Wir haben begonnen mit einem Youtube-Video: die *London riots*, Plünderungen und Überfälle. Wir enden mit einem Bild. Aufgenommen wurde es im September 2012: Ein junger Mann mit Brille und Rucksack verlässt ein Geschäft. In seinem Gesicht trägt er ein Lächeln. Beide Arme sind zum Himmel gereckt. In einer Hand hält er eine kleine weiße Schachtel. Hinter ihm stehen rechts und links zwei schwere Männer in uniformähnlichen Jacken und lächeln. Von links reckt sich eine Hand ins Bild, die mit einer kleinen Digitalkamera den Augenblick festhält: Der 21-jährige Ralf Marth hat das erste iPhone 5 von München gekauft. In der »Münchner Abendzeitung« stand: »›Es ist einfach Kult, ein iPhone zu kaufen‹, sagte Marth, als er von rhythmisch klatschenden Mitarbeitern der Stores empfangen wurde.«

Walter Benjamin hätte sich gefreut. Er hat den Kapitalismus als »reine Kultreligion« bezeichnet, »vielleicht die extremste, die es je gegeben hat«. Keine Dogmatik, keine Theologie, nur Kult.

In Hamburg hatten in der Nacht zuvor 2500 Menschen auf die Öffnung des Apple-Tempels gewartet, in langen Schlangen, wie Gläubige eine Epiphanie erwarten, geordnet nach zwei Konfessionen: »iPhones mit Nano-SIM-Karte« und »iPhones ohne Nano-SIM-Karte«. Aber Apples Gerechtigkeit galt für alle in gleichem Maß: »Pro Kunde werden maximal zwei Handys ausgegeben.« Da ging es den Apple-Jüngern besser als seinerzeit Monty Pythons zum Kreuzestod Verurteilten: »Durch die Tür hinaus, zur linken Reihe, jeder nur ein Kreuz. Der Nächste.« Das ist eben der Unterschied: Das Kreuz ist das Zeichen des ewigen Lebens. Und jeder muss seines tragen. Wenn er aber das des anderen auch trägt, dann wird er das Gesetz Christi erfüllen, wie Paulus im Brief an die Galater schreibt. Das iPhone dagegen ist das Zeichen des weltlichen Glücks, und bevor der Grenznutzen erreicht ist, wird der Gott des Konsums zu Fleisch im nächsten Modell. Jede Markteinführung eine neue Chance auf Erlösung. Höchstens Produktionsengpässe können ein Nadelöhr auf dem Weg ins irdische Himmelreich darstellen. Darum ist der Kapitalismus die Überreligion. Er überwindet den Dualismus von Transzendenz und Immanenz, die Gegenwart wird zum Himmelreich und jeder Apple-Store zum Neuen Jerusalem.

Im Gesicht des Apple-Jüngers aus München war ein Zustand zu erkennen, der nicht so ohne weiteres herzustellen ist: Glück, ja Exaltation. Man sollte sich darüber nicht lustig machen. Im Gegenteil: Da verbirgt sich ein ernstes Problem. Wer auch immer meint, diesen jungen Mann vom Übel des Kapitalismus erlösen zu müssen, sollte sich der Frage stellen, ob er überhaupt erlöst werden will. Vielleicht genügt es ihm völlig, regelmäßig ein neues iPhone zu bekommen?

Der Kapitalismus ist kein Dämon, der sich leicht austreiben lässt. In den *London riots* wollten die Plünderer die uneingelösten Versprechen des Systems für sich wettmachen. Aber als sie aus den Geschäften kamen, waren ihre Gesichter grimmig, nicht glücklich. Die erlösende Wirkung hat nur der legitimierte Konsum. Die Plünderer versuchten, sich mit Gewalt in einen Zustand zu bringen, der mit Gewalt aber nicht herstellbar ist. Der Akt des Bezahlens gehört zum Akt des Konsumierens untrennbar hinzu. Erlösung, *redemption*, gibt es nur gegen Geld. Auch das Stehlen hat seinen Reiz. Aber der gläubige Konsumist findet sein Seelenheil nur in der süßen Lust des Kaufens.

In den Zombiefilmen von George A. Romero haben die Menschen ihre Seele verloren, aber nicht ihre Konsumgewohnheiten: Die Zombies gehen weiterhin einkaufen. Sie schlendern vor den zerborstenen Schaufenstern zerstörter Shopping-Malls entlang, stehen vor leeren Regalen und vollführen stereotype, leerlaufende Bewegungen, die sie aus ihrem Vorleben als glückliche Konsumenten im Gedächtnis behalten haben. In Claude Faraldos Film »Themroc« bedeutete Michel Piccolis Rücksturz in den Urzustand noch die gesellschaftliche Revolution. Romeros Zombies ist der Urzustand verwehrt, ihnen ist Verwesung bei lebendigem Leib beschieden. Sie kennen keine Gesellschaft mehr und darum auch keine Revolution.

»Wollen Sie eine Revolution?«, lautete die rhetorische Frage, die Wolfgang Kraushaar im Gespräch stellte. Nein. Wer will eine Revolution? Eine Reform genügt vollkommen. Aber eine, die den Namen verdient. Alain Badiou hat in einem Gespräch mit dem Journalisten Gero von Randow gesagt, so eine Reform müsse einen qualitativen Punkt überschreiten: »Was soll ich mir unter ›revolutionär‹ vorstellen? Sich bewaffnen und die Betriebe schnappen? Doch nicht im Ernst. Nein, wir sind in einer neuen Sequenz emanzipatorischer Politik.«

Vielleicht hat es ja schon begonnen: Mit ein bisschen Optimismus könnte man die Meinung vertreten, ein zivilgesellschaftlicher Säkularisierungsprozess habe eingesetzt, der dem Volk das Opium der Kapitalismusreligion austreibt. Die neue Lust an der Partizipation gehört dazu. Der ganze Komplex von Ideen zur politischen Bildung, die ein Gewerkschaftsdenker wie Negt hin und her gewälzt hat, ebenfalls. Oder der Erfolg des britischen Sozialphilosophen Richard Sennett, der von der guten Handwerksgesellschaft redet, von der Rückkehr zu den Bindungen und vom Glück der Zusammenarbeit. Die Säle sind voll, wenn Sennett kommt, und die Leute lauschen voller Konzentration. Denn sie suchen so sehnsüchtig nach Antworten. Das sind alles keine Sachen für heute oder morgen, das sind langfristige Transformationen, so wie die Kolonisierung aller Lebensbereiche durch den Kapitalismus auch eine langfristige Transformation war.

Es gibt einen intellektuellen Pessimismus, der gerade die größten Denker erwischt. Habermas hat 1985 geschrieben: »Heute sieht es so aus, als seien die utopischen Energien aufgezehrt, als hätten sie sich vom geschichtlichen Denken zurückgezogen. Der Horizont der Zukunft hat sich zusammengezogen und den Zeitgeist wie die Politik gründlich verändert. Die Zukunft ist negativ besetzt.« Und Oskar Negt schreibt heute: »Die Gegenwart leidet an einer chronischen Unterernährung der produktiven Phantasie.« Aber das stimmt gar nicht (mehr). Es gibt Phantasie ohne Ende da draußen.

Aber in Deutschland hat sie es schwer, den Weg aus den Köpfen in die Wirklichkeit zu finden. Die Angst, der Gehorsam, die Tradition, die Vernunft – wir stehen uns selbst im Weg. Dabei liegt es nicht am mangelnden Interesse der Menschen. Es gab in den vergangenen Jahren so viele Debatten, die bewiesen haben, dass von der vielbeschworenen Politikverdrossenheit der Bürger keine Rede sein kann. Nicht die Politikverdrossenheit der Bürger ist ein Problem für die Demokratie, sondern die Entfremdung der Politiker von ihren Wählern. Die Bürger verlieren nicht das Interesse an der Politik. Es sind die Politiker, die das Interesse an den Bürgern verlieren.

Politik ist ein schöner Beruf. Man kann sich mit Parteifreunden beraten und sich mit Parteifeinden bekämpfen. Man kann den politischen Gegner wahlweise ignorieren, umgarnen oder angreifen. Man kann den ganzen Tag lang Intrigen spinnen, und wenn man nicht mehr weiterweiß, befragt man einen Experten. Und dann erst das internationale Parkett: die Schlösser und Landhäuser, die Flugzeuge und Hubschrauber, die Limousinen, die Leibwächter. All das. Was für ein Leben. Hinterher wartet ein Posten in der Industrie, mindestens einer! Aufsichtsratsmandate, Beraterverträge, Reden, Bücher. So vieles ist möglich. Wenn nur die Wähler nicht wären. Die Wähler sind furchtbar. Sie sind immer unzufrieden, sie stellen dumme Fragen, sie haben keine Ahnung – und das Schlimmste: Sie haben die Macht.

»Politik als Beruf« hieß der berühmte Vortrag von Max Weber aus dem Jahr 1919. Er schrieb darin, die Politik sei ein »Betrieb« und mithin eine Sache für »Berufspolitiker«. Diese Ansicht hat sich durchgesetzt. Das ist ein Problem. Je mehr die Leute sich tatsächlich ihres Verstandes bedienen – und der modernen Kommunikationsmittel –, desto weniger mögen sie sich als Praxismaterial von Berufspolitikern herumschieben lassen.

Aus Politikersicht ist es ganz idiotisch, ausgerechnet die Leute mit der souveränen Macht auszustatten, die nun wirklich keine Ahnung haben: die Bürger. Angela Merkel soll nach einem langen EU-Gipfel einmal gesagt haben: »Die Leute sollen uns Politiker die Politik machen lassen, weil wir so viel mehr davon verstehen.« Das Zitat ist nicht gesichert. Dass es ein weitverbreitetes Sentiment ausdrückt, davon kann man getrost ausgehen.

Kurt Beck, der langjährige Ministerpräsident von Rheinland-Pfalz, hat es kürzer gefasst: »Können Sie mal das Maul halten einen Moment!«, beschied er bei einer Feier zur Deutschen Einheit in München einen Zwischenrufer. Und als der Zwischenrufer darauf antwortete: »Ich bin nur ehrlich«, rief Beck ihm hinterher: »Sie sind nicht ehrlich, Sie sind dumm.« Der junge Mann hatte den alten Ministerpräsidenten darauf aufmerksam gemacht, dass Bayern den Nürburgring und den Betzenberg bezahle, also das millionenschwere Rennbahndesaster in der Eifel ebenso wie den Heimathügel des 1. FC Kaiserslautern. Dumm war das durchaus nicht. Sondern eine Darstellung des Länderfinanzausgleichs. »Auch ein Politiker muss sich nicht alles gefallen lassen«, ließ Beck über seine Sprecherin nachher verlauten. Hier wäre das also die Wahrheit, die er sich nicht gefallen lassen muss.

Auf die Politik als treibende Kraft einer zivilgesellschaftlichen Rückeroberung sollte man sich nicht verlassen. Sie hat wenig Grund, der bürgerlichen Sehnsucht nachzugeben. Auch die Medien stehen zu oft auf der falschen Seite. Wir müssen unsere Sache selber in die Hand nehmen. Wir haben unsere Verantwortung abgegeben. Die Unverantwortlichen, das sind ja wir selbst. Wir müssen den Weg aus der selbstverschuldeten Unmündigkeit finden. Aber ohne Mut zur Radikalität wird das schwer. Ohne Mut zur Radikalität werden wir jenen qualitativen Punkt nicht erreichen, von dem Badiou spricht. Die Selbstermächtigung der Zivilgesellschaft gegen die Partikularinteressen der Habenden kommt nicht kostenlos. Kants »sapere aude« setzt Mut voraus. Und zwar den Mut, nicht nur zu denken, sondern zu handeln. Der berühmte Spruch, den wir als »Habe Mut, dich deines eigenen Verstandes zu bedienen« übersetzen, ist Teil einer Horaz-Epistel. Und im Original eröffnet sich da noch eine andere Richtung: »Dimidium facti, qui coepit, habet: sapere aude, incipe.« Das heißt: »Wer erst einmal begonnen hat, hat damit schon zur Hälfte gehandelt. Trau dich zu verstehen! Jetzt fang an!« *Dimidium facti habet*. Wer das Denken beginnt, hat den halben Weg zur Handlung schon hinter sich gebracht.

Die andere Hälfte des Weges geht sich dann leichter. Die Idee der Revolution ist lächerlich geworden. Aber man würde schon gerne der Verurteilung zu Zynismus auf Lebenszeit entkommen. Und man möchte auch die Hoffnung nicht aufgeben, dass sich dem iPhone-Jünger aus München auf Dauer noch andere Glücksquellen erschließen lassen. Es ist schließlich nicht nur seine Sache, was er mit seiner Seele anfängt. In Griechenland war der Privatmann bekanntlich der Idiot. Thukydides lässt den Staatsstrategen Perikles sagen: »Wir sind die Einzigen, die einen Bürger, der keinen Sinn für den Staat hat, nicht für ein ruhiges, sondern für ein unnützes Mitglied desselben halten.«

Das ist eine Frage der Verantwortung – die jeder für sich hat, jeder für den anderen und jeder für sich gegenüber dem anderen. Wir sind eingewoben in einem Netz aus Verantwortung. Es gibt daraus kein würdevolles Entkommen.

Nachdem das Kreuzfahrtschiff »Costa Concordia« vor der Insel Giglio gesunken war, floh der Kapitän. Das war nicht strafbar. Es gibt kein Gesetz, das bestimmt, der Kapitän müsse bis zuletzt an Bord bleiben. Es ist Seemannsbrauch und Seemannsehre, die das fordern. Aber es ist kein Gesetz.

Was tat der Kapitän der »Costa Concordia«? Er bestieg als einer der ersten ein Rettungsboot und ließ sich zum Strand bringen. Dort fand man ihn mitten in der Nacht, die hell erleuchteten Aufbauten des halb versunkenen Kreuzfahrers ragten hoch aus dem Wasser. Der Strand war voller Menschen. Francesco Schettino wird erkannt. Beamte der Küstenwache treten auf ihn zu und fragen, warum er nicht an Bord sei, warum er sein Schiff verlassen haben. Die Männer meinen es gut: Er könne jetzt noch zurückkehren, sagen sie. Aber Schettino verschwindet.

Später in dieser Nacht telefoniert der Kommandant der italienischen Küstenwache, Gregorio de Falco, mit dem Kapitän. Sie sprachen über Verantwortung. Der Wortlaut des Gesprächs ist erhalten.

DE FALCO: Schettino? Hören Sie, Schettino. Es gibt Menschen, die an Bord eingeschlossen sind. Sie fahren jetzt mit Ihrem Rettungsboot unter die rechte Seite des Bugs. Da ist eine Leiter. Sie gehen die Leiter hoch und an Bord des Schiffs. Sie gehen an Bord und sagen mir, wie viele Personen dort sind. Ist Ihnen das klar? Ich zeichne dieses Gespräch auf, Kapitän Schettino.

SCHETTINO: Comandante, ich sage Ihnen was ...

DE FALCO *(zunehmend verärgert)*: Sprechen Sie laut. Halten Sie Ihre Hand vor das Mikrophon und sprechen Sie lauter, ist das klar?

SCHETTINO: In diesem Moment liegt das Schiff auf der Seite ...

DE FALCO: Ich habe verstanden. Hören Sie zu. Es gibt Leute, die die Leiter am Bug hinunterklettern. Sie gehen die Leiter in umgekehrter Richtung hoch, gehen auf das Schiff und sagen mir, wie viele Personen an Bord sind und was sie haben. Ist das klar? Sie sagen mir, ob Kinder dabei sind, Frauen oder Menschen, die Unterstützung brauchen. Und Sie sagen mir, wie viele es aus jeder Gruppe sind. Ist das klar? Schauen Sie, Schettino, Sie haben sich vielleicht aus dem Meer gerettet, aber ... ich sorge dafür, dass Sie echte Schwierigkeiten bekommen ... Gehen Sie verdammt noch mal an Bord!

SCHETTINO: Comandante, ich bitte Sie ...

DE FALCO: Nein, bitte schön, Sie gehen jetzt los, an Bord. Bestätigen Sie mir, dass Sie an Bord gehen ...

SCHETTINO: Ich kümmere mich um die Rettung, ich bin hier, ich geh nirgendwo hin, ich bin hier ...

DE FALCO: Los. Das sind schon Leichen, Schettino.

SCHETTINO: Wie viele Leichen gibt es?

DE FALCO: Ich weiß das nicht. Von einer weiß ich. Ich habe von einer gehört. Aber Sie müssen mir das doch sagen, Jesus.

SCHETTINO: Ja, aber bedenken Sie doch, dass es dunkel ist, wir sehen hier nichts …

DE FALCO: Und Sie möchten nach Hause zurück, Schettino? Es ist dunkel, und Sie wollen zurück nach Hause? Steigen Sie über die Leiter auf den Bug des Schiffs und sagen Sie mir, wie viele Leute da sind und was Sie brauchen. Jetzt! …

SCHETTINO: Ist gut, Comandante.

DE FALCO: Gehen Sie, sofort!

Aber der Kapitän kehrte in dieser Nacht nicht auf sein Schiff zurück.

ANHANG

BIBLIOGRAPHIE

Giorgio Agamben et al. (Hg.): Demokratie?, Berlin 2012
Saul D. Alinsky: Rules for Radicals, New York 1971
Dirk Baecker: Kapitalismus als Religion, Berlin 2003
Étienne Balibar: Gleichfreiheit, Berlin 2012
Klaus Bittermann (Hg.): Das Wörterbuch des Gutmenschen, Berlin 1994
Ernst Bloch: Experimentum Mundi, Frankfurt 1975
Norberto Bobbio: Rechts und Links: Gründe und Bedeutung einer politischen Unterscheidung, Berlin 1994
Norberto Bobbio: Das Zeitalter der Menschenrechte, Berlin 2007
Bundesministerium für Arbeit und Soziales: Lebenslagen in Deutschland. Armuts- und Reichtumsberichterstattung der Bundesregierung, Bonn 2013
Christoph Butterwegge et al. (Hg.): Kritik des Neoliberalismus, Wiesbaden 2007
Giacomo Corneo: New Deal für Deutschland, Frankfurt 2006
Colin Crouch: Das befremdliche Überleben des Neoliberalismus, Berlin 2001
Colin Crouch: Postdemokratie, Berlin 2008
Daniela Dahn: Wir sind der Staat: Warum Volk sein nicht genügt, Reinbek bei Hamburg 2012
François Dubet: Ungerechtigkeiten, Hamburg 2008
Joachim Fest: Der zerstörte Traum. Vom Ende des utopischen Zeitalters, Berlin 1991
Naika Foroutan (Hg.): Sarrazins Thesen auf dem Prüfstand; Universitätsbibliothek der HU Berlin, Berlin 2012
Johan Galtung: Strukturelle Gewalt. Beiträge zur Friedens- und Konfliktforschung, Reinbek bei Hamburg 1975
David Graeber: Inside Occupy, Frankfurt 2012

Jürgen Habermas: »Die neue Unübersichtlichkeit«; in: Merkur, 1985, 1, Stuttgart 1985
Michael Hartmann: Eliten und Macht in Europa, Frankfurt 2007
Wilhelm Heitmeyer: Deutsche Zustände, Berlin 2012
Wilhelm Heitmeyer et al. (Hg.): Gewalt, Frankfurt 2004
Stéphane Hessel: Empört Euch!, Berlin 2011
Paul Kirchhof: Das Maß der Gerechtigkeit, München 2009
Alexander Kluge und Joseph Vogl: Soll und Haben, Zürich 2009
Wolfgang Kraushaar: Der Aufruhr des Ausgebildeten, Hamburg 2012
Dirk Kurbjuweit: Angela Merkel. Die Kanzlerin für alle?, München 2009
Stephan Lessenich et al. (Hg.): Deutschland eine gespaltene Gesellschaft, Frankfurt 2006
Herbert Marcuse: Der eindimensionale Mensch, Berlin 1967
Gerhard Matzig: Einfach nur dagegen. Wie wir unseren Kindern die Zukunft verbauen, München 2011
Oskar Negt: Der Politische Mensch, Göttingen 2010
Oskar Negt: Nur noch Utopien sind realistisch. Politische Interventionen, Göttingen 2012
Reinhard Pollak: Kaum Bewegung, viel Ungleichheit: Eine Studie zu sozialem Auf- und Abstieg in Deutschland, Berlin 2010
Rat der EKD und der DBK: Für eine Zukunft in Solidarität und Gerechtigkeit; 1997; http://www.ekd.de/EKD-Texte/sozialwort_1997; letztes Abfragedatum 25. 05. 2013
David Salomon: »Elemente neuer Bürgerlichkeit«; in: PROKLA 40, 2010; Nr. 3, S. 311–323
Peter Schneider: Ansprachen: Reden, Notizen, Gedichte, Berlin 1970
Ingo Schulze: Unsere schönen neuen Kleider. Gegen die marktkonforme Demokratie – für demokratische Märkte, Berlin 2012
Richard Sennett: Die Kultur des neuen Kapitalismus, Berlin 2005
Richard Sennett: Zusammenarbeit, München 2012
Peter Sloterdijk: Im Weltinnenraum des Kapitals, Frankfurt 2005

Harold Sprout: »The dilemma of rising demands and insufficient resources«; in: World Politics; Bd. 20, Nr. 4, S. 660–693, Cambridge 1968

Joseph Stiglitz: Der Preis der Ungleichheit, München 2012

Unsichtbares Komitee: Der kommende Aufstand, Hamburg 2007 (Orig. frz.: Comité invisible: L'Insurrection qui vient, 2007)

Franz Walter: Die neue Macht der Bürger. Was motiviert die Protestbewegungen?, Reinbek bei Hamburg 2013

Richard Wilkinson: Gleichheit ist Glück, Berlin 2009

Robert Paul Wolff et al. (Hg.): Kritik der reinen Toleranz, Frankfurt 1968

NACHWEISE

10 »*Ein Jahrzehnt enthemmter Finanzmarktökonomie …*«: Frank Schirrmacher: »Ich beginne zu glauben, dass die Linke recht hat«; Frankfurter Allgemeine Sonntagszeitung, 15.08.2011

14 »*Für Modelle der physikalischen Welt …*«: Emanuel Derman: »Modelle, die sich schlecht benehmen«; Frankfurter Allgemeine Zeitung, 01.09.2012, S. 31

15 »*Wir müssen über die Geste …*«: Ingo Schulze: Unsere schönen neuen Kleider. Gegen die marktkonforme Demokratie – für demokratische Märkte, Berlin 2012, S. 79

25 »*Das Empfinden von Ungerechtigkeit …*«: Heinz Bude: »Eine Frage der Weltsicht«; Süddeutsche Zeitung, 14.09.2009, S. 13

25 »*Vierte Armuts- und Reichtumsbericht der Bundesregierung*«: Bundesministerium für Arbeit und Soziales: Lebenslagen in Deutschland. Armuts- und Reichtumsberichterstattung der Bundesregierung, Bonn 2013

26 »*Tiefe Risse gehen …*«: »Sozialwort« der Kirchen. Rat der EKD und der DBK: Für eine Zukunft in Solidarität und Gerechtigkeit; 1997; http://www.ekd.de/EKD-Texte/sozialwort_1997; letztes Abfragedatum 25.05.2013

43 »*Beim ersten Mal, da tut's noch weh …*«: Songtext von Hans Albers aus dem Film »Große Freiheit Nr. 7«, 1943

49 »*In einem dramatischen Konzentrationsprozess …*«: Hans-Ulrich Wehler: »Wachsende Ungleichheit«; Die Zeit, 07.02.2013, S. 47

57–58 »*Bei der Verteilung …*«: Julian Nida-Rümelin: »Gerechtigkeit und ökonomische Effizienz«; Neue Gesellschaft – Frankfurter Hefte, 01.01.2012, S. 79

61 »*Ich will mich daran erinnern, …*«: © Emanuel Derman and Paul Wilmott, January 7, 2009, »Emanuel Derman's Blog. The Financial Modelers' Manifesto. The Modelers' Hippocratic Oath«, Quelle: http://www.wilmott.com/blogs/eman/index.

cfm/2009/1/8/The-Financial-Modelers-Manifesto, letztes Abfragedatum 27. 05. 2013, (Übers. v. J. A.)

75 »*ob es sich dabei nicht ...*«: Christoph Butterwegge et al.: Kritik des Neoliberalismus, Wiesbaden 2007, S. 137

82 »*Das war damals eine Unverschämtheit ...*«: Dirk Kurbjuweit: Angela Merkel. Die Kanzlerin für alle?, München 2009, S. 155

93 »*Die Demokratie im Sinne der Volksherrschaft ...*«: Jacques Rancière: »Demokratien gegen die Demokratie. Jacques Rancière im Gespräch mit Eric Hazan«; in: Demokratie? Eine Debatte. Mit Beiträgen von G. Agamben et al. (Hg.), Berlin 2012, S. 125

95 »*Das Lob der Demokratie ...*«: Wendy Brown: »Wir sind jetzt alle Demokraten ...«; in: Demokratie? Eine Debatte. Mit Beiträgen von G. Agamben et al., Berlin 2012, S. 68

96 »*Schon in Deutschland kann, wer ...*«: Frank Schirrmacher: »Der griechische Weg. Demokratie ist Ramsch«; Frankfurter Allgemeine Zeitung, 01. 11. 2011

138 »*sich an eine Wahrheit heranzuarbeiten*«: Georg Seeßlen: »Man wird ja wohl noch ...«; Der Freitag, 27. 05. 2010, S. 13

225–226 »*Aber man könnte auch ins Träumen kommen ...*«: © Heiner Geißler: »Die Kraft des Zorns«; Süddeutsche Zeitung, 01. 12. 2011, S. 2

231 »*Der Meister kann die Form zerbrechen ...*«: Friedrich Schiller, »Das Lied von der Glocke«, V. 342–353; in: Sämtliche Werke, Bd. I, München 2004, S. 439 f.

262–263 »*Wir haben in aller Sachlichkeit ...*«: © Peter Schneider, »Rasenrede«, gehalten am 5. Mai 1967 vor der Vollversammlung aller Fakultäten der Freien Universität Berlin; in: Peter Schneider, Ansprachen: Reden, Notizen, Gedichte, Berlin 1970, S. 7–14

264–265 »*Toleranz wird auf politische Maßnahmen ...*«: Herbert Marcuse: »Repressive Toleranz«; in: Robert Paul Wolff et al. (Hg.): Kritik der reinen Toleranz, Frankfurt 1968, S. 94

273 »*Gewalt liegt dann vor ...*«: Johan Galtung: Strukturelle Gewalt. Beiträge zur Friedens- und Konfliktforschung, Reinbek bei Hamburg 1975, S. 9

PERSONENREGISTER

Abs, Hermann Josef 47
Ackermann, Josef 80, 103
Adorno, Theodor W. 17, 100
Albers, Hans 42
Allen, Woody 173
Alliot-Marie, Michèle 267
Amamou, Slim 193
Aristoteles 21f., 24
Asmussen, Jörg 78
Assange, Julian 151, 153
Aydin, Ali 55f.

Badiou, Alain 274, 282, 285, 288
Balibar, Étienne 95
Baring, Arnulf 114
Barroso, José Manuel 83
Bartsch, Dietmar 158
Beck, Kurt 287f.
Beck, Volker 272f.
Berberich, Frank 118
Berlusconi, Silvio 93, 95, 175
Berra, Yogi 61
Best, George 44
Beust, Ole von 217
Bin Laden, Osama 270
Bittermann, Klaus 135, 137
Bloch, Ernst 23, 211
Blum, Léon 206
Bobbio, Norberto 40f., 247

Bofinger, Peter 97
Bohrer, Karl Heinz 135–137
Bosbach, Wolfgang 95f.
Brandt, Willy 83
Brecht, Bertolt 81, 158
Brown, Wendy 95, 97
Buback, Siegfried 278
Bude, Heinz 25, 229
Burke, Edmund 36
Bush, George 95, 150
Butterwegge, Christoph 75

Caballero, Ricardo 61
Caesar 101
Cameron, David 9
Cicero 39, 101
Clement, Wolfgang 127, 142f.
Corneo, Giacomo 37
Crouch, Colin 13, 216
Crozier, Michel 206

Dahn, Daniela 98
De Gaulle, Charles 163
Deleuze, Gilles 269
Derman, Emanuel 14, 61
Derrida, Jacques 95
Di Lorenzo, Giovanni 140–145, 215f.
Di Rupo, Elio 83
Dionysos 100

Dobrindt, Alexander 169
Döring, Patrick 169
Draghi, Mario 93, 163f.
Dubet, François 42f., 46

Ebert, Friedrich 244
Eisenhower, Dwight D. 187
Engels, Friedrich 160, 229, 244
Ensslin, Gudrun 268

Fahrenholz, Peter 123
Faraldo, Claude 285
Fest, Joachim 248, 250
Filbinger, Hans 221
Fischer, Joschka 83
Foroutan, Naika 122
Freud, Sigmund 157
Friedrich, Hans-Peter 228f.

Gabriel, Sigmar 90f., 98, 125, 161f., 165f., 168
Galtung, Johan 273
Gauck, Joachim 82, 92, 193
Gaus, Günter 47
Geißler, Heiner 117f., 225f., 230
Gelernter, David 154
Genscher, Hans-Dietrich 73
George, Götz 176
Geyer, Christian 87f.
Glotz, Peter 164
Goethe, Johann Wolfgang von 35
Goetze, Swanhild 183

Gontscharow, Iwan Alexandrowitsch 85
Görres, Joseph 147
Graeber, David 252, 254, 279
Greenspan, Alan 59
Gremliza, Hermann L. 220
Grottian, Peter 281
Guevara, Ernesto (»Che«) 198
Gulliver, Stuart 11f.
Guttenberg, Karl-Theodor zu 154f., 175–179, 212, 214–217, 228
Gysi, Gregor 157

Habermas, Jürgen 97, 138, 233, 286
Haffner, Sebastian 176
Hallervorden, Dieter 125
Haseloff, Reiner 65
Hayek, Friedrich August von 72
Heath, Edward 81
Hegel, Georg Wilhelm Friedrich 102
Heitmeyer, Wilhelm 129–133, 140
Henschel, Gerhard 135, 137
Herder, Johann Gottfried 176
Hessel, Stéphane 208–211
Hobbes, Thomas 271
Höhler, Gertrud 86
Hollande, François 66, 161–163, 205–208
Honneth, Axel 114

Hörbiger, Christiane 176
Horn, Gustav 50
Hoss, Nina 80
Howe, Geoffrey 80f.
Hussein, Saddam 152

Ibsen, Henrik 81

Jaurès, Jean 206
Joffe, Josef 151
Johnson, Lyndon B. 192
Jörges, Hans-Ulrich 150
Juncker, Jean-Claude 83

Kaube, Jürgen 178, 270
Kauder, Volker 85
Kennedy, John F. 187
Kipping, Katja 132
Kirchhof, Paul 37
Kissinger, Henry 100
Klemm, Erich 237
Kluge, Alexander 104
Koch, Roland 217
Köcher, Renate 236
Kohl, Helmut 25f., 28, 81, 83, 115, 177, 234
Köhler, Horst 217
Krämer, Walter 35
Kraushaar, Wolfgang 184, 266, 270, 280f., 285
Kuhn, Fritz 222, 228
Kumhof, Michael 60, 62f.
Kurbjuweit, Dirk 82, 218f., 221

Lacordaire, Jean-Baptiste 94
Lafontaine, Oskar 128, 157–160
Lagarde, Christine 77, 83
Lambsdorff, Otto Graf 72–75
Lammert, Norbert 214
Larosière, Jacques de 70
Lawson, Nigel 80f.
Le Pen, Marine 180
Leyendecker, Hans 245
Liebknecht, Karl 158
Lucas, Robert E. 59
Luxemburg, Rosa 159, 244

Maak, Niklas 223
Mahbubani, Kishore 68
Mahler, Horst 266
Mann, Thomas 221
Mappus, Stefan 221, 228, 261
Marcuse, Herbert 255, 264f., 268, 273
Marcuse, Ludwig 100, 270
Marth, Ralf 283
Marx, Karl 10, 33, 129, 157, 160, 198, 274
Mascolo, Georg 170
Matzig, Gerhard 220, 222
Meinhof, Ulrike 191f., 278
Merkel, Angela 37, 41, 76–88, 90f., 96, 116, 146, 148–150, 161–164, 167f., 181, 200, 216f., 220, 228f., 287
Meyer-Vorfelder, Gerhard 221
Mill, John Stuart 103
Mills, C. Wright 186f.

Minkmar, Nils 163, 269, 278
Minsky, Hyman 59f.
Mitterrand, François 205, 208
Monti, Mario 77, 83, 93f.
Môquet, Guy 205
Müller-Vogg, Hugo 134

Nachtwey, Oliver 227, 255
Nahles, Andrea 125
Nassehi, Armin 123f.
Negt, Oskar 17, 95, 99, 121, 166, 179, 208, 270, 285f.
Nida-Rümelin, Julian 57f., 97
Nietzsche, Friedrich 115, 136, 211, 215
Nixon, Richard 100
Nouripour, Omid 253f.

Oettinger, Günther 221

Passos Coelho, Pedro 90
Perikles 289
Piccoli, Michel 271, 285
Pierer, Heinrich von 104
Pitts, Jesse Richard 207
Plato 100
Pofalla, Ronald 96
Pollak, Reinhard 53f.
Ponader, Johannes 181f.
Ponto, Jürgen 278
Posener, Alan 48

Raab, Stefan 193
Rancière, Jacques 93f.

Randow, Gero von 285
Rawls, John 21, 53
Ricardo, David 103
Ritter, Henning 36
Romero, George A. 284f.
Rösler, Philipp 30f., 67
Rosli, Asyraf Haziq 9
Roth, Claudia 228
Rousseau, Jean-Jacques 40, 94, 193, 269
Rueff, Jacques 163

Safranski, Rüdiger 179
Sarkozy, Nicolas 161–163, 205f.
Sarrazin, Thilo 104f., 116–128, 132, 138–140, 177, 179f., 209–211, 218
Schavan, Annette 217, 228
Schiller, Friedrich 179, 231f.
Schirrmacher, Frank 10, 37, 96
Schlecker, Anton 66–68
Schleyer, Hanns Martin 278
Schlömer, Bernd 180, 182f.
Schmid, Nils 166
Schmidt, Helmut 73, 83
Schneider, Peter 262, 264, 275
Schorlau, Wolfgang 219
Schröder, Gerhard 83, 100, 115, 158, 188, 233
Schulze, Ingo 15f.
Seeßlen, Georg 138, 175, 178f.
Seibert, Steffen 146
Sennett, Richard 157, 285
Shaw, George Bernard 220

Sheng, Zhong 38
Shonfield, Andrew 72
Siemons, Mark 38
Sloterdijk, Peter 12, 109, 112–116, 120f., 132, 136, 140, 216
Smith, Adam 9, 103
Smith, Dale A. 191f., 277
Söder, Markus 85
Sokrates 100
Sommer, Michael 237, 246
Sonneborn, Martin 124
Spinoza, Baruch de 82
Spreng, Michael 109
Sprout, Harold 71
Sprout, Margaret 71
Steinbrück, Peer 45f., 51, 150, 161, 169–175
Steingart, Gabor 123f.
Steinmeier, Frank-Walter 161, 166–168
Stiglitz, Joseph 47, 63, 75
Stoiber, Edmund 82, 109
Strauß, Botho 9
Strauß, Franz Josef 83, 212
Streep, Meryl 80
Strohschneider, Tom 216
Struck, Peter 160

Talese, Gay 146f., 153
Thatcher, Margaret 9, 63, 80f., 97, 248

Thukydides 289
Tieck, Ludwig 179
Tietmeyer, Hans 73–75
Tocqueville, Alexis de 253
Treitschke, Heinrich von 40
Trichet, Jean-Claude 164
Trittin, Jürgen 167
Tsipras, Alexis 78

Veblen, Thorstein 44
Von der Leyen, Ursula 109, 240
Voßkuhle, Andreas 91

Wagenknecht, Sahra 10, 15, 159f.
Wagner, Dietrich 219
Wagner, Franz Josef 178
Walter, Franz 224, 253, 256
Wawzyniak, Halina 273
Weber, Max 247, 287
Weisband, Marina 183, 257
Westerwelle, Guido 132, 140–142
Wilders, Geert 180
Wilmott, Paul 61
Wittmann, Reinhard 123
Wowereit, Klaus 272
Wulff, Christian 154f., 212–217, 228

Zwickel, Klaus 232